Biblioteca CCNA®

Apunte rápido CCNA R&S
CCNA 200-125

Versión 6.1

Oscar Antonio Gerometta

EDUBOOKS
www.edubooks.com.ar

Al adquirir este libro usted ha reconocido el esfuerzo y trabajo del autor y el equipo de correctores, editores, ilustradores y demás personas que han trabajado en esta obra. Con esto hace posible que la tarea de desarrollo de nuevos materiales de estudio continúe.

Cuando un libro se copia o se distribuye de modo no autorizado, quien lo hace se apropia indebidamente del trabajo de otros y limita los recursos que se podrán destinar a continuar la tarea.

A todos aquellos alumnos que confiaron y confían
en mis manuales
para preparar su examen de certificación.
A quienes desde hacen años utilizan las diferentes versiones
que ha tenido este texto y han contribuido a su evolución.
A todos los que contribuyen permanentemente
al crecimiento de la comunidad CCNA.

Contenidos

Introducción

Las certificaciones respaldadas por diferentes actores de la industria de las TICs se han convertido en un elemento de referencia esencial en cuanto a los conocimientos y habilidades de quienes han de desempeñarse en tareas técnicas y gerenciales de las áreas de comunicaciones, tecnología, redes y sistemas.

Ahora bien, ¿Qué es una certificación?

Una certificación o calificación es una designación obtenida por una persona como resultado de un proceso pre-definido, generalmente un examen. La certificación puede ser utilizada como sinónimo de licencia, pero la licencia aplica solamente a personas y es exigida por la ley para desempeñar algunas tareas, mientras que la certificación es en términos generales, voluntaria.

La certificación de una persona indica que ese individuo tiene determinados conocimientos, destrezas o habilidades específicas de acuerdo al cuerpo de certificaciones de que se trate. Pero también algo más importante, la disposición personal a someterse a evaluaciones para demostrar y compartir sus conocimientos y habilidades; y por sobre todo la capacidad y aptitud necesaria para desarrollar un esfuerzo sistemático y prolongado con el objetivo de alcanzar un propósito concreto.

Si está leyendo este libro es quizás porque su objetivo sea presentar el examen de certificación CCNA Routing and Switching.

En el universo de certificaciones actualmente disponibles, las elaboradas por Cisco Systems ocupan un lugar privilegiado. Y si bien el Cisco Career Certification se ha convertido en una maraña compleja de certificaciones y especializaciones, la certificación CCNA R&S sigue siendo la más conocida y en términos generales la puerta de acceso para la mayoría de los técnicos que aspiran a integrarse al universo Cisco.

La preparación de este examen de certificación constituye un verdadero desafío para muchos ya que se implementa una metodología propia y todavía desconocida para quienes desean obtener certificaciones de Cisco Systems. Por este motivo se requieren elementos de ayuda que acompañen el proceso de estudio y preparación y que despejen en buena medida las incógnitas que el examen mismo plantea al neófito.

Entre estas herramientas de estudio tienen un lugar muy importante las guías de preparación para el examen, y en este sentido recomiendo encarecidamente mi Guía de Preparación para el Examen de Certificación CCNA R&S v6.1, de próxima aparición. El libro que usted está leyendo ahora no es propiamente una guía de preparación para el examen. Es una síntesis que desarrolla de modo íntegro el temario teórico del examen y que ha sido especialmente preparado para quienes están estudiando y necesitan hacer un repaso o están preparando su examen de certificación. Puede ser también una guía de consulta cuando es necesario de modo rápido y claro encontrar información específica, el desarrollo de un comando, una clasificación.

Es por esto importante hacer una advertencia: esta no es propiamente una guía de estudio completa para el examen CCNA R&S, su propósito es más humilde. Es un desarrollo de los temas teóticos que es necesario conocer y que permite tener una visión completa y sintética del examen. En una guía de estudio Usted encontrará una colección de herramientas que no están presentes en este manual.

Sin embargo, este "Apunte" tiene una indudable utilidad comprobada a través de más de 16 años de trabajo acompañando la preparación de numerosos técnicos Cisco ya certificados. Tiene varios precedentes que pueden ser encontrados en Internet con el nombre de "Fast Track CCNA" o "Fast Note CCNA". Ahora, esta cuarta revisión del "Apunte Rápido CCNA" es un complemento a la Guía de Preparación para el Examen de Certificación CCNA R&S 200-125 que aparecerá en los próximos meses.

¿Qué aporta esta nueva versión del Apunte Rápido?

El texto ha sido completamente renovado, ampliado y reordenado para ajustarlo a lo requerido por el nuevo examen de certificación CCNA R&S 200-125. Se reorganizaron todos los contenidos, se suprimieron temas que han sido retirados del examen y se incorporaron aquellos que han sido incluidos en la actualidad. Se incorporaron nuevos graficos y los existentes fueron revisados y mejorados. Por supuesto que también he corregido errores, incorporado gráficos y nuevas tablas, pero por sobre todo, se trata de un manual completamente nuevo y ajustado en función del nuevo examen de certificación CCNA R&S 200-125.

Es mi sincero deseo que sea una ayuda eficaz para todos aquellos que aspiran a obtener su certificación o están preparando su recertificación. Por este motivo, cualquier comentario, sugerencia o aporte que pueda hacer será de gran importancia para enriquecer las publicaciones sucesivas.

Además, y teniendo en cuenta que el examen de certificación es una realidad cambiante, desde el blog "Mis Libros de Networking" me ocuparé de brindar como desde ya muchos años información sobre cualquier novedad que surja respecto del examen.

 Para mantener actualizados estos materiales:
Blog "Mis Libros de Networking":
http://librosnetworking.blogspot.com y las redes sociales asociadas el blog.
Correo electrónico: libros.networking@gmail.com
Con gusto recibiré su comentario en cualquiera de estas dos herramientas de trabajo.

El Autor

Oscar Antonio Gerometta es CCNA R&S / CCNA Sec / CCNA Wi / CCDA / CCSI / CCBF / CCBVP.

Con una larga trayectoria docente en esta área, ha sido el primer Cisco Certified Academy Instructor (CCAI) de la Región y responsable durante varios años de la Capacitación de la comunidad de Instructores CCNA de Cisco Networking Academy en Argentina, Bolivia, Paraguay y Uruguay.

Ha liderado numerosos proyectos e iniciativas como desarrollador de e-learning. Ha sido miembro del Curriculum Review Board de Cisco Networking Academy. Ha recibido en 2 oportunidades el reconocimiento formal de Cisco Systems por la calidad de sus entrenamientos, una vez en el área técnica y otra en el área de negocios.

Desde el año 2000 brinda cursos de apoyo especialmente diseñados por él para quienes se preparan a rendir su examen de certificación CCNA, CCNA Sec, CCNA Wi, CCDA o CCNP, logrando entre sus alumnos un nivel de aprobación superior al 95%.

Es el autor de varios manuales en el área de networking: Principios Básicos de Networking para Redes Cisco IOS® y la Guía de Preparación para el Examen de Certificación CCNA R&S®, el Apunte Rápido ROUTE® y muchos otros publicados por EduBooks.

1. El Examen de certificación CCNA

La certificación CCNA R&S (a la que popularmente se denomina CCNA a secas) es quizás la más difundida en la industria de las comunicaciones.

Lanzada inicialmente por Cisco Systems en el año 1998, ha conocido desde entonces una constante evolución:

- 1998
  Se publica el examen de certificación CCNA 640-407.
  En entrenamiento de CLP tenía una duración de 40 hs. y la certificación se obtenía con un único examen.

- 2000
  Examen 640-507.

- 2001
  Examen 640-607.

- 2003
  Examen 640-801.
  El temario del examen sufre un incremento importante y se introduce para cubrirlo 2 entrenamientos oficiales en los CLP: INTRO e ICND; 80 horas de entrenamiento en total.
  Paralelamente se introduce la posibilidad de obtener la certificación presentando 2 exámenes (INTRO + ICND) o un único examen.

- 2007
  Examen 640-802.
  Se modifican los entrenamientos de CLP que son reemplazados por ICND1 v1 e ICND2 v1.
  Se introduce la certificación CCENT que se puede obtener de modo temprano con el examen ICND1.
  Se mantiene la posibilidad de presentar 2 exámenes (ICND1 e ICND2) o un único examen.

- 2013
  Examen 200-120.
  Fue el período más largo de tiempo sin actualizaciones.
  Los entrenamientos de CLP son actualizados a ICND1 v2 e ICND2 v2, manteniendo un total de 80 hs.
  Paralelamente sigue siendo posible obtener la certificación presentando 2 exámenes o uno solo.

- 2016
  Examen 200-125.
  Una nueva revisión que mantiene la estructura de su predecesor, aunque con una renovación importante de los temarios.

Para obtener actualmente la certificación CCNA R&S hay dos caminos posibles:

- Aprobando un único examen de certificación conocido en algunos ambientes como "Composite": 200-125 CCNA

- Aprobando 2 exámenes independientes:
  100-105 ICND1, que otorga la certificación CCENT.
  200-105 ICND2, que completa el requerimiento para obtener la certificación CCNA R&S.

En ambos casos la certificación obtenida es siempre la misma: Cisco Certified Network Associate Routing & Switching, e incluye la certificación CCENT (Cisco Certified Entry Networking Technician) que es el pre-requisito para otros trayectos de certificación. El camino elegido no cambia en nada las certificaciones obtenidas.

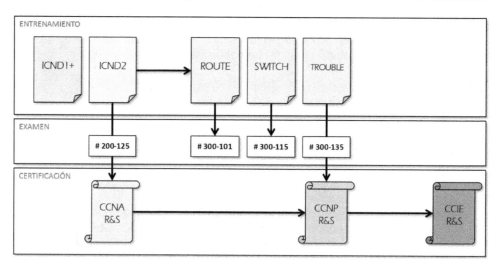

Respecto de CCNA R&S la diferencia más notable entre ambos caminos o trayectos es que en el primer caso se evalúan en conjunto todos los objetivos de la certificación, mientras que cuando se opta por realizar dos exámenes separados, estos objetivos se encuentran distribuidos entre las dos evaluaciones. En ambos casos se recibe también la certificación intermedia CCENT.

 CCENT no es condición necesaria para acceder a CCNA R&S. Es posible rendir directamente el examen de certificación CCNA.
Si es pre-requisito obligatorio para otras certificaciones de nivel Asociado como CCNA Security, CCNA Wireless, CCNA Voice y CCDA.

 Para obtener información oficial respecto de la certificación Cisco Certified Network Associate, visite el sitio oficial de Cisco: http://www.cisco.com/go/certifications

Recertificación

Cisco Systems tiene una política de recertificación para cada una de sus certificaciones, lo que asegura el nivel de actualización de los técnicos certificados y la necesaria adecuación de los perfiles técnicos a las características cambiantes de las diferentes tecnologías de comunicaciones que se despliegan.

En el caso particular de CCNA R&S, Cisco otorga a la certificación una validez de 3 años, por lo que si se desea mantener el nivel adquirido es preciso recertificar antes de que se cumpla ese período de validez de 3 años.

La recertificación de CCNA R&S se puede obtener por cualquiera de los siguientes caminos:

- Aprobar cualquier examen de nivel asociado (CCNA Wi, CCNA Sec, etc.), excepto ICND1.

- Aprobar cualquiera de los exámenes de las series 642 o 300. Estos exámenes son los que corresponden al nivel Professional (CCNP).

- Aprobar cualquiera de los exámenes de especialización de la serie 642 (Cisco Specialist).

- Aprobar un examen escrito de nivel Expert (CCIE o CCDE).

- Aprobar la entrevista y el board review de CCAr (Cisco Certified Architect).

Hay que tener en cuenta que al obtener una certificación de nivel superior, mientras se mantenga actualizada esa certificación permanece actualizada la certificación CCNA R&S. En caso de que la certificación de nivel superior caduque, por cualquier motivo, de modo conjunto caduca la certificación CCNA R&S que se encontraba asociada, a menos que se recertifique por otro medio.

1.1. Las Características del Examen de Certificación

Como ya mencioné, la certificación CCNA R&S se puede obtener siguiendo 2 caminos diferentes pero igualmente válidos:

- Aprobando el examen de certificación 200-125 CCNA

- Aprobando 2 exámenes independientes:
  100-105 ICND1
  200-105 ICND2

Vamos entonces a revisar cada uno de estos exámenes:

Examen 200-125 CCNA – Cisco Certified Network Associate Exam

- También denominado CCNA Composite por reunir los temarios que abarcan los exámenes 100-105 y 200-105.

- Duración: 90 minutos.
  Si toma este examen en inglés en países de lengua hispana, se otorgan 30 minutos adicionales para compensar el hecho de realizarlo en lengua no materna.

Cuando usted se acredite para rendir el examen de certificación, recibirá un correo electrónico de confirmación en el que, entre otras cosas se le informa que usted cuenta con 140 minutos para completar el examen: 20 minutos para el tutorial previo y 120 (90+30) para el examen.

 No se confunda, el tiempo no es acumulativo. Aunque usted utilice menos de 20 minutos para el tutorial, siempre tendrá los mismos 120 minutos para completar el examen.

- Cantidad de preguntas: entre 50 y 60.
Las preguntas son seleccionadas al azar a partir de una base de datos organizada según siete áreas definidas en los objetivos del examen. El volumen total de la base de datos es desconocido, pero es importante tener en cuenta que las preguntas se renuevan periódicamente.
Para ser claros, si bien los objetivos y contenidos del examen no se modifican, la base de preguntas es renovada periódicamente.
Otro concepto importante a tener presente es que el conjunto de preguntas que componen el examen NO varía de acuerdo a las respuestas (lo que algunos denominan examen adaptativo), sino que las preguntas del examen están completamente definidas al momento de iniciarlo y no dependen de las respuestas que se suministran.

- Idiomas en que se encuentra disponible: inglés y japonés.
Al momento de redactar esta versión del Apunte Rápido CCNA R&S no se ha anunciado una versión en español y no hay indicios de la posibilidad futura de una.

- Entidad registrante: Pearson VUE.
Para presentar el examen de certificación es necesario registrarse en un Pearson VUE Testing Center (hay absoluta libertad para elegir el Testing Center).
Al registrarse deberá definir fecha y hora en que desea realizar el examen, y el idioma en que lo hará; también deberá realizar el correspondiente pago.
Si bien la elección de fecha y hora puede cambiarse hasta 24 hs. antes del examen, la elección de idioma no puede ser modificada.

- Período de recertificación: 3 años.

- Puntaje de aprobación: 825/1000.
El puntaje final y el asignado a cada pregunta pueden variar en cada examen individual. El sistema de puntuación se basa en una escala que va de 300 a 1000.
Cada pregunta tiene asignado en el sistema un puntaje. Al responder bien el Candidato suma en su score el puntaje asignado a la pregunta. Si responde mal, no se resta ningún puntaje sino que simplemente no suma los puntos correspondientes.
El alumno recibe 300 puntos por iniciar el examen y puede obtener como máximo 1000 puntos respondiendo con exactitud todas las preguntas.

Los objetivos del examen 200-125

A continuación presenta una versión no oficial en castellano de los objetivos oficiales del examen de certificación que se presentan en inglés en la página de Cisco:

1. Fundamentos de redes   15% de la carga del examen.

   1. Comparar y contrastar los modelos OSI y TCP/IP.

   2. Comparar y contrastar los protocolos TCP y UDP.

   3. Describir el impacto de los componentes de la infraestructura de una red corporativa (Incluye firewalls, access points y controladores).

   4. Describir el efecto de los recursos de nube en una arquitectura de red corporativa.

   5. Comparar y contrastar las arquitecturas de core colapsado y las de 3 capas.

   6. Comparar y contrastar las diferentes topologías de red.

   7. Seleccionar el tipo de cableado apropiado de acuerdo a los requerimientos de implementación.

   8. Aplicar metodologías de resolución de fallos para resolver problemas.

   9. Configurar, verificar y resolver fallos de direccionamiento IPv4 y subredes.

   10. Comparar y contrastar los tipos de direcciones IPv4.

   11. Describir la necesidad de direccionamiento IPv4 privado.

   12. Identificar el esquema de direccionamiento IPv6 apropiado para satisfacer los requerimientos de un entorno LAN/WAN.

   13. Configurar, verificar y resolver fallos de direccionamiento IPv6.

   14. Configurar y verificar IPv6 Stateless Address Auto Configuration.

   15. Comparar y contrastar tipos de direcciones IPv6.

2. Tecnologías de conmutación LAN   21% de la carga del examen.

   1. Describir y verificar conceptos de conmutación.

   2. Interpretar el formato de la trama Ethernet.

   3. Resolver fallos en interfaces y cables (colisiones, errores, dúplex, speed).

   4. Configurar, verificar y resolver fallos en VLANs (rango normal/extendido) extendidas a varios switches.

   5. Configurar, verificar y resolver fallos de conectividad entre switches.

6. Configurar, verificar y resolver fallos del protocolo STP.

7. Configurar, verificar y resolver fallos relacionados con puntos operacionales de STP.

8. Configurar y verificar protocolos de capa 2 (Incluye LLDP).

9. Configurar, verificar y resolver fallos en EtherChannel.

10. Describir los beneficios del stack de switches y la consolidación de chasis.

3. Tecnologías de enrutamiento   23% de la carga del examen.

1. Describir el concepto de enrutamiento.

2. Interpretar los componentes de una tabla de enrutamiento.

3. Describir cómo una tabla de enrutamiento es integrada por múltiples fuentes de información.

4. Configurar, verificar y resolver fallos del enrutamiento entre VLANs (Se incluye SVI).

5. Comparar y contrastar enrutamiento estático y enrutamiento dinámico.

6. Comparar y contrastar protocolos de enrutamiento de vector distancia y de estado de enlace.

7. Comparar y contrastar protocolos de enrutamiento interior y exterior.

8. Configurar, verificar y resolver fallos en enrutamiento estático IPv4 e IPv6.

9. Configurar, verificar y resolver fallos en enrutamiento OSPFv2 en IPv4 en área única y múltiples áreas (se ha excluido autenticación, filtrado, sumarización manual, redistribución, áreas stub, virtual-link y LSAs).

10. Configurar, verificar y resolver fallos en enrutamiento OSPFv3 en IPv6 (se ha excluido autenticación, filtrado, sumarización manual, redistribución, áreas stub, virtual-link y LSAs).

11. Configurar, verificar y resolver fallos en enrutamiento EIGRP en IPv4 (se ha excluido autenticación, filtrado, sumarización manual, redistribución y redes stub).

12. Configurar, verificar y resolver fallos en enrutamiento EIGRP en IPv6 (se ha excluido autenticación, filtrado, sumarización manual, redistribución y redes stub).

13. Configurar, verificar y resolver fallos en RIPv2 en IPv4 (se ha excluido autenticación, filtrado, sumarización manual y redistribución).

14. Resolver fallos básicos en la conectividad capa 3 extremo a extremo.

4. Tecnologías WAN   10% de la carga del examen.

1. Configurar y verificar PPP y MLPPP en interfaces WAN utilizando autenticación local.

2. Configurar, verificar y resolver fallos en la interfaz del lado del cliente PPPoE utilizando autenticación local.

3. Configurar, verificar y resolver fallos de conectividad en túneles GRE.

4. Describir las opciones de topologías WAN.

5. Describir opciones de acceso a conectividad WAN

6. (se incluye MPLS, MetroEthernet, PPPoE en banda ancha y VPNs sobre Internet (DMVPN, VPN site-to-site, cliente VPN)).

7. Configurar y verificar conectividad single-homed en sucursales utilizando eBGP IPv4 (solo considerar dispositivos peer y publicación de redes).

8. Describir conceptos básicos de QoS.

5. Servicios de infraestructura   10% de la carga del examen.

1. Describir la operación del DNS lookup.

2. Resolver fallos en la conectividad de un cliente que involucran DNS.

3. Configurar y verificar DHCP en un router (no incluye reservas estáticas).

4. Resolver fallos de conectividad basada en DHCP.

5. Configurar, verificar y resolver fallos básicos de HSRP.

6. Configurar, verificar y resolver fallos de NAT.

7. Configurar y verificar la operación de NTP en modo cliente/servidor.

6. Seguridad de la infraestructura   11% de la carga del examen.

1. Configurar, verificar y resolver fallos de port security.

2. Describir técnicas de mitigación de amenazas comunes en la capa de acceso (incluye 802.1X y DHCP snooping).

3. Configurar, verificar y resolver fallos en listas de acceso IPv4 e IPv6 para filtrado de tráfico.

4. Verificar ACLs utilizando la herramienta de análisis APIC-EM Path Trace ACL.

5. Configurar, verificar y resolver fallos básicos en el hardening básico de dispositivos (incluye autenticación local).

6. Describir la seguridad en el acceso a dispositivos utilizando AAA con TACACS+ y RADIUS.

7. Gestión de la infraestructura   10% de la carga del examen.

   1. Configurar y verificar protocolos de monitoreo de dispositivos (incluye SNPv2, SNMPv3 y Syslog).

   2. Resolver fallos de conectividad de red utilizando IP SLA basado en ICMP echo.

   3. Configurar y verificar gestión de dispositivos (incluye licenciamiento y timezone).

   4. Configurar y verificar la configuración inicial de los dispositivos.

   5. Mantenimiento del rendimiento de los dispositivos.

   6. Utilizar herramientas de Cisco IOS para diagnosticar y resolver problemas (incluye SPAN local).

   7. Describir la programabilidad de redes en arquitecturas de red corporativas.

Respecto del examen precedente (200-120) se han retirado los objetivos referidos a algunas tecnologías específicas además de los que se señalan en el detalle anterior.

Se ha retirado:

- Configuración dual-stack de IPv6.

- CEF.

- Frame Relay.

- Conexión WAN seriales.

- VRRP.

- GLBP.

El camino alternativo

El camino alternativo para obtener la certificación es rendir dos exámenes, el 100-105 ICND1 y el 200-105 ICND2. En este caso no se obtiene una certificación diferente de la anterior sino simplemente se trata de otra forma de obtenerla a través de una aproximación más gradual.

Cisco no establece ningún orden obligatorio para rendir ambos exámenes, aunque la lógica indica que en un proceso de adquisición sistemática de conocimientos lo ordenado sería aprobar en primera instancia el examen ICND1 y luego el ICND2.

 Rendir dos exámenes en lugar de uno es más costoso pero hay que considerar que es más fácil aprobar dos exámenes más pequeños que uno solo más extenso. Sobre todo si no se tiene experiencia previa o no se ha cursado en una Academia o un Cisco Learning Partner.
Es una elección personal.
Tenga presente que este manual está preparado para ayudarlo a prepararse para el examen 200-125 CCNA Composite. Sin embargo, sus contenidos también incluyen todo el temario comprendido en los exámenes 100-105 y 200-105.

Veamos en qué consiste cada uno de estos exámenes.

Examen 100-105 ICND1 – Interconnecting Cisco Networking Devices Part 1

- Certificación para la que acredita: CCENT.

- Duración: 90 minutos.

- Cantidad de pregunta: 45 a 55.

- Idiomas en que se encuentra disponible: inglés y japonés.
  El sistema le asigna 30 minutos adicionales (un total de 120 minutos), por realizarlo en una lengua no materna.

- Tópicos que considera el examen:

    o Fundamentos de redes – 20% de la carga del examen.

    o Fundamentos de conmutación LAN – 26% de la carga del examen.

    o Fundamentos de enrutamiento – 25% de la carga del examen.

    o Servicios de infraestructura – 15% de la carga del examen.

    o Mantenimiento de la infraestructura – 14% de la carga del examen.

Examen 200-105 ICND2 – Interconnecting Cisco Networking Devices Part 2

- Certificación para la que acredita: CCNA R&S.

- Duración: 90 minutos.

- Cantidad de preguntas: ente 45 y 55.

- Idiomas en que se encuentra disponible: inglés y japonés.
  El sistema le asigna 30 minutos adicionales (un total de 120 minutos), por realizarlo en una lengua no materna.

- Tópicos que considera el examen:

    o Tecnologías de conmutación LAN – 26% de la carga del examen.

    o Tecnologías de enrutamiento – 29% de la carga del examen.

    o Tecnologías WAN – 16% de la carga del examen.

    o Servicios de infraestructura – 14% de la carga del examen.

    o Mantenimiento de la infraestructura – 15% de la carga del examen.

Si bien no se aclara formalmente en ninguno de los puntos referidos, tenga en cuenta las siguientes notas al momento de preparar su examen de certificación:

- Las preguntas referidas a switches, toman como modelo de referencia el switch Cisco Catalyst 2960 corriendo IOS 15.0.

- Las preguntas referidas a routers, toman como modelos de referencia a los routers Cisco Series Cisco 29xx corriendo IOS 15.2.

La consideración de las versiones de los sistemas operativos es importantes en función de algunos detalles de configuración y las opciones por defecto que presentan algunas implementaciones.

Esto es de suma importancia ya que, las características, prestaciones y comandos varían sensiblemente de acuerdo al modelo de dispositivo y la versión de sistema operativo de la que se trate.

 La mayoría de los simuladores y emuladores que se ofrecen actualmente en el mercado para preparar el examen de certificación permiten armar topologías utilizando dispositivos como los mencionados.

El formato de las preguntas

En el momento en que usted se presente a rendir su examen de certificación y antes de comenzar con el examen propiamente dicho podrá recorrer un tutorial en el que se explican los diferentes formatos de preguntas que ha implementado Cisco Systems para sus exámenes de certificación.

Sin embargo, al momento de prepararse para un examen es conveniente conocer previamente el formato que va a revestir el examen, los diferentes tipos de preguntas que pueden aparecer, y el modo en que cada una de ellas influye en la calificación final. Cuantas menos sorpresas en el momento del examen, mejor.

Cisco Systems utiliza en sus exámenes de certificación 6 formatos básicos de preguntas:

- Respuesta única a partir de opciones múltiples.

- Respuestas múltiples a partir de opciones múltiples.

- Respuestas drag & drop.

- Espacios en blanco para completar.

- Ejercicios de simulación.

- Simlets

 Cisco ha publicado un tutorial en línea con los diferentes tipos de preguntas:
> http://www.cisco.com/go/tutorial

Las preguntas de ejemplo son interactivas y es posible ensayar el modo de responder.
Tenga presente que en ese tutorial (como el que podrá recorrer en el momento en que se habilite su examen) se muestran 7 tipos de preguntas. Sin embargo en los exámenes de certificación CCNA R&S se implementan solo los 6 tipos mencionados.

1.2. El Procedimiento para Presentar el Examen

Los exámenes de certificación de Cisco Systems son administrados desde el año 2007 exclusivamente por Pearson VUE. Usted puede presentar su examen en cualquier Pearson VUE® Autorized Testing Center. Para verificar cuál es el Testing Center más cercano y la información de contacto pertinente puede consultar la página web de la empresa.

✎ La página web oficial de Pearson VUE®:

http://www.pearsonvue.com/cisco

Para presentar el examen de certificación propongo un sencillo proceso de 5 pasos:

1. Elija la fecha.

La fecha para presentar el examen es de su decisión y solamente depende de la disponibilidad del Testing Center en la fecha y horario que haya elegido.

2. Regístrese en el Testing Center.

Usted debe reservar su fecha de examen haciendo el registro en el Testing Center que ha elegido.

Tenga en cuenta que cada Testing Center tiene asignados días y horarios en los que puede habilitar exámenes. Consulte los horarios y formas de pago que hay disponibles. Puede verlos en la página web de Pearson VUE. También tenga en cuenta que en algunos Testing Center se requiere registrarse con alguna anticipación a la fecha en que se desea presentar el examen. No deje este trámite para último momento y asegure su fecha de examen.

La fecha de presentación del examen puede ser modificada hasta 48 horas hábiles antes. Pasado ese lapso es inmodificable.

3. Los días inmediatamente anteriores al examen.

En la agenda de preparación hay que prever terminar el estudio del temario completo unos 10 días antes de la fecha fijada para el examen. Estos últimos 10 días son parte de la preparación pero tienen un propósito específico: repasar la integridad del temario y fijar los conocimientos.

Un buen recurso para realizar este repaso en estos 10 días anteriores al examen son los cuestionarios. Los cuestionarios no son una herramienta adecuada para el estudio inicial pero sí son muy útiles para revisar los conocimientos y detectar puntos débiles en los últimos días antes del examen.

4. El día del examen.

Preséntese en el Testing Center con al menos 15 minutos de anticipación al horario fijado para el examen. No llegue sobre la hora. Debe estar tranquilo, relajado y concentrado en el examen que va a presentar.

Tenga en cuenta que debe presentar 2 documentos de identidad con foto. Esta es una condición para acreditación de identidad en los Testing Centers.

 No lo olvide: debe acreditar su identidad presentando dos documentos con fotografía.

Mientras espera para ingresar al área de examen aproveche los últimos minutos para revisar los puntos que por experiencia ya sabe que recuerda menos: comandos, clasificaciones etc. En este momento es muy útil tener una hoja de repaso rápido. No es momento para cuestionarios o para conversar con amigos que hacen preguntas que nos pueden hacer dudar. Al examen hay que ingresar seguro y tranquilo.

Para ingresar al examen le exigirán dejar fuera todo elemento. No puede ingresar con computadoras personales, calculadoras o cualquier otro dispositivo, tampoco libros, apuntes o anotadores; ni aún con su propio papel y lápiz. El Testing Center le proveerá una tablilla y un marcador para que pueda realizar sus anotaciones.

 Aunque es obvio: No se puede ingresar con calculadora o apuntes de cualquier tipo.

 Un video ilustrativo del procedimiento puede ser revisado en: http://youtu.be/y6WFmbw_RIA

5. El examen.

Una vez que ingresa a la sala del examen el personal de administración del Testing Center habilitará la terminal en la que deberá realizar su evaluación, y le entregará una tablilla y un marcador para sus notas personales.

Tenga en cuenta que:

- El personal del Testing Center no tiene formación técnica por lo que solamente puede brindarle asistencia y responder preguntas en lo que se refiere al funcionamiento del sistema.

- Si bien le entregan una sola tablilla y un marcador, si necesita más podrá solicitar durante el desarrollo del examen tablillas adicionales. Las tablillas debe entregarlas luego de terminado el examen y no podrá llevarse ninguna nota sobre el mismo.

El examen de certificación CCNA 200-125 está compuesto de 3 elementos:

- El tutorial del examen.
  Pearson VUE asigna específicamente 20 minutos para recorrer el tutorial del examen de certificación. Como he señalado antes, este tutorial también está disponible en el sitio web de Cisco.
  Al terminar de recorrer el tutorial o al finalizar los 20 minutos que tiene asignados para esto, si no lo inició manualmente, comenzará automáticamente el examen de certificación.

- La encuesta.

  Se trata de una breve encuesta de marketing que releva información sobre su relación con el área del networking, tiempo y metodología de preparación que ha utilizado, información demográfica, etc.
  El conjunto de preguntas puede variar de candidato en candidato.
  Sus respuestas a esta encuesta no tienen ninguna influencia en la composición o resultados del examen y tienen un propósito meramente estadístico.

- El examen de certificación.

  Recuerde que durante este tiempo sólo puede requerir asistencia para temas relacionados con el funcionamiento del sistema. No tiene disponible ningún recurso del entorno de base del sistema operativo de la terminal ni tampoco calculadora o elementos de consulta.
  Durante todo este tiempo tendrá en pantalla el reloj que marca el tiempo restante para concluir el examen, adminístrelo de la mejor manera posible.
  Tenga en cuenta que no hay modo de saber antes del final cuántas simulaciones debe afrontar y de qué tipo.
  Al finalizar el examen aparecerá una pantalla de felicitación por haber completado la evaluación.
  Es el momento de avisarle al personal del Testing Center que finalizó.

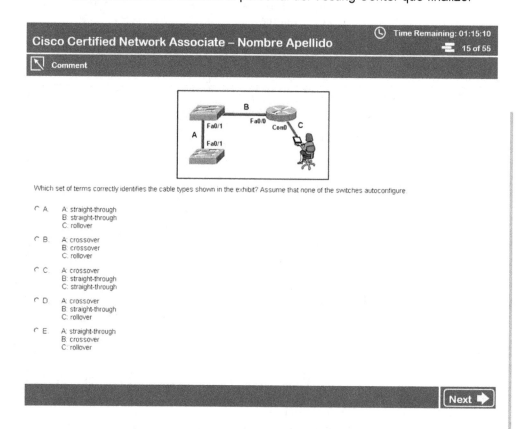

Finalizado el examen, usted podrá ver el resultado del mismo en pantalla y el Testing Center imprimirá y le entregará una copia impresa de su "score report".

El score report es el único documento o registro de su examen con el que contará hasta tanto tenga habilitado su acceso al sitio web de Cisco para técnicos certificados, y reciba por correo su "kit CCNA". Guarde su exam score con cuidado.

La información que consta en este reporte es la única que podrá obtener respecto de su examen. Cisco no brinda la posibilidad de revisar las preguntas del cuestionario que usted realizó.

5. La recertificación.

La certificación CCNA tiene un período de validez de 3 años que se cuentan a partir del día en que rindió su examen de certificación.

Tenga presente la fecha y consulte con anticipación el sitio web de Cisco para verificar las condiciones de recertificación vigentes en el momento en que deba revalidar su certificación.

2. Los Contenidos del examen de certificación

Vamos ahora a centrarnos en el estudio de los contenidos temáticos propios del examen de certificación.

Para esto he reunido los diferentes temas en 7 ejes temáticos que permiten una aproximación más sistemática y ordenada que el simple seguimiento de los objetivos enunciados por Cisco para el examen.

Los 7 ejes temáticos son:

1. Principios de operación de redes TCP/IP.

2. Direccionamiento IP (IPv4 / IPv6).

3. Operación de dispositivos Cisco IOS.

4. Conmutación LAN.

5. Enrutamiento IP.

6. Servicios IP.

7. Tecnologías WAN.

2.1. Principios de operación de redes TPC/IP

✒️ Las abreviaturas y siglas utilizadas en este manual se encuentran desarrolladas en el Glosario de Siglas y Términos de Networking que está disponible en la Librería en Línea de EduBooks: https://es.scribd.com/document/292165924/Glosario-de-Siglas-y-Terminos-de-Networking-version-1-2

Una red de computadoras es un conjunto de dispositivos y estaciones terminales (PCs, impresoras, teléfonos, servidores) interconectadas de modo que pueden comunicarse entre ellas.

Estas redes transportan diferentes tipos de datos, en múltiples entornos. Sus componentes físicos más comunes son:

- Terminales.
  Computadoras, impresoras, servidores, cámaras IP, teléfonos IP, etc.

- Elementos de interconexión:

  o Placas de red (NIC).

  o Medios de red.
    Cables de cobre, fibra óptica, inalámbricos.

  o Conectores.

- Switches.

- Routers.

- Dispositivos inalámbricos.

- Access points.

- WLAN controllers.

- Firewalls.

Hay diversos elementos que caracterizan las redes de datos:

- Topología.

- Velocidad o capacidad de transporte.

- Costo.

- Seguridad.

- Disponibilidad.

- Escalabilidad.

- Confiabilidad.

Topología física vs. Topología lógica

La topología física de una red refiere a la distribución física de dispositivos y cableado.

La topología lógica refiere, por su parte, al camino que han de atravesar los datos entre origen y destino.

Los principales modelos de topología son:

- Bus.
  Todos los dispositivos se encuentran conectados a un cable central.
  Las redes actuales definen el bus en el hardware de los dispositivos, no en el cableado.

- Anillo.
  Los terminales se encuentran conectados entre sí de manera que el último dispositivo está conectado al primero formando un círculo. Cada dispositivo está conectado a otros dos.

- Estrella.
  Es la topología física más frecuente en la actualidad.
  Se compone de un dispositivo central que brinda conectividad y terminales conectadas exclusivamente a este dispositivo concentrador.

- Malla.
  Cada dispositivo en la red se encuentra conectado directamente a varios.
  Si se conecta a todos los demás recibe la denominación de malla completa, si se conecta solamente a algunos malla parcial.
  Es la topología que brinda mayor redundancia.

Cálculo de disponibilidad de la red

El cálculo de disponibilidad es una estimación de la probabilidad de que la red se encuentre disponible para su uso. Es uno de los parámetros (entre otros) que se utiliza frecuentemente para definir la calidad del servicio que se espera del proveedor.

Se expresa en porcentaje de tiempo que la red está disponible, en la mayoría de los casos sobre un estimado anual. Una disponibilidad del 100% es el ideal propuesto, pero no real ya cada uno de la multiplicidad de componentes de una red está sometido a un posible fallo que impacte en la red misma. Por lo tanto los valores que se manejan habitualmente están expresados "en cantidad de 9s":

- 2 nueves   99%   red fuera de servicio 5256 minutos al año.

- 3 nueves   99,9%   red fuera de servicio 525,6 minutos al año.

- 4 nueves   99,99%   red fuera de servicio 52,56 minutos al año.

- 5 nueves   99,999%   red fuera de servicio 5,256 minutos al año.

Impacto de las aplicaciones

Diferentes aplicaciones impactan de diferente manera en la performance de la red. Se distinguen 3 tipos básicos de aplicaciones:

- Aplicaciones que transmiten en ráfagas (batch applications).
  No hay interacción humana directa por lo que la disponibilidad de ancho de banda es importante pero no crítica.

- Aplicaciones interactivas.
  Son aplicaciones para la interacción con un usuario final. Dado que hay un usuario en espera el tiempo de respuesta es importante pero no crítico salvo que sea excesivo.

- Aplicaciones de tiempo real.
  Utilizadas para la interacción entre usuarios finales.
  En este caso la latencia extremo-a-extremo es crítica.

Introducción a los modelos de referencia

Modelo OSI

Es el modelo de arquitectura primaria para redes. Describe cómo los datos y la información de la red fluyen desde una terminal, a través de los medios de red, hasta otra terminal.

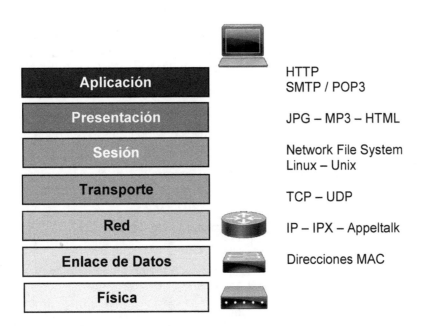

Divide el proceso global en grupos lógicos más pequeños de procesos a los que denomina "capas" o "layers". Por este motivo se habla de una "arquitectura de capas".

7	Aplicación	Suministra servicios de red a los procesos de aplicaciones de usuario que están fuera del modelo OSI.
		Determina la identidad y disponibilidad de la contraparte en la comunicación; e implementa procedimientos de autenticación de usuario, recuperación de errores y control de integridad.
6	Presentación	Garantiza que la información que es enviada desde la capa de aplicación del origen es legible por la capa de aplicación del dispositivo destino.
		También puede ocuparse de encriptar los datos que se enviarán a través de la red.
5	Sesión	Establece, administra y termina sesiones entre dos nodos de comunicación. También sincroniza el diálogo entre las capas de presentación de ambas terminales.
4	Transporte	Segmenta, transfiere y reensambla los datos que corresponden a una comunicación entre dispositivos terminales.
		Para asegurar una transferencia de datos confiable establece, mantiene y termina circuitos virtuales.
		Detección de fallos, control de flujo de la información y recuperación de errores son algunas de sus funciones.
		PDU: Segmento.
3	Red	Provee conectividad y selección de la ruta entre dos dispositivos terminales que pueden estar ubicados en diferentes redes.
		Direccionamiento lógico.
		PDU: Datagrama o paquete.
		Dispositivos que operan en esta capa: routers, switches multilayer.
2	Enlace de Datos	Define el formato que ha de darse a los datos para ser transmitidos, y cómo se controla el acceso a la red.
		Direccionamiento físico.
		PDU: Trama.
		Dispositivos que operan en esta capa: switches LAN, bridges.
1	Física	Define las especificaciones eléctricas, mecánicas y funcionales necesarias para activar, mantener y desactivar un enlace físico utilizado para la transmisión de bits entre dispositivos.
		Dispositivos que operan es esta capa: hubs.

Modelo TCP/IP

El modelo TCP/IP es un modelo en capas desarrollado inicialmente para facilitar el establecimiento de comunicaciones extremo a extremo.

Es el modelo de aplicación en Internet. Por este motivo es el más difundido, y muchos de los protocolos originales de Internet refieren a este modelo de capas. En la actualidad sigue siendo de gran aplicación, aunque en términos generales se prefiere el modelo OSI para el estudio y análisis.

Más allá de su utilidad como modelo, también se suele denominar TCP/IP a un conjunto de protocolos que trabajan a partir de la implementación del protocolo TCP en capa de transporte y el protocolo IP en la capa de Internet.

- Capa de Aplicación
  En ella se desarrollan procesos de alto nivel referidos a la presentación, codificación y control del diálogo.

- Capa de Transporte
  Proporciona servicios de transporte de datos entre origen y destino creando un circuito virtual entre esos dos puntos. En esta capa se segmentan y reensamblan los datos, y se implementan servicios de control de flujo y secuenciación con acuses de recibo para controlar el flujo de datos y corregir errores en la transmisión.

- Capa de Internet
  Su objetivo es proporcionar direccionamiento jerárquico y encontrar la mejor ruta entre origen y destino.

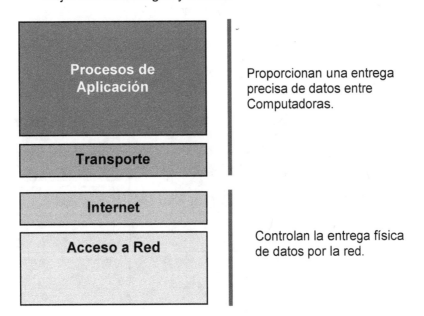

Procesos de Aplicación

Transporte

Proporcionan una entrega precisa de datos entre Computadoras.

Internet

Acceso a Red

Controlan la entrega física de datos por la red.

- Capa de Acceso a Red
  También llamada de Host a Red. Controla todos los aspectos relacionados al enlace físico con los medios de red. Define la interfaz con el hardware de red para tener acceso al medio de transmisión.

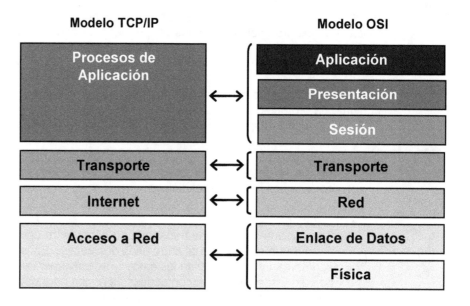

Encapsulación / Desencapsulación

Cada capa del modelo OSI en el dispositivo origen debe comunicarse con su capa homóloga (par o peer) en el destino.

Durante el proceso de transporte ente origen y destino, los protocolos de cada capa deben intercambiar bloques de información que reciben la denominación de unidades de datos del protocolo (PDU).

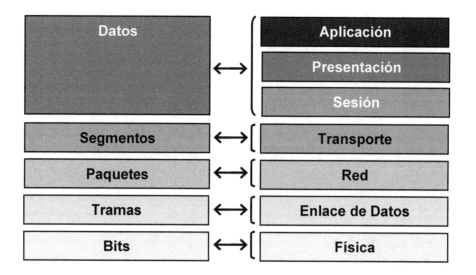

Cada capa depende de su capa inferior en el dispositivo origen para poder establecer el intercambio con su capa par en el destino. Para esto cada capa encapsula el PDU que recibe de la capa superior con un encabezado que incorpora la información que corresponde a su nivel de acuerdo al protocolo que está implementando.

Cada encabezado contiene información de control para los dispositivos que componen la red y para que el receptor pueda interpretar correctamente la información que recibe.

Este proceso se completa siguiendo cinco pasos básicos:

1. En las capas superiores del modelo OSI se convierte la información del usuario en datos. Las capas superiores agregan la información correspondiente a los protocolos involucrados.

2. En la capa de transporte se preparan los datos para el transporte end-to-end. Son fragmentados en segmentos y encapsulados con información de control para lograr una conexión confiable.

3. En la capa de red se agregan las direcciones lógicas de origen y destino en el encabezado de red. Los datos son colocados dentro de un paquete o datagrama.

4. En la capa de enlace de datos se agregan las direcciones físicas en el encabezado de enlace de datos y se conforma la trama para su transmisión a través de una interfaz y los medios físicos.

5. Finalmente, los datos se transmiten en forma de bits a través de los medios físicos.

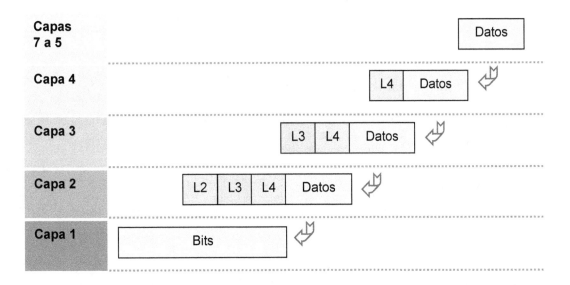

Cuando la información es recibida en el destino se realiza el proceso inverso, desde la capa física hacia la capa de aplicación, analizando en cada paso la capa correspondiente al protocolo que ha operado en ese nivel que está contenida en el encabezado correspondiente.

Capa física del modelo OSI

En los dispositivos terminales se requiere un componente de hardware que es la interfaz de red (NIC) que conecta a la terminal con la red. Además de la placa de red y asociado a la misma, se requiere un IRQ, una dirección I/O, un driver de software y un espacio de memoria.

Se utilizan diferentes medios de transporte de la señal:

- Alambres de cobre.

- Filamentos de fibra óptica.

- Transmisión de radiofrecuencia sobre el medio atmosférico.

Medios de cobre

- Cable coaxial.

    o Thicknet o cable coaxial grueso.
      Redes Ethernet 10Base5.

    o Tinte o cable coaxial fino.
      Redes Ethernet 10Base2.

- Cable de par trenzado de cobre.

    o UTP.

    o STP.

FTP.

Cable de par trenzado de cobre

Cable especialmente diseñado para redes de comunicaciones que combina técnicas de blindaje y cancelación de ruido eléctrico que permiten controlar el problema de interferencias electromagnéticas.

Se compone de 8 hilos (4 pares) de alambre de cobre revestidos cada uno con una vaina aislante de plástico de diferente color y trenzados de a pares para lograr el efecto de cancelación y blindaje que le permite rechazar interferencias.

Hay diferentes categorías de UTP:

- Cat.3 – Apto para redes 10Base-T.

- Cat. 5 – Apto para transmisiones de hasta 100 Mbps con segmentos de 100 m. de cable.

- Cat. 5e – Apto para instalaciones de hasta 1 Gbps, con longitudes de hasta 100 m. por segmento de cable.

- Cat. 6 – Sugerido para redes de 1 Gbps.

- Cat. 6a – Apto para redes de hasta 10 Gbps; mantiene la posibilidad de trabajar con segmentos de cables de hasta 100 m.

- Cat. 7 – Utilizado en redes Ethernet de hasta 10 Gbps.

Conectorizado RJ-45

Estándar para el conectorizado originalmente utilizado en el cableado telefónico que especifica las características físicas de los conectores macho y hembra, al mismo tiempo que la asignación de los diferentes cables que componen el UTP.

Utiliza conectores 8P8C que por extensión reciben el nombre genérico de RJ-45.

La asignación de los cables utilizados en sistemas Ethernet está definida por el estándar EIA/TIA-568-B que establece dos formatos básicos para el armado de fichas RJ-45: T568 A y T568 B.

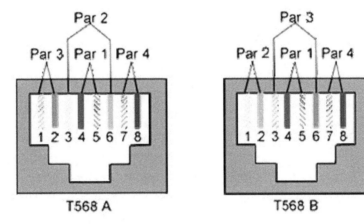

En cualquiera de estos esquemas, cuando se trata de redes Ethernet 10BaseT y 100BaseT, sólo se utilizan los pares verde y naranja para la transmisión de datos. En sistemas Ethernet de Gigabit, se utilizan los 4 pares.

A partir de estos 2 formatos básicos se pueden armar diferentes tipos de cable para distintos usos.

Los distintos tipos de cable se diferencian por el formato utilizado en cada uno de sus extremos:

- Cable Derecho
  Utiliza el mismo formato en ambos extremos del cable. Puede ser tanto 568 A como 568 B.

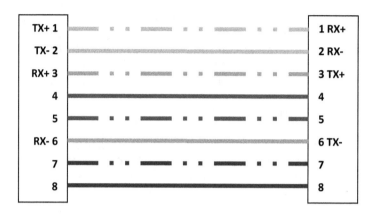

- Cable Cruzado
  Utiliza diferente formato en ambos extremos del cable.
  En sistemas Ethernet 10BaseT y 100BaseT se cruzan los pines 1-2 en un extremo con los 3-6 en el otro; y los pines 3-6 del primer extremo con los 1-2 del otro.

Cable cruzado FastEthernet

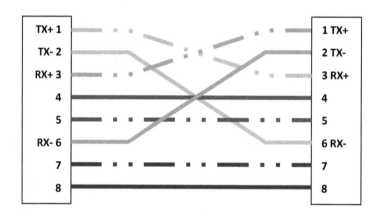

Cable cruzado GigabitEthernet

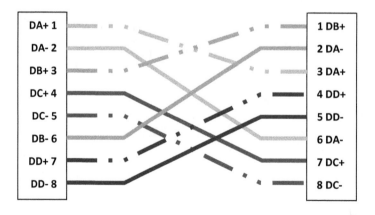

En sistemas GigabitEthernet, a lo anterior se requiere sumar que los pines 4-5 de un extremo se crucen con los 7-8 en el otro, y los pines 7-8 del primer extremo con los 4-5 del otro.

- Cable Consola
  En este caso el orden de los alambres en un extremo del cable es el espejo exacto del otro extremo. El pinado en ambos extremos es inverso: 1-2-3-4-5-6-7-8 en un extremo, 8-7-6-5-4-3-2-1 en el otro.

Implementación de cables UTP cruzados o derechos

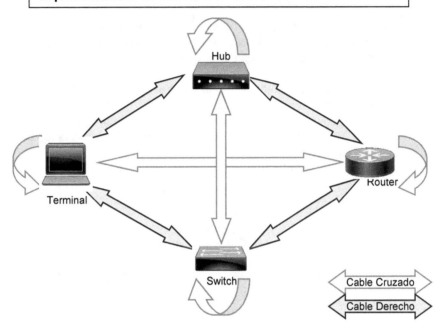

El uso adecuado de cada tipo de cable es el siguiente:

- Cable Derecho:

  - Router a hub o switch.

  - Servidor a hub o switch.

  - Estación de trabajo a hub o switch.

- Cable Cruzado:

  - Uplinks entre switches.

  - Hubs a switches.

  - Hub a hub.

  - Puerto de un router a otro puerto de un router.

o Conectar dos terminales directamente.

- Cable Consola:

    o Conectarse al Puerto consola de un dispositivo.

A partir de la implementación de la detección automática de la electrónica de las interfaces (Auto-MDIX), en muchos casos el mismo dispositivo adapta sus puertos haciendo innecesaria la utilización de cables cruzados.

Medios de fibra óptica

El medio de transmisión comúnmente denominado "fibra óptica" permite conexiones de alto ancho de banda a mayores distancias debido a que sufre menos atenuación y es inmune al ruido electro-magnético.

Es una pieza compleja compuesta básicamente de 5 elementos:

- Núcleo de vidrio o silicio, que es propiamente el elemento transmisor. Actúa como una guía de onda que transmite la luz entre los puntos conectados.
  Su diámetro varía en los diferentes tipos de fibra.

- Revestimiento o blindaje, compuesto por material similar al núcleo pero con diferentes propiedades ópticas, lo que asegura que el haz de luz quede confinado dentro del núcleo.
  Su diámetro estándar es de 125 micrones.

- Una capa de material amortiguador o buffer, que brinda protección al revestimiento y al núcleo que son muy frágiles.

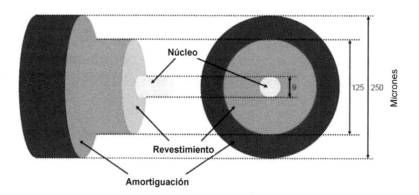

Cada circuito de fibra óptica está compuesto por 2 hilos de fibra, cada uno de ellos destinado a establecer la comunicación en un sentido, asegurando de esta manera una comunicación bidireccional.

Hay 2 tipos básicos de fibra óptica a considerar:

- Fibra Multimodo.
  Es utilizada mayormente para distancias cortas con menores anchos de banda.
  Tiene un core de 50 o 62,5 micrones de diámetro lo que permite múltiples caminos posibles del haz de luz entre origen y destino (de ahí su nombre, múltiples modo = múltiples caminos).

- Fibra Monomodo.
  Es la preferida para cubrir distancias extensas.
  Tiene un core de 9 micrones de diámetro, lo que reduce a uno solo el camino posible del haz de luz.

La señal eléctrica es convertida en señal lumínica utilizando una fuente de luz. Hay dos tipos de fuentes de luz:

- LED.
  Son emisores de energía de baja potencia y baja velocidad. Esto también significa menor distancia de alcance.
  Hay 2 tipos de LEDs disponibles: SLED y ELED.

- Emisores láser.
  Permiten cubrir mayores distancias. Tienen haces de luz más estrechos y mejor enfocados, por lo que suelen utilizarse con fibra monomodo.
  Hay varios tipos de emisores láser: FP, DFB y VCSEL.
  Como requieren un proceso de fabricación más complejo, son de mayor costo.

Fibra Multimodo	Fibra Monomodo
Utiliza LEDs	Utiliza emisores láser
Bajo ancho de banda y velocidad	Alto ancho de banda y velocidad
Distancias cortas	Distancias largas
Más económica	Más costosa

Conectorizado de fibra óptica

Hay múltiples tipos de conectores posibles los que varían básicamente en su tamaño y el método mecánico de acople al puerto.

Hay conectores metálicos y también de material plástico, que se acoplan al puerto por presión o utilizando el método bayoneta. Adicionalmente hay conectores simplex (de un solo pelo de fibra) o dúplex (de dos pelos de fibra).

Los conectores simplex más frecuentes son ST, SC o FC. Los conectores dúplex habituales son: FDDI, SC dúplex y ESCON.

La tendencia es la implementación de conectores SFP que, si bien no son una solución estándar, permiten mayor densidad de puertos. Hay múltiples conectores diferentes disponibles. Uno de los más populares es el MT-RJ debido a que utiliza un espacio semejante al del cableado estructural convencional. Otros conectores de este tipo son el Volition, el LC, el Opti-Jack, MU, etc.

Los usos más frecuentes son:

- Conectores ST – Para patch pannels por su durabilidad.

- Conectores FC – Para patch pannels de service providers.

- Conectores SC – Para equipos corporativos.

- Conectores LC – Utilizados en módulos SFP para dispositivos corporativos.

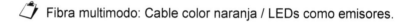 Fibra multimodo: Cable color naranja / LEDs como emisores.

 Fibra monomodo: Cable color amarillo / láser como emisores.

La Arquitectura Ethernet

Con el término Ethernet se suele referenciar a una familia de tecnologías LAN comprendidas actualmente en el estándar IEEE 802.3

Ethernet es originalmente una tecnología propietaria desarrollada por Digital, Intel y Xerox (DIX) en la década de 1970 y que luego fue estandarizada por la IEEE a través de la comisión 802.3 a mediados de la década de 1980. Si bien hay diferencias, básicamente Ethernet e IEEE 802.3 son tecnologías compatibles y muy semejantes.

Esta tecnología se puede explicar también tomando como referencia las capas del modelo OSI:

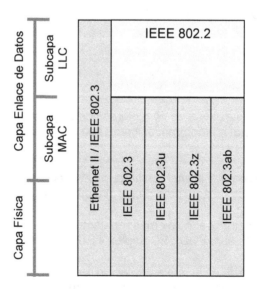

- La Subcapa LLC.
  Proporciona mayor flexibilidad para implementar múltiples servicios de capa de red sobre una amplia variedad de tecnologías de las capas inferiores.

- La subcapa MAC.
  Se ocupa del acceso al medio físico. Aquí se define la dirección MAC.

Nomenclatura y estándares

A las tecnologías Ethernet se aplica una terminología estándar establecida por la IEEE, que permite identificar fácilmente varias características de cada una de ellas

La nomenclatura de los diferentes medios es la siguiente:

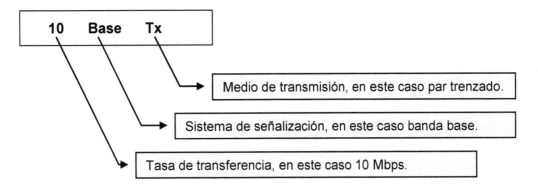

- T – Cable de par trenzado.

- S – Cable de fibra óptica multimodo de corto alcance.

- L – Cable de fibra óptica monomodo o multimodo de largo alcance.

Ethernet se basa en el concepto de un conjunto de computadoras que se comunican entre sí utilizando un medio físico compartido, cable coaxial. A partir de este concepto inicial se desarrollaron luego las múltiples variantes.

La segunda letra indica la codificación utilizada:

- X – Codificación 4B/5B para FastEthernet u 8B/10B para GigabitEthernet.

- R – Codificación 64B/66B.

Estándar	Sub Capa MAC	Medio Físico	Distancia Máxima	Observaciones
10Base 2	802.3	Cable coaxial de 50 ohm RG-58 con conector BNC.	185 m.	Conectores AUI. Topología en bus serial. Solo opera half-dúplex.
10Base 5	802.3	Cable coaxial de 50 ohm. Utiliza interfaces AUI.	500 m.	Solo opera half-dúplex.

Estándar	Sub Capa MAC	Medio Físico	Distancia Máxima	Observaciones
10BaseF	802.3	Denominación genérica para referirse a tecnologías Ethernet de 10 Mbps sobre cables de fibra óptica.		
10BaseFB	802.3	Fibra óptica	2.000 m.	Provee cableado de backbone. No soporta dispositivos DTE.
10BaseFL	802.3	Fibra óptica	2.000 m.	Provee cableado de backbone. No soporta DTE.
10BaseFP	802.3	Fibra óptica	500 m.	Permite establecer terminales en una topología de estrella.
10BaseT	802.3	UTP cat. 3, 4, 5 o 5e, con conectores RJ-45.	100 m.	Topología en estrella. Utiliza 2 pares de cables de un cable de par trenzado. Opera half o full-dúplex.
100BaseFX	802.3u	Dos hilos de fibra óptica multimodo de 62.5/125 micrones con conector dúplex MIC ST.	412 m.	Conectores ST o SC. Topología en estrella.
100BaseT4	802.3u	Cable UTP cat. 3, 4 ó 5.	100 m.	Utiliza los 4 pares de cables. No son posibles conexiones full dúplex.
100BaseTX	802.3u	Cable UTP cat. 5, 5e, 6 ó 7 ó STP cat. 1, con conectores RJ-45.	100 m.	FastEthernet. Topología de estrella. Utiliza 2 pares de cables. Opera half o full-dúplex
1000BaseT	802.3ab	UTP cat. 5e o 6, con conector RJ-45	100 m.	Utiliza los 4 pares de cables para generar 4 circuitos de transmisión full-dúplex paralelos.
1000BaseCX	802.3z	Par trenzado de cobre blindado con conectores RJ-45, o coaxial balanceado de 150 Ohm. con conector mini-DB9	25 m.	Diseñado para cubrir pequeñas distancias entre servidores. Topología en estrella.
1000BaseSX	802.3z	Fibra óptima multimodo de 62.5 / 125 micrones con conectores SC	220 m.	Utiliza un emisor láser de 850nm. Opera como full-dúplex.
		Fibra óptima multimodo de 50 / 125 micrones con conectores SC	550 m.	Utiliza un LED emisor. Topología en estrella. Opera como full-dúplex.
1000BaseLX	802.3z	Fibra óptica Multimodo o Monomodo de 9/125 micrones	Multimodo 550 m. Monomodo	Utiliza un emisor láser de 1310 nm. Topología en estrella. Opera como full-

Estándar	Sub Capa MAC	Medio Físico	Distancia Máxima	Observaciones
			10 km.	dúplex.
2,5GBaseT	802.3bz	UTP categoría 5e con conectores RJ-45	100 m.	
5GBaseT	802.3bz	UTP categoría 6 con conectores RJ-45	100m.	
10GBaseSR	802.3ae	Fibra óptica multimodo de 62,5 o 50 micrones	62,5 mic. 82 m. / 50 mic. a 300 m.	
10GBaseLR	802.3ae	Fibra monomodo de 9 micrones	25 km.	
10GBaseT	802.3an	UTP o STP cat. 6a con conectores RJ-45	100 m.	
40GBase	802.3ba	Fibra monomodo	10 km.	
		Fibra multimodo	100 m.	
		UTP	7 m.	
100GBase	802.3ba	Fibra monomodo	40 km.	
		Fibra multimodo	100 m.	
		UTP	7 m.	

Elementos comunes:

Lo que caracteriza y define la pertenencia a la familia de estándares Ethernet, es un conjunto de elementos comunes que aseguran la compatibilidad entre ellos.

Estos elementos comunes son:

- Estructura de la trama.

- Dimensiones de la trama:

- Mínima (64 bytes).

- Máxima (1518 bytes).

- Método de acceso al medio: CSMA/CD. Se utiliza solamente en conexiones half dúplex.

- Requerimiento de un slot time para conexiones half dúplex.

Encabezado de una trama Ethernet II

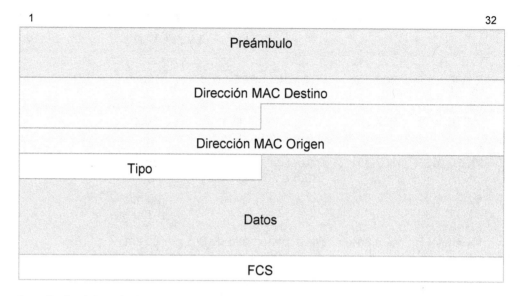

Longitud mínima de la trama Ethernet = 64 bytes.

Longitud máxima de la trama Ethernet = 1518 bytes.

Longitud total del encabezado de la trama: 14 bytes.

FCS: 4 bytes.

Datos: entre 46 y 1500 bytes.

Espacio entre tramas (Preámbulo): 12 bytes (96 bit times).

Direccionamiento de capa 2 y capa 3

Para poder establecer una comunicación ente origen y destino, es preciso:

- Localizar las terminales intervinientes utilizando direcciones lógicas (direcciones de capa 3 – IP).

- Individualizar las terminales utilizando direcciones físicas (direcciones de capa 2 – MAC).

Definición de destinatarios

Una comunicación puede tener 3 tipos de destinatario diferentes:

- Unicast
  Se trata de una comunicación de uno a uno.

- Multicast
  Se trata de una comunicación de uno a un grupo definido dentro de una red.

- Broadcast
  Es una comunicación de uno a todos los nodos en una red.

Estos diferentes tipos de destinatarios se identifican tanto en capa 2 como en capa 3 del modelo OSI.

Matemáticas digitales

Antes de seguir avanzando es necesario hacer un alto para revisar algunos conceptos de matemáticas necesarios para interpretar adecuadamente la notación utilizada en las direcciones de red.

El universo digital está caracterizado por un concepto básico que es el bit que puede alcanzar única 2 valores: encendido / apagado (on / off). La representación más clara de la realidad digital es la notación binaria en donde 1 representa el estado de encendido y 0 el de apagado.

Sin embargo, la notación binaria tiene 2 inconvenientes. El primero es la longitud que adquiere cualquier expresión, el segundo, que no es sencillo para una persona promedio retener secuencias extensas de unos y ceros. De allí que según el contexto las cadenas de bits se expresen utilizando notación decimal o hexadecimal.

Notación binaria

Sistema de numeración en el que cualquier valor numérico se expresa utilizando solamente 2 valores posibles: 1 y 0.

En general los valores en notación binaria se expresan simplemente como una cadena de unos y ceros, aunque para evitar confusiones con el sistema decimal se puede agregar algún prefijo o sufijo que indique que se está utilizando notación binaria:

- 10010100

- 10010100B

- 0b10010100

Si bien habitualmente esta notación no se utiliza para expresar direcciones (generalmente se utiliza notación decimal o hexadecimal), esta notación es esencial para comprender varios de los procedimientos lógicos que se aplican en la asignación y simplificación de direcciones.

Notación decimal

Sistema de numeración en el que cualquier valor numérico se expresa utilizando un sistema de 10 símbolos tomados de la numeración arábiga: 0, 1, 2, 3, 4, 5, 6, 7, 8 y 9.

En este sistema, cada posición representa una potencia de 10: el primer dígito desde la derecha es 10^0, las unidades; el segundo las decenas ($10^1 = 10$); el tercero las centenas ($10^2 = 100$), y así sucesivamente. En términos generales no se utiliza ninguna convención especial para expresar valores en notación decimal.

Para convertir un valor expresado en notación binaria a notación decimal es preciso considerar que cada posición binaria representa una potencia de 2. En la secuencia 0b10:

- 0b indica que se trata de una expresión en notación binaria.

- $1 = 1 \times 2^1 = 2$

- $0 = 0 \times 2^0 = 0$

Consecuentemente: cuando necesitamos convertir una expresión binaria en decimal es suficiente con sumar las potencias de 2 correspondientes a las posiciones binarias expresadas en 1. Un ejemplo:

$0b101 = 2^2 + 0 + 2^0 = 4 + 0 + 1 = 5$

 Las direcciones IPv4 se expresan generalmente utilizando notación decimal.

Notación hexadecimal

Sistema de numeración elaborado en base a 16 valores posibles para cada posición. Utiliza para la expresión de un valor un conjunto de 16 símbolos: 0, 1, 2, 3, 4, 5, 6, 7, 8, 9, a, b, c, d, e y f. Ordinariamente se utiliza el prefijo 0x para indicar que se trata de un valor expresado con notación hexadecimal. Por ejemplo:

0xa0

Dado que la unidad básica de memoria en los sistemas de cómputo es el byte (8 bits) es muy utilizado en todo lo vinculado al cómputo. 2 dígitos hexadecimales corresponden exactamente a un byte:

8 bits $2^8 = 2^4 \times 2^4 = 16 \times 16$

La correspondencia básica entre el sistema de representación hexadecimal y el decimal es la siguiente:

0 = 0 | 1 = 1 | 2 = 2 | 3 = 3 | 4 = 4 | 5 = 5 | 6 = 6 | 7 = 7 | 8 = 8 | 9 = 9 | a = 10 | b = 11 | c = 12 | d = 13 | e = 14 | f = 15

 Las direcciones MAC e IPv6 se expresan generalmente utilizando notación hexadecimal.

Conversión entre diferentes notaciones

Hay varios mecanismos de conversión entre diferentes notaciones. Lo más habitual en el ámbito del networking es convertir representaciones de bytes (es decir, cadenas de 8 bits). En este sentido, si tomamos como punto de partida una representación hexadecimal, el siguiente es un ejemplo:

Hexadecimal	0xa0
Decimal	10 0
Binaria	1010 0000

Direcciones MAC

- Es el esquema de direccionamiento físico utilizado en redes Ethernet.

- La dirección se expresa utilizando 12 dígitos en formato hexadecimal (48 bits de longitud).

- Se encuentra "impresa" o "quemada" en la placa de red (de allí la denominación BIA).

- Cada dispositivo debe contar con una MAC globalmente única.

- En general es un ID inmodificable. Sin embargo, cuando sea necesario puede ser modificada por configuración para responder a requerimientos locales.

Las direcciones MAC Ethernet tienen 48 bits de longitud, expresados como 12 dígitos hexadecimales y tienen la siguiente estructura:

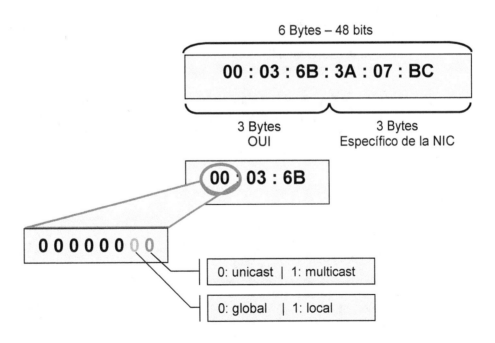

Protocolo IPv4

Se trata de un protocolo que opera en la capa Internet del modelo TCP/IP cuya función es determinar dónde se debe enviar un paquete y cuál es la mejor ruta para hacerlo.

Procesos de Aplicación
Transporte
Internet
Acceso a Red

Entre sus características principales destacan:

- Opera en la capa 3 del modelo OSI.

- Es un protocolo no orientado a la conexión.

- Cada paquete es procesado individualmente, por lo que cada paquete puede atravesar diferente ruta para llegar a destino.

- En el direccionamiento utiliza un esquema jerárquico de 2 niveles.

    o ID de red.
      Identifica la red de la cual un nodo es parte.

    o ID de host o nodo.
      Identifica un nodo en particular dentro de la red.

- Sus servicios siguen una lógica de best-effort y no garantizan la entrega del paquete.

- No prevé ningún mecanismo para recuperar paquetes corrompidos o perdidos.

- Opera independientemente de los medios físicos subyacentes.

- Identifica cada puerto conectado a una red con una dirección de 32 bits.

- Las direcciones IPv4 están compuestas por 32 dígitos binarios que para mayor facilidad pueden ser representados como 4 octetos de 8 bits.

Para mayor comodidad, las direcciones IP suelen expresarse utilizando 4 cifras decimales separadas por puntos, que representan cada uno de los 4 octetos binarios. A esta forma de expresión se la denomina notación decimal o de punto.

Ejemplo: 192.160.0.126

Binaria	11000000	.	10100001	.	00000000	.	01111110
Decimal o de punto	192	.	168	.	0	.	126
	Red					.	Nodo

Encabezado de un paquete IPv4

Versión	HLEN	Tipo de Servicio		Longitud Total	
Identificación			Flags	Desplazamiento del fragmento	
TTL (8 bits)		Protocolo (8 bits)	Suma de Comprobación		
Dirección IP de origen (32 bits)					
Dirección IP de destino (32 bits)					
Opciones IP			Relleno		
Datos					

Longitud total del encabezado IP: 24 bytes

Composición de una trama

De este modo, la estructura básica de una trama es la siguiente:

Encabezado de la Trama	Encabezado del Datagrama	Encabezado del Segmento	Datos	FCS

Un ejemplo:

Encabezado **Ethernet**	Encabezado **IP**	Encabezado **TCP**	Datos	FCS

La capa de Transporte

Es la capa responsable de asegurar la transferencia de los datos entre ambos extremos de la comunicación.

Los 2 protocolos más utilizados en esta capa son TCP y UDP (no son los únicos).

Los servicios ofrecidos por esta capa, son:

- Multiplexación de sesiones.
  El servicio básico ofrecido por la capa de transporte es el seguimiento individual de las comunicaciones entre aplicaciones en las terminales origen y destino.

- Identificación de aplicaciones.
  Para poder identificar las diferentes aplicaciones que operan sobre un mismo dispositivo, la capa de transporte utiliza el identificador de puerto. Cada proceso de software que necesita acceder a la red es asignado a un número de puerto que debe ser único en ese dispositivo terminal.

- Segmentación.
  El flujo de información que se recibe de las aplicaciones se divide en segmentos más pequeños de acuerdo al MTU de la capa de red.

- Control de flujo.
  Sobre la base de un mecanismo de acknowledgments generados por el receptor y la definición de una "ventana" de transmisión, el dispositivo receptor puede notificar al transmisor el volumen de datos que está en capacidad de procesar para evitar saturaciones y reenvíos.

- Transporte orientado a la conexión.
  Adicionalmente, en el caso de TCP, el mecanismo permite mantener la conexión entre origen y destino durante todo el tiempo que requiera la comunicación.

Conexión confiable o best-effort

En el stack TCP/IP hay 2 tipos diferentes de conexiones:

Confiable	Best-effort
TCP	UDP
Orientado a la conexión	No orientado a la conexión
Se mantiene información sobre el estado de la conexión y el envío de datos.	No se mantiene información sobre el estado de la conexión y el envío de datos.
Se negocia una conexión entre origen y destino.	No negocia una conexión.
Utiliza secuenciamiento	No utiliza secuenciamiento
Correo electrónico. Transferencia de archivos. Navegación web.	Streaming de voz Streaming de video Aplicaciones de tiempo real.
Servicios adicionales: Detección y recuperación de datos perdidos. Detección de segmentos duplicados o fuera de orden. Control de congestión.	Son aplicaciones que soportan la pérdida de paquetes mientras se mantengan en niveles bajos.

TCP es considerada una tecnología confiable porque permite cubrir 3 objetivos básicos:

- Detectar y retransmitir los paquetes que se puedan descartar.

- Detectar y remediar la duplicación de datos o su arribo fuera de orden.

- Evitar la congestión en la red.

El protocolo UDP

- Protocolo de capa de transporte.

- No orientado a la conexión.

- Tiene bajo o mínimo overhead.

- Provee las funciones básicas de transporte.

- Realiza una verificación de errores muy limitada, en base a su campo checksum.

- No hay ninguna garantía de la entrega de los datos al destino.

- No incluye ningún mecanismo para el reenvío de paquetes extraviados o corrompidos. Descansa en la aplicación para estos servicios, si son necesarios.

1   32

Puerto de Origen (16 bits)	Puerto de Destino (16 bits)
Longitud	Suma de Comprobación
Datos	

El protocolo TCP

- Protocolo de capa de transporte.

- Orientado a la conexión. Ambos dispositivos terminales se sincronizan entre sí para adaptarse a la congestión de la red.

- Verifica potenciales errores utilizando el checksum.

- Capa paquete va secuenciado para poder ordenar los paquetes o establecer si se ha perdido alguno.

- Se utiliza un sistema de acknowledgements que son la base de la confiabilidad del sistema.

- Si el origen no recibe la confirmación de recepción del paquete (acknowledge), supone que se ha perdido y procede a la retransmisión del mismo.

- También permite utilizar un servicio de reenvío de tráfico bajo petición.

- Incluye un mecanismo de control de flujo.

- Establece un circuito virtual unidireccional. La comunicación supone entonces el establecimiento de 2 circuitos virtuales, uno en cada sentido.

1   32

Puerto de Origen (16 bits)			Puerto de Destino (16 bits)	
Número de Secuencia (32 bits)				
N° Acuse de Recibo (32 bits)				
HLEN	Reservado	Bits de Código	Ventana (16 bits)	
Suma de Comprobación (16 bits)			Señalador (16 bits)	
Opciones				
Datos				

Interacción con la capa de red y la de aplicación

El encabezado IP incluye un campo (protocolo en IPv4, next header en IPv6) que identifica el protocolo que está contenido dentro del paquete. Este campo es utilizado por la capa de red de la terminal que recibe el paquete para pasar la información al protocolo de capa de transporte adecuado (TCP o UDP), o el protocolo de capa de red correspondiente (ICMP, enrutamiento, etc.).

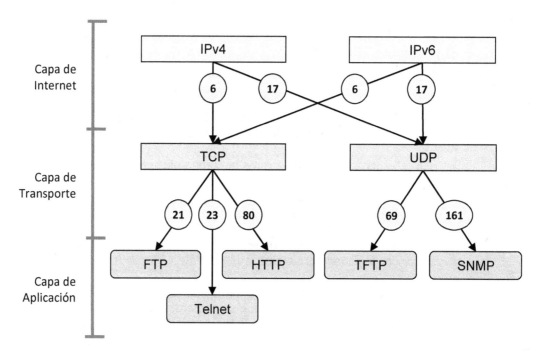

Tanto UDP como TCP utilizan puertos para operar múltiples conversaciones simultáneamente. Esto permite multiplexar múltiples sesiones a través de la misma interfaz de red.

Por este motivo, en el encabezado de cada segmento se incluye el puerto de origen y destino. El puerto origen está asociado con la aplicación que inicia la comunicación en el dispositivo local. El puerto de destino está asociado con la aplicación a la que se dirige la comunicación en el dispositivo remoto.

Los servicios utilizan números de puerto estáticos que han sido asignados con ese propósito, mientras los clientes utilizan puertos asignados dinámicamente para cada conversación. El cliente debe conocer el puerto asignado a un servicio, para solicitar a ese número de puerto el inicio de una conversación.

Rango ID de Puertos	Uso
1 – 1023	Puertos Bien Conocidos Asignados por IANA de modo permanente para aplicaciones básicas de Internet.
1024 – 49151	Puertos Registrados. Puertos utilizados por servicios de aplicaciones propietarias.
49152 – 65535	Puertos de asignación dinámica. Utilizados por un cliente como puerto de origen por el tiempo que dure una sesión específica.

 En algunas listas de puertos se presentan rangos diferentes de los llamados "Puertos bien conocidos". Estas diferencias obedecen a modificaciones realizadas por IANA a la asignación de los puertos. El rango de 0 a 1023 realizada y documentada en el RFC 1700 en octubre de 1994.

Establecimiento de una sesión TCP

El establecimiento de sesiones orientadas a la conexión requiere que antes de iniciar la negociación del protocolo se preparen las aplicaciones en ambos extremos (origen y destino) para que se comuniquen entre sí.

Este proceso es conocido como intercambio de triple vía o three way handshake. Tiene por objeto informar al sistema operativo de ambas terminales que se va a iniciar una conexión o conversación. El dispositivo que inicia la conexión es el cliente (origen), el que es destino de la solicitud de conexión es el servidor.

Una vez que se haya concluido la negociación entre ambos extremos de la comunicación, comenzará propiamente la negociación del protocolo de aplicación involucrado y la transferencia de información.

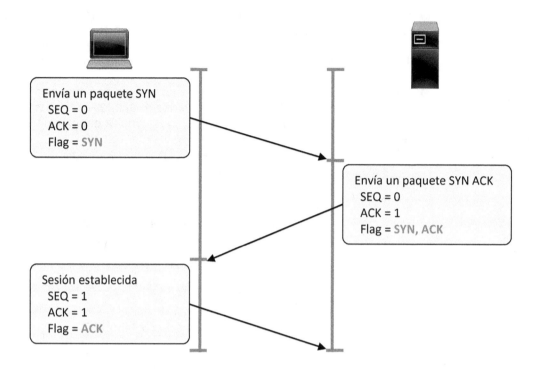

Como resultado del proceso:

- El cliente verifica que el servidor (el dispositivo) está disponible en la red.

- El cliente verifica que el servicio está activo y acepta solicitudes en el puerto destino que utilizamos para la sesión.

- Informa al servidor que el cliente intenta establecer una comunicación.

Cierre de una sesión TCP

En una sesión TCP cada extremo de la comunicación puede detener el envío de información por separado.

Típicamente uno de los extremos de la comunicación informa que desea cerrar la conexión mientras el otro extremo acepta o no que la misma finalice, por lo que también hay un proceso para el cierre de la sesión en ambos terminales sin que se pierda información.

La sesión se concluye cuando ambos extremos han enviado su notificación de FIN y recibido el correspondiente ACK.

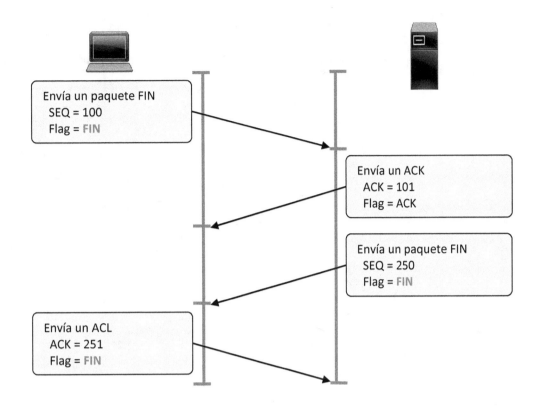

Envía un paquete FIN
SEQ = 100
Flag = FIN

Envía un ACK
ACK = 101
Flag = ACK

Envía un paquete FIN
SEQ = 250
Flag = FIN

Envía un ACL
ACK = 251
Flag = FIN

Segmentación del flujo de datos

Una de las tareas propias de la capa de transporte es la segmentación del flujo de datos que genera la capa de aplicación.

La capa de transporte divide el flujo de datos en segmentos menores cuya longitud debe ajustarse al MTU de las capas de red subyacentes. El tamaño regular de la mayoría de las transmisiones actuales está ajustado al MTU soportado por las redes Ethernet (que es la tecnología de transmisión más difundida) y que es de 1500 bytes, sin embargo es posible realizar transmisiones con mayor MTU.

Control de flujo en TCP

TCP provee mecanismos de control de flujo que permiten responder a problemas de disponibilidad de capacidad en la red o en los dispositivos receptores. Realiza un ajuste de la tasa de transmisión efectiva ente los dos dispositivos terminales.

Para esta tarea, a la vez que dar confiabilidad a la comunicación, TCP realiza un secuenciamiento y confirmación de recepción de los segmentos.

- El número de secuencia permite reensamblar la información en el dispositivo receptor.
  Se utiliza el número de bytes que el origen envía.

- El número de acknowledgment permite confirmar la recepción de los segmentos y solicitar el envío de los siguientes.

- Si se pierde un número de secuencia en la serie, ese segmento y todos los siguientes se retransmiten.

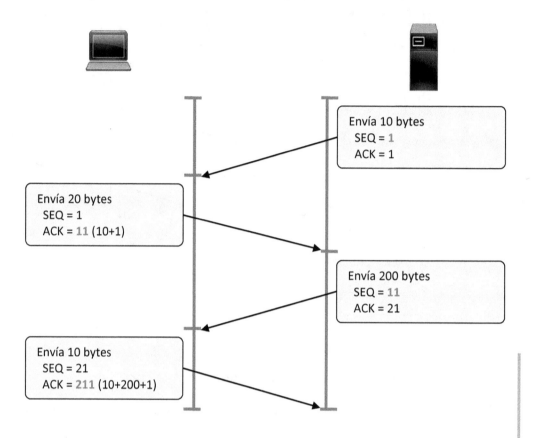

El mecanismo de acknowledgment es el que permite:

- Asegurar que los segmentos son recibidos sin errores y en el orden correcto.

- Indicar al dispositivo de origen cuál es el segmento que el destino espera recibir a continuación.

El sistema de ventana

Permite que un dispositivo envíe un determinado volumen de información (varios segmentos) sin esperar a recibir un acknowledgment por cada segmento.

- Mejora la performance de la conexión reduciendo el overhead.

- Permite controlar la tasa de transmisión evitando la congestión y la pérdida de información.

Llamamos "ventana" a la cantidad de bytes de datos que puede enviar un dispositivo sin esperar por un acknowledgment del receptor.

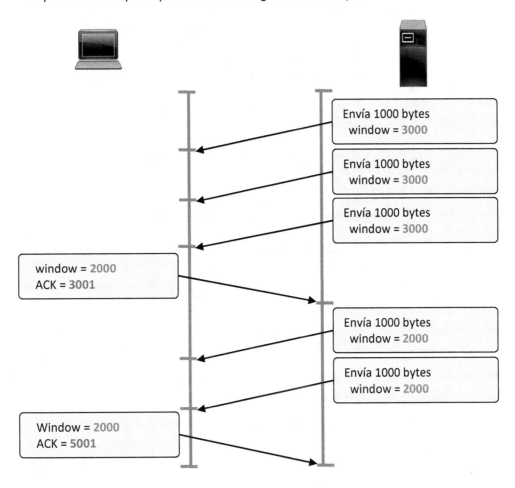

Esta ventana (CWS) recibe el adjetivo de "deslizante" ya que su tamaño varía en función del estado (congestión) de la red y la capacidad del dispositivo receptor.

- El tamaño es negociado en el inicio de la sesión.

- Puede cambiar dinámicamente en el desarrollo de la conversación.

- Si el tamaño de la ventana se define en 0, se interrumpe el envío de información hasta que se comunique un nuevo valor de tamaño.

- Si un segmento se pierde, el CWS se reduce a la mitad.

- Una desventaja de este procedimiento es la posibilidad de sincronización de las sesiones TCP.

Cloud computing

El término "nube" o "cloud" describe una modalidad específica de utilización de recursos: procesamiento, almacenamiento, redes y otros.

- Los recursos se encuentran abstraídos de la infraestructura subyacente y se acceden remotamente.

- La capacidad de cómputo se accede como un servicio y no ya como un producto.

- Usualmente la conectividad es a través de la red, muchas veces a través de Internet.

- Desde la perspectiva del usuario la disponibilidad de los recursos es totalmente transparente sin importar desde dónde se accede.

- La experiencia del usuario dependerá de la capacidad de la red de acceso utilizada.

Ventajas de los servicios de nube para el proveedor

- Reducción de costos por la consolidación, la automatización y la estandarización.

- Alta utilización de los recursos compartidos merced a la consolidación y la virtualización.

- Facilidad de administración.

- La automatización libera recursos humanos para otras tareas.

Ventajas de los servicios de nube para los usuarios

- Se paga únicamente por los recursos que se utilizan.

- Mayor planificación y control de los gastos en tecnología.

- Autoservicio del aprovisionamiento de recursos según demanda.

- Disponibilidad centralizada de los recursos.

- Alta disponibilidad.

- Arquitecturas escalables horizontalmente.

- Eliminación de la necesidad de backup local.

- La performance de las aplicaciones no está sujeta a la configuración de las estaciones de trabajo.

Servicios de cómputo en la nube

Si bien hay diversidad de modalidades de prestaciones de IT-as-a-Service, hay 3 modelos básicos en función de los cuáles se pueden clasificar las diferentes propuestas comerciales.

- IaaS
  Infrastructure as a Service.

- PaaS
  Platform as a Service.

- SaaS
  Software as a Service.

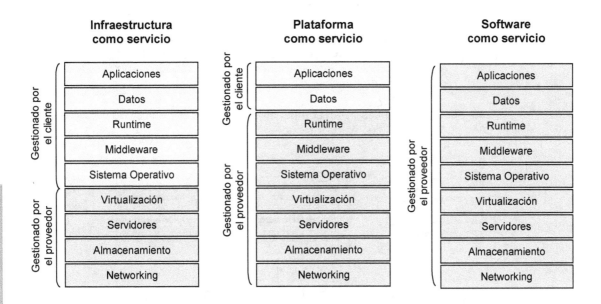

A estos servicios los proveedores de servicios pueden anexar otras prestaciones tales como acceso a través de redes de banda ancha, direccionamiento IP público, firewall, NAT, etc.

Network Programmability en redes corporativas

Los dispositivos que componen la red operan en 3 planos diferentes:

- Plano de Management o Gestión.
  Refiere a la capacidad de administrar el dispositivo.
  Es aquel en el que se ejecutan todas las funciones que nos permiten administrar el dispositivo y su operación.
  Aquí operan los protocolos vinculados a la gestión del dispositivo: Telnet, SSH, HTTP, HTTPS, SNMP, etc.

- Plano de Control.
  Refiere a la capacidad del dispositivo para mantener una estructura de

información referida a la red.

Es el que permite al dispositivo desarrollar sus funciones de reenvío de tráfico. En este plano se administra toda la información correspondiente a la red en sí misma: protocolos de enrutamiento, tablas de enrutamiento, tablas de direcciones MAC, etc.

Todos los protocolos que automatizan y dinamizan la operación de la red operan en este plano.

- Plano de Datos.
    Refiere a la capacidad del dispositivo de reenviar tráfico.
    Aunque no se lo mencione, es el más considerado habitualmente.
    Es aquel en el que se ejecutan las operaciones necesarias para el reenvío de tráfico.
    Un dispositivo de networking esencialmente no es origen ni destino de tráfico, sino un punto de paso en el establecimiento y mantenimiento de una comunicación entre 2 dispositivos terminales. Es lo que recibe el nombre de router en terminología de TCP/IP (no confundir con los dispositivos a los que comercialmente denominamos routers).
    Esas funciones de recepción y reenvío de tramas o paquetes son las propias del plano de datos, y son las que habitualmente merecen más atención. En este plano se da el reenvío de tráfico, el encolado y priorización de tráfico, etc.

Las redes tradicionales están compuestas por una multiplicidad de dispositivos en cada uno de los cuales estos 3 planos.

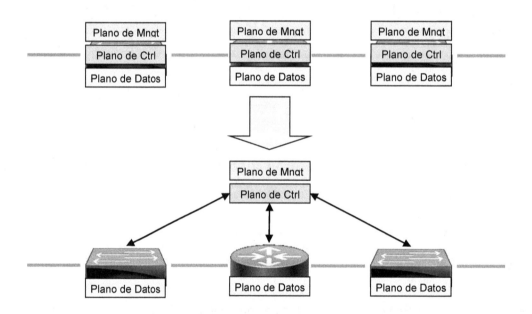

Las arquitecturas SDN cambian ese paradigma tradicional desplazando la "inteligencia" de los dispositivos individualmente considerados para colocarla en un controlador central a partir del cual se despliega la gestión a través del software.

- El plano de control está completamente separado del plano de datos.

- Se automatizan procesos de aprovisionamiento, configuración, etc.

- Agrega flexibilidad, agilidad en la implementación y escalabilidad.

- Brinda una visión centralizada de la red.

- La capa de control usualmente es una solución de software que recibe el nombre de controlador.

- La capa de control puede interactuar con múltiples aplicaciones de negocios a través de interfaces API.

- Las aplicaciones de negocios utilizando interfaces APIs hacen los requerimientos de servicios a la capa de control.

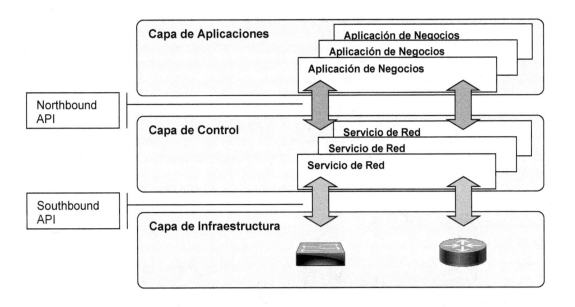

No confundir SDN con NFV.
NFV es el desacople de las funciones de red de un hardware propietario de modo de operar como dispositivos virtualizados.
Son tecnologías diferentes y complementarias.

Application Programming Interfaces

En la operación de redes SDN hay 2 tipos claramente diversos de interfaces API:

- Interfaces API Southbound.
  También llamadas device-to-control-plane.
  Son las que permiten la comunicación entre la capa de control (o plano de control centralizado) y la capa de infraestructura o plano de datos. Permite que el controlador mantenga control de los dispositivos individuales.
  En este punto la industria está desarrollando y aplicando diferentes estándares:

  o OpenFlow.
    Interfaz estándar definida por la ONF. Se utilizan para definir la

ruta a través de la cual el tráfico fluye en la red.
Implementa un modelo imperativo en el que el controlador envía instrucciones detalladas y complejas a los elementos de la red para modificar sus tablas de reenvío de tráfico.

- NETCONF.
  Protocolo de gestión de la red definido por la IETF.
  Es el más implementado en la actualidad. Brinda mecanismos para instalar, manipular y borrar la configuración de los dispositivos de la red utilizando RPC.
  Los mensajes se codifican utilizando XML.
  No todos los dispositivos soportan NETCONF.

- OpFlex.
  Estándar abierto para generar un sistema de control distribuido.
  Utiliza un modelo declarativo en el que el controlador (APIC) envía definiciones de políticas abstractas a los elementos de la red, y confía en que el dispositivo las implementará utilizando su propio plano de control.

- Interfaces API Northbound.
  Son las utilizadas por la capa de control para ofrecer los servicios de red a las aplicaciones de negocios. Son las que permiten que una aplicación gestione o controle la red brindando a la aplicación una visión abstracta de la red.
  No se cuenta por el momento con interfaces northbound unificadas.

Cisco APIC-EM

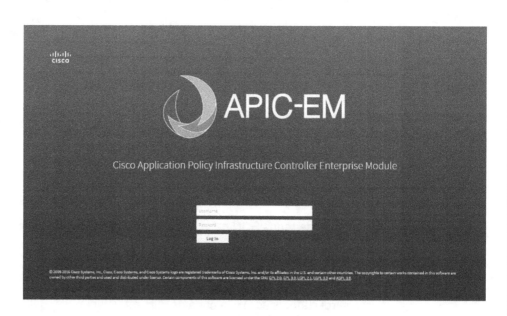

Se trata de un controlador SDN para redes corporativas.

- Aplica las políticas utilizando OpFlex, OpenFlow o NETCONF.

- Provee una visión abstracta de la red simplificando la gestión de los servicios de red.

- Permite contar con un único punto para la automatización de las tareas de red tanto LAN como WAN, tanto cableada como inalámbrica, sean dispositivos físicos o virtuales.

- Soporta tanto despliegues completamente Cisco como combinados con otros fabricantes.

- Proporciona información valiosa sobre los dispositivos y recursos de analítica para su aprovechamiento.

- La visibilidad permite optimizar los servicios y dar soporte a nuevas aplicaciones y modelos de negocios.

- Permite el despliegue rápido de nuevos dispositivos y aplicaciones.

- Automatiza el aprovisionamiento de servicios extremo a extremo rápidamente y de modo automático.

Prestaciones

- Base de datos de información de dispositivos.
  Mantiene un inventario actualizado de todos los dispositivos de red.

- Visualización de la topología de la red.
  Puede generar automáticamente la topología física de la red con detalle a nivel de dispositivos.

- Implementación zero-touch.
  Cuando el controlador descubre un nuevo dispositivo crea la información en la base de datos de la red y automáticamente lo configura.

- Identity Manager.
  Se puede hacer seguimiento de los usuarios y terminales intercambiando información con Cisco ISE.

- Policy Manager.
  Traslada el requerimiento de negocios al nivel de políticas en los dispositivos. Puede forzar la aplicación de políticas para un usuario tanto en la red cableada como inalámbrica.

- Análisis de ACL.
  Recolecta y analiza las ACLs en cada dispositivo de la red. Puede detectar fallas en la configuración de las ACLs.

- Implementación de QoS y gestión de cambios.

- Cisco Intelligent WAN application.
  Simplifica el aprovisionamiento de perfiles iWAN.

Análisis de rutas utilizando APIC-EM

APIC-EM incluye una herramienta de análisis de rutas denominada Path Trace que permite realizar el seguimiento del tratamiento que da la red a un tipo específico de paquete a lo largo de una ruta que atraviesa múltiples dispositivos.

Toma en cuenta:

- Dirección IP origen y destino del paquete.

- Puertos TCP o UDP origen y destino.

El resultado del análisis se muestra de modo visual y textual, mostrando cada uno de los dispositivos y enlaces que se atraviesan entre origen y destino. Si el tráfico está bloqueado en algún punto se informa acerca de ese punto.

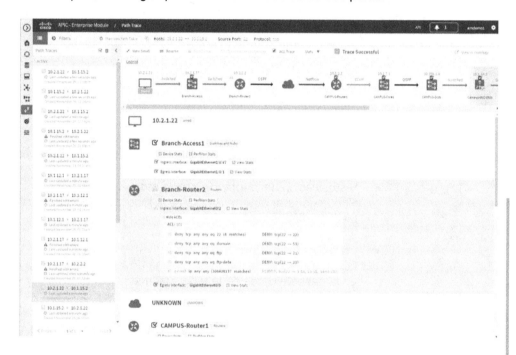

2.2. Direccionamiento IP (IPv4 / IPv6)

 Las abreviaturas y siglas utilizadas en este manual se encuentran desarrolladas en el Glosario de Siglas y Términos de Networking que está disponible en la Librería en Línea de EduBooks: https://es.scribd.com/document/292165924/Glosario-de-Siglas-y-Terminos-de-Networking-version-1-2

Dentro del conjunto de protocolos, tecnologías y dispositivos que hacen posible estas comunicaciones, ocupan un lugar muy importante en la actualidad dos protocolos: TCP como protocolo de capa de transporte e IP como protocolo de capa de red.

Ambos son los ejes en torno a los cuales se ha desarrollado Internet, y son el centro conceptual de las tecnologías de mayor difusión en la actualidad para entornos LAN y WAN.

El Protocolo IP (Internet Protocol)

Hay en la actualidad 2 versiones del protocolo IP en uso. IPv4 que es el utilizado por Internet desde el año 1980 y por lo tanto es el más extendido; e IPv6, surgido para subsanar el agotamiento de las direcciones IPv4 disponibles cuyo avance es creciente en los últimos años.

IPv4 es un protocolo de capa de red no orientado a la conexión que ha sido definido inicialmente en el RFC 791.

Es el único protocolo del stack TCP/IP que proporciona funcionalidades de ruteo.

Direccionamiento IP versión 4

El protocolo IPv4 suministra un esquema de direccionamiento jerárquico de 2 niveles que identifica cada puerto conectado a una red con una dirección de 32 bits.

Las direcciones IP están compuestas por 32 dígitos binarios que para mayor facilidad pueden ser representados como 4 octetos de 8 bits.

Estas direcciones IP están compuestas por 2 partes básicas:

- Una dirección de red.

- Una dirección de nodo.

Para mayor comodidad, las direcciones IP suelen expresarse utilizando 4 cifras decimales separadas por puntos, que representan cada uno de los 4 octetos binarios. A esta forma de expresión se la denomina notación decimal o de punto.

Ejemplo: 192.160.0.126

Binaria	11000000	.	10100001	.	00000000	.	01111110
Decimal o de punto	192	.	168	.	0	.	126
	Red					.	Nodo

Estructura de clases

IPv4 aplica el concepto de "clase" para identificar diferentes categorías de direcciones según las cuales se define cuántos bits u octetos se utilizan para definir o identificar la red, y cuántos quedan para identificar cada nodo individual.

 Este mecanismo de clasificación en clases recibe el nombre de "direccionamiento classful".

Este esquema fue el inicialmente definido por IANA y, en base a la secuencia de los primeros bits de una dirección define cuántos bits se utilizan para identificar la red (8, 16 o 24) y cuántos para identificar el nodo (24, 26 u 8).

Clase A

Primer octeto:	00000001 a 01111110
Rango de direcciones clase A:	1.0.0.0 a 126.255.255.255
	0.0.0.0 dirección reservada
	127.0.0.0 – reservada para loopback
Direcciones privadas (RFC 1918):	10.0.0.0 a 10.255.255.255
Esquema:	Red	Nodo . Nodo . Nodo
Número de redes posibles:	126
Número de nodos útiles por red:	16.777.214

Representan el 50% del número total de direcciones IPv4 posibles.

Clase B

Primer octeto:	10000000 a 10111111
Rango de direcciones clase B:	128.0.0.0 a 191.255.255.255
Direcciones privadas (RFC 1918):	172.16.0.0 a 172.31.255.255
Esquema:	Red . Red	Nodo. Nodo

Número de redes posibles: 16.384

Número de nodos útiles por red: 65.534

Representan el 25% del número total de direcciones IPv4 posibles.

Clase C

Primer octeto: 11000000 a 11011111

Rango de direcciones clase C: 192.0.0.0 a 223.255.255.255

Direcciones privadas (RFC 1918):   192.168.0.0 a 192.168.255.255

Esquema: Red . Red . Red | Nodo

Número de redes posibles: 2.097.152

Número de nodos útiles por red: 254

Representan el 12.5% del número total de direcciones IPv4 posibles.

Clase D

Direcciones de Multicast o Multidifusión.

Primer octeto: 11100000 a 11101111

Rango de direcciones clase D: 224.0.0.0 a 239.255.255.255

No se utilizan para identificar nodos individuales.

Clase E

Direcciones de Investigación. Estas direcciones no son utilizadas en Internet.

Primer octeto: 11110000 a 11111111

Rango de direcciones clase E: 240.0.0.0 a 255.255.255.255

Clase A	00000000	a	01111110	1 a 126
Clase B	10000000	a	10111111	128 a 191
Clase C	11000000	a	11011111	192 a 223

Direcciones IPv4 reservadas

Se trata de direcciones que no pueden asignarse a dispositivos individuales.

- Direcciones de red.
  Es el modo estándar de referirse a una red.
  Es una dirección IPv4 que tiene todos los bits que corresponden al nodo en cero. No puede ser asignada a un nodo en particular.

- Dirección de broadcast dirigido.
  Dirección IP que permite establecer una comunicación utilizando un único paquete hacia todos los nodos de una red específica.
  Es la dirección que tiene todos los bits correspondientes al nodo (no los de la porción de red) en uno.
  Esta es una dirección ruteable, por lo que permite enviar un paquete de broadcast a un segmento de red diferente del propio.

- Dirección de broadcast local.
  Es la dirección utilizada por un dispositivo cuando requiere comunicarse con todos los demás dispositivos que se encuentran en su mismo segmento de red.
  Esta dirección tiene sus 32 bits en uno.
  Permite enviar un paquete de broadcast solamente a la red local ya que no es una dirección ruteable.

- Dirección de loopback local.
  Es la dirección utilizada para que un sistema envíe un mensaje a sí mismo con fines de verificación. También se utiliza para permitir que diferentes aplicaciones que operan en un mismo terminal, se comuniquen entre sí.
  La dirección típica utilizada es 127.0.0.1, pero puede utilizarse cualquier dirección de la red 127.0.0.0/24.

- Dirección IP de autoconfiguración.
  El bloque de direcciones 169.254.0.0 a 168.254.255.255 está reservado para utilización como direcciones de link local. Pueden ser asignadas automáticamente por el sistema operativo al nodo en entornos en los que no hay configuración de IP disponible.
  Estas direcciones no pueden ser ruteadas.

- Dirección todos ceros.
  Es la dirección 0.0.0.0.
  Esta dirección no puede ser asignada a un nodo en particular, e indica la misma red en la que se encuentra. Se utiliza solamente como dirección IP de origen cuando el nodo carece de una dirección IP asignada.

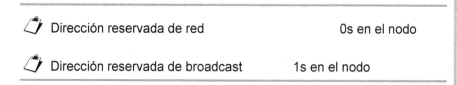

| Dirección reservada de red | 0s en el nodo |
| Dirección reservada de broadcast | 1s en el nodo |

Direcciones IPv4 Públicas

El crecimiento exponencial de Internet en los primeros años de la década de los '90 dejó claro que el espacio de direccionamiento disponible con IPv4 es insuficiente para dar cabida a todo lo que se deseaba conectar a la red.

Este es el origen de la evolución del protocolo hacia IPv6, pero en el período intermedio surgieron también algunas soluciones que permitieron asegurar la transición: NAT, CIDR y VLSM. Estos mecanismos son los que permitieron extender la utilizada de IPv4.

El despliegue de NAT introdujo los conceptos de direccionamiento IPv4 público y privado, que son ajenos al diseño inicial del protocolo.

Denominamos direccionamiento IP público a las direcciones utilizadas para establecer comunicaciones a través de la red pública, es decir Internet.

- La estabilidad de Internet depende de que cada host conectado a la red reciba una dirección única.

- La asignación de estas direcciones es gestionada a través de IANA y sus organismos regionales (AfriNIC, APNIC, ARIN, LACNIC y RIPE NCC).

- Las instalaciones de pequeñas redes y residenciales, típicamente, utilizan direcciones asignadas a sus ISPs, por lo que reciben el nombre de "provider-dependent". En consecuencia, si se cambia de ISP cambia la dirección IP pública que se utiliza.

Espacio de direccionamiento público:

- Clase A   1.0.0.0 a   9.255.255.255
                 11.0.0.0 a   126.255.255.255

- Clase B   128.0.0.0 a   172.15.255.255
                 172.32.0.0 a   191.255.255.255

- Clase C   192.0.0.0 a   192.167.255.255
                 192.169.0.0 a   223.255.255.255

Direcciones IPv4 Privadas

Los dispositivos que no utilizan Internet para conectarse ente sí pueden utilizar cualquier dirección IP válida mientras que sea única dentro del entorno en el que se establece la comunicación.

Con el propósito de evitar que se utilice literalmente "cualquier IP" y poner orden en la implementación, en febrero de 1996 la IETF definió un grupo de bloques de direcciones específicos en el RFC 1918. Estas direcciones no se enrutan hacia el backbone de Internet.

- IP Privadas Clase A   10.0.0.0 a 10.255.255.255

- IP Privadas Clase B   172.16.0.0 a 172.31.255.255

- IP Privadas Clase C   192.168.0.0 a 192.168.255.255

Si un nodo que utiliza una de estas direcciones requiere conectarse a Internet es necesario que su dirección sea "traducida" a una dirección globalmente única o pública utilizando NAT.

Protocolo ARP

Es un protocolo del stack TCP/IP que permite resolver o mapear direcciones IP conocidas a direcciones MAC.

Proporciona 2 servicios:

- Resolución de direcciones.
  Mapea direcciones IP a direcciones MAC.

- Mantenimiento de la información.
  En una tabla contenida en la memoria RAM y que contiene la información obtenida.

Para obtener la información necesaria el protocolo envía un mensaje (ARP request) en formato broadcast a todos los dispositivos en su segmento de red. El mensaje incluye tanto la dirección IP del dispositivo que lo origina como la que se desea mapear a su dirección MAC.

El dispositivo que tiene asignada la dirección IP que se busca genera un mensaje de respuesta (ARP reply) en formato unicast conteniendo su dirección MAC. Con esta respuesta el dispositivo que originó la consulta construye y mantiene en su memoria RAM una tabla denominada caché ARP que contiene el mapeo IP / MAC.

En el caso en el que la dirección IP de destino pertenezca a otra red, los router pueden ejecutar un procedimiento específico para darle respuesta que recibe el nombre de ARP proxy.

El alcance de la operación del protocolo es el segmento de red local ya que las direcciones MAC son solamente de relevancia local y se utilizan para establecer comunicaciones en el entorno del dominio de broadcast. Por lo tanto, no sirve de nada conocer la dirección física de un dispositivo remoto. Por el contrario, para conectarse a un dispositivo remoto es necesario que la trama sea tomada por el puerto de gateway para que sea enviada al dispositivo remoto.

 Protocolo ARP: Se conoce la IP destino y se necesita descubrir la MAC.

La tabla caché mantiene almacenada la información obtenida por la operación del protocolo de manera tal que cuando es necesario enviar un segundo paquete al mismo destino ya no es necesario realizar la consulta sino que se utiliza la información almacenada en la tabla. Al encapsular una trama el sistema operativo primero consulta la tabla ARP en busca de la dirección MAC correspondiente, y si no está en la tabla entonces genera la solicitud ARP correspondiente.

Esta tabla es creada y mantenida dinámicamente. Cada entrada de la tabla tienen, en principio, un tiempo de duración de 300 segundos

```
C:\>arp -a
```

Muestra la tabla ARP vinculada a todas las interfaces de una terminal que utiliza sistema operativo Microsoft Windows.

```
Interfaz: 192.168.100.107 --- 0xd
  Dirección de Internet   Dirección física    Tipo
  192.168.100.10          e8-94-f6-7d-4f-dc   dinámico
  192.168.100.103         84-3a-4b-d7-e6-50   dinámico
  192.168.100.104         14-58-d0-fe-74-40   dinámico
  192.168.100.109         cc-af-78-da-46-d5   dinámico
  192.168.100.110         84-3a-4b-d7-e6-50   dinámico
  192.168.100.111         4c-72-b9-da-59-35   dinámico
  192.168.100.255         ff-ff-ff-ff-ff-ff   estático
  224.0.0.2               01-00-5e-00-00-02   estático
  224.0.0.22              01-00-5e-00-00-16   estático
  224.0.0.251             01-00-5e-00-00-fb   estático
  224.0.0.252             01-00-5e-00-00-fc   estático
  224.0.0.253             01-00-5e-00-00-fd   estático
  239.255.255.250         01-00-5e-7f-ff-fa   estático
  255.255.255.255         ff-ff-ff-ff-ff-ff   estático

Router#show ip arp
```

Comando de Cisco IOS que permite verificar la tabla ARP construida en un dispositivo.

```
Protocol    Address           Age(min)   Hardware Addr       Type   Int
Internet    192.168.100.10    3          e8-94-f6-7d-4f-dc   ARPA   Gi0/0
Internet    192.168.100.104   4          14-58-d0-fe-74-40   ARPA   Gi0/0
```

Default Gateway

Cuando se desea establecer una comunicación con un host o terminal alojada en otro segmento de red ya no es necesario contar con la dirección MAC de esa terminal ya que el encabezado de la trama sólo tiene relevancia en el segmento local. Lo que es necesario es encapsular ese paquete con la dirección MAC del gateway o puerto del router que es el destino local para que luego sea reenviado hacia la red o subred de destino.

Para obtener la dirección MAC del gateway hay 2 mecanismos posibles:

- ARP Proxy
  En este caso el puerto del router responde las solicitudes ARP con destino a terminales que están fuera del segmento de red.
  Esta opción se encuentra habilitada por defecto en dispositivos Cisco IOS.

- Default gateway

Cuando se implementa default gateway:

- Antes de enviar un paquete la terminal determina si la dirección de destino se encuentra o no en la red local.

  o Compara la dirección de red local con la dirección de destino del paquete.

- Si el nodo destino del paquete pertenece al mismo segmento de red, la entrega se realiza directamente y para esto se revisa la tabla ARP y si la IP destino no está incluida se realiza un procedimiento ARP.

- Si el nodo destino del paquete pertenece a otro segmento de red el paquete debe ser enviado al gateway para ser luego reenviado hacia la red de destino. Para esto la terminal ha sido previamente configurada para reconocer la dirección del default gateway.

- La terminal encapsula el paquete utilizando la dirección MAC del gateway como dirección de destino en el encabezado de la trama.

 La dirección IP del default gateway debe estar en el mismo segmento de red que la dirección IP del nodo origen.

Diagnóstico de problemas asociados con el direccionamiento IP

Comandos de diagnóstico

Los siguientes son los comandos de diagnóstico más utilizados.

```
C:\>ping 201.45.8.8
```

Utiliza paquetes ICMP echo request y echo reply para verificar que un sistema remoto es accesible.

Confirma que los paquetes IP pueden recorrer la ruta entre origen y destino en ambos sentidos. Brinda 2 elementos de información: que el destino es accesible y el RTT en milisegundos.

En su versión extendida permite modificar las características del paquete que se genera, por ejemplo, el MTU.

```
C:\>tracert 201.45.8.8
```

Utiliza paquetes ICMP echo request o mensajes UDP que incrementan progresivamente el valor del campo TTT del encabezado IP, comenzando en 1. De esta manera se generan mensajes de tiempo excedido a partir de los cuales se obtiene la dirección IP de cada salto que atraviesa la ruta.

```
C:\>arp -a
```

Muestra la tabla de mapeo IP a MAC generada a partir de la operación del protocolo ARP.

```
C:\>ipconfig /all
```

Comando de la CLI de Microsoft Windows que permite verificar la configuración IP de la terminal.

Procedimiento de diagnóstico básico

El siguiente es el procedimiento básico recomendado para el diagnóstico de problemas en el direccionamiento IP:

1. Ejecute un ping a la interfaz de loopback

```
C:\>ping 127.0.0.1
```

> Permite diagnosticar la operación del stack TCP/IP en la terminal.
>
> Si la prueba falla significa que hay un problema en la instalación de TCP/IP y por lo tanto es necesario reinstalar TCP/IP en la terminal.

2. Ejecute un ping al nodo local

```
C:\>ping 192.168.1.105
```

> Permite diagnosticar el funcionamiento de la placa de red en la terminal.
>
> Si la prueba falla, indica un problema en la placa de red. Si la prueba es exitosa indica que la terminal tiene comunicación con la placa de red a través del stack TCP/IP; no indica necesariamente que el cable se encuentra conectado a la placad de red.

3. Ejecute un ping al default gateway

```
C:\>ping 192.168.1.1
```

> Un resultado exitoso indica que la terminal se encuentra conectada a la red y puede comunicarse a través de la misma. Si la prueba falla indica un problema en la red local que puede estar en cualquier punto entre la placa de red de la terminal y el gateway.

4. Ejecute un ping al dispositivo remoto

```
C:\>ping 201.45.8.8
```

> Si la respuesta es satisfactoria, es entonces posible la comunicación con el dispositivo remoto seleccionado para la prueba.

Si la respuesta a la prueba del paso 4 NO es exitosa puede deberse a diferentes situaciones:

- Incorrecta configuración del default gateway en la terminal.

- Problemas en el enrutamiento hacia la red destino.

- Problemas en la red destino.

- Incorrecta configuración del dispositivo remoto.

Si se pasan exitosamente las 4 pruebas y aun así no es posible establecer una comunicación con el dispositivo remoto desde una aplicación es probable que haya algún problema en la resolución de nombres (incorrecta configuración de DNS en la terminal, falta de respuesta del servicio DNS, incorrecta configuración del registro del DNS).

Direccionamiento IP versión 6

Esquema de direccionamiento jerárquico que utiliza direcciones de 128 bits.

Los beneficios reconocidos de la implementación de IPv6 son:

- Proporciona un especio de direccionamiento mayor.

- El encabezado utilizado es más simple y requiere menos procesamiento.

- Incorpora mejoras tales como seguridad y movilidad.

- Considera una amplia variedad de mecanismos de transición.

Características principales

- Direcciones de 128 bits.

- Expresadas con 32 dígitos hexadecimales.

- Suministra un total de 3.4×10^{38} direcciones posibles.

- Utiliza un encabezamiento de capa de red simplificado.

- No utiliza broadcast.

- Incluye las prestaciones estándar de IPsec y Mobile IP.

- Implementa etiquetado de flujos de tráfico.

- Una interfaz física puede tener varias direcciones IPv6.

Representación de direcciones IPv6

- Están compuestas por 8 campos de 4 dígitos hexadecimales (16 bits).

- Se pueden suprimir los 0s iniciales.

- Campos sucesivos en 0 pueden ser suprimidos y reemplazados por ":".

Un ejemplo:

2001	:	0ab1	:	0000	:	0000	:	09bc	:	45ff	:	fe23	:	13ac
2001	:	ab1	:	0	:	0	:	9bc	:	45ff	:	fe23	:	13ac
2001	:	ab1	:				:	9bc	:	45ff	:	fe23	:	13ac

2001:ab1::9bc:45ff:fe23:13ac

Direcciones IPv6

IPv6 utiliza diferentes tipos de direcciones:

- Direcciones de Unicast.
  Identifican una única interfaz.

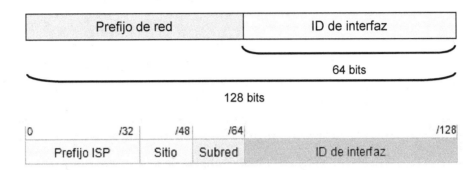

En general utilizan 64 bits como identificador de la interfaz.
Hay diferentes tipos de direcciones unicast IPv6:

- o Direcciones globales.
  Son las direcciones utilizadas para establecer comunicaciones sobre Internet.
  IANA está asignado actualmente direcciones del rango 2000::/3

- o Direcciones de link local.
  Direcciones no ruteables que solamente permiten establecer comunicaciones con otros dispositivos en el mismo segmento de red.
  FE80::/10

- o Direcciones unique local.
  Direcciones ruteables utilizadas para establecer comunicaciones con otros dispositivos en la misma red.
  FC00::/7

- o Direcciones reservadas.
  - ::1/128   Dirección de loopback.
  - ::/128   Dirección no especificada.

- Direcciones de Anycast.
  Identifican un conjunto de dispositivos o nodos. El que esté más cercano al dispositivo de origen será el que recibirá el paquete.
  No son diferenciables de las direcciones de unicast, ya que se toman del bloque de direcciones de unicast.

- Direcciones de Multicast.
  Representan un grupo de interfaces. Son una respuesta efectiva a las dificultades que provoca el tráfico de broadcast.
  Ocupan un rango a partir de FF00::/8

- NO hay direcciones de broadcast en IPv6.

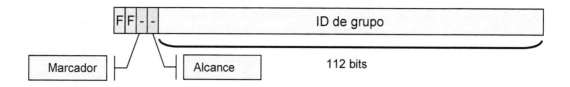

Una interfaz en una red IPv6 puede tener asignadas múltiples direcciones IPv6.

Asignación de direcciones IPv6

- Asignación estática:

    - Asignación manual de direcciones.
      Siempre es posible asignar una dirección IPv6 completa incluyendo prefijo de modo manual a la interfaz.

    - Asignación de direcciones utilizando ID EUI-64.
      En este caso se asigna manualmente el prefijo /64 que define la red global y la red local, mientras que los 64 bits que identifican el host se derivan de la dirección MAC utilizando el proceso EUI-64.

- Asignación dinámica.

    - Autoconfiguración stateless.
      RFC 2462.
      Este mecanismo permite descubrir la presencia de un router en la red y que el nodo auto configure automáticamente una dirección IPv6 a partir de la información del router sin requerir la presencia de un servidor DHCPv6.

    - DHCPv6.
      O autoconfiguración statefull.
      Utiliza un servidor DHCPv6 para asignar direcciones IPv6 y otros parámetros adicionales. A diferencia de la autoconfiguración stateless, este mecanismo mantiene registro de las direcciones asignadas a cada host.

Configuración de default gateway

Los dispositivos terminales requieren, para tener una configuración IPv6 completa, contar también con la información correspondiente al default gateway. Esta información se puede obtener de diferentes formas:

- Por configuración estática.
  En este caso se agrega manualmente la información del default gateway y para esto se utiliza la dirección IPv6 global del mismo o su dirección link-local.

- Por autoconfiguración stateless.
  En este caso el router publica como dirección de default gateway en los paquetes ICMP route advertisement su dirección link local.

- Por DHCPv6.
  En este caso se define en el pool de direcciones a asignar y se puede utilizar tanto la dirección IPv6 global o la de link-local según se prefiera.

EUI-64

Procedimiento aplicado por Cisco IOS a sus interfaces para la generación de un identificador de interfaz en entornos Ethernet.

Expande los 48 bits de la dirección MAC insertando en el centro (entre el OUI y el ID seriado) 16 bits fijos que son FFFE para llevarla de esta forma a una longitud total de 64 bits. Adicionalmente se coloca el bit 7 desde la izquierda en 1 para reducir la probabilidad de coincidir con un ID asignado manualmente.

 En la actualidad los identificadores organizacionales (OUI) se asignan con el bit 7 en cero (0).
Los identificadores derivados utilizando EUI-64 tienen siempre el bit 7 en uno (1).

Un ejemplo:

Dirección MAC	001D.BA06.3764		
	001D.BA		06.3764
	021D.BA	FFFE	06.3764
ID EUI-64	021D:BAFF:FE06:3764		

Prefijo global IPv6:   2001:db8:ab1:1::/64

Dirección IPv6 unicast global: 2001:db8:ab1:1:021D:BAFF:FE06:3764

Identificador Privado de Interfaz.

Procedimiento alternativo a EUI-64 para derivar automáticamente un ID de interfaz de 64 bits utilizado por los sistemas operativos como Microsoft y otros utilizados en dispositivos terminales ya que permite proteger la privacidad del usuario al impedir el seguimiento a través de la red como podría ocurrir si se derivara un ID a partir de la MAC del dispositivo, que permanece sin cambios.

- Documentado en el RFC 3014.

- Este proceso genera un identificador de interfaz al azar utilizando una variable pseudo-random.

- La dirección generada de esta forma es regenerada en períodos de tiempo relativamente cortos.

Es considerado un modo de protección de la privacidad ya que impide el seguimiento de la actividad y de los puntos de conexión de una terminal pues el identificador de la interfaz es generado al azar y renovado periódicamente.

Direcciones IPv6 de link local

Estas direcciones obedecen a un concepto nuevo, propio de IPv6. Toda interfaz en la que se habilita el protocolo IPv6 cuenta con una dirección de link local.

- No son ruteables por lo que tienen un alcance solamente local y se utilizan para establecer comunicaciones sobre el mismo segmento de red.

- Se crean automáticamente utilizando los prefijos FE80::/10 o FEB0::/10

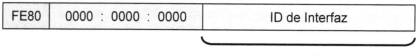

64 bits

- Se utilizan en múltiples procesos a nivel de infraestructura de la red.

Direcciones IPv6 unique local

- Son direcciones definidas para utilizar dentro de una red específica (no sobre Internet), aunque es muy probable que puedan ser globalmente únicas.

- Son ruteables en un área limitada, como una red corporativa. No en Internet. Los paquetes con esta IP de destino no se reenvían hacia Internet.

- Tiene una estructura de 4 niveles:

    o Un prefijo de 7 bits FC00::/7

    o Un identificador aleatorio de 41 bits.

    o Un ID de subred de 16 bits de longitud,

    o Un ID de interfaz de 64 bits.

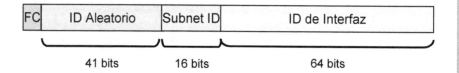

41 bits   16 bits   64 bits

Direcciones IPv6 globales de unicast

- Son las direcciones para establecer comunicaciones sobre Internet.

- Tiene una estructura de 3 niveles:

    o Un prefijo de enrutamiento global, típicamente de 48 bits.

    o Un ID de red local, generalmente de 16 bits de longitud.

    o Un ID de interfaz de 64 bits de longitud que puede ser asignado estática o dinámicamente.
    El ID de interfaz puede ser generado automáticamente a través de EUI-64 o el mecanismo de identificador privado de interfaz (RFC 3014).

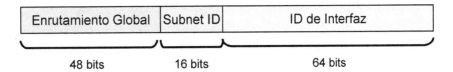

- Esta estructura jerárquica permite la agregación de prefijos a nivel de los ISPs, lo que reduce la cantidad de entradas en las tablas de enrutamiento necesarias para mantener el enrutamiento global.

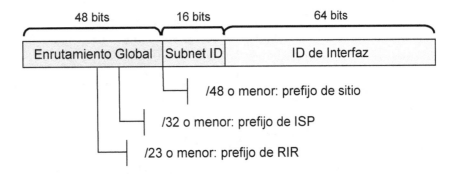

- El RFC 4291 especifica que inicialmente IANA utilizará el prefijo 2000::/3 como espacio inicial para asignación de direccionamiento IPv6 global.

Direcciones IPv6 de multicast

Las direcciones de multicast identifican paquetes que tienen como destino un grupo de interfaces. Permiten enviar tráfico a múltiples destinos simultáneamente y definen comunicaciones de uno hacia un grupo.

- Una misma interfaz puede pertenecer a múltiples grupos diferentes al mismo tiempo.

- Son direcciones definidas por el prefijo FF00::/8 donde:

o El segundo octeto contiene cuatro bits que actúan como marcadores y los siguientes cuatro definen el alcance de esta dirección multicast.
El alcance puede ser la sola interfaz, el segmento de red, una subred, una red o global.

o El ID del grupo de multicast está definido por los restantes 112 bits.

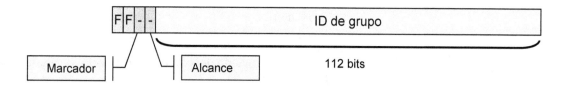

Direcciones IPv6 de anycast

- Son direcciones que se asignan a una o más interfaces.

- Cuando se envía un paquete a una dirección de anycast, es ruteado a la interfaz más cercana de acuerdo a la métrica de los protocolos de enrutamiento.

- Son direcciones tomadas del espacio de direccionamiento de unicast. No hay un rango específico dedicado a este propósito por lo que no se pueden distinguir de otras direcciones unicast.

- Se debe configurar expresamente la interfaz para que opere de esa manera.

Sintetizando

::/128	Reservada: IPv6 no especificada
::1/128	Reservada: IPv6 de loopback
2000::/3	Bloque para asignación de direcciones IPv6 globales RFC 4291
2001:DB8::/32	Prefijo reservado para documentación RFC 3849
FC00::/7	Direcciones unicast IPv6 unique local
FE80::/10	Direcciones unicast IPv6 local link
FF00::/8	Direcciones IPv6 multicast

Encabezado IPv6

Versión	Clase de Tráfico	Etiqueta de Flujo	
Longitud de la Carga		Próximo encabezado	Límite de Saltos
Dirección IP de origen			
Dirección IP de destino			
Datos			

Comparación con el encabezado IPv4

	IPv4	IPv6
Cantidad de campos	12	8
Longitud básica	20 Bytes (sin opciones)	40 Bytes
Soporta fragmentación	SI	NO
Campos: Versión	SI	SI
Longitud del encabezado	SI	NO
Tipo de servicio	SI	Clase de Tráfico
Etiqueta de flujo	NO	SI
Longitud de la carga	SI	SI
Identificación	SI	NO
Marcadores	SI	NO
ID de fragmento	SI	NO
Próximo encabezado	NO	SI
Time to live	SI	Límite de Saltos
Protocolo	SI	NO
Checksum	SI	NO

	IPv4	IPv6
Dirección origen	32 bits	128 bits
Dirección destino	32 bits	128 bits
Opciones	SI	NO
Extensiones del encabezado	NO	SI

Respecto del encabezado IPv4:

- Se removieron la mitad de los campos, lo que hace más sencillo su procesamiento.

- Todos los campos están alineados a 64 bits.

- No hay checksum o suma de comprobación, lo que mejora la eficiencia del enrutamiento.

ICMPv6

ICMP es un protocolo del stack TCP/IP que brinda soporte a la operación del protocolo IP a través de la implementación de mensajes de control y gestión de la operación de capa de red. En entornos IPv6, ICMPv6 es la versión del protocolo que brinda soporte.

En IPv6 el uso de los mensajes de ICMP (Internet Control Message Protocol) encuentra un papel aún más importante que en su predecesor. En especial, tiene un papel importante en los procesos de identificación y localización de servicios dentro de la red.

ICMPv6 es en algunos aspectos semejante a ICMPv4 y en otros incorpora nuevas funcionalidades:

- ICMPv6 es parte de IPv6.

- Permite realizar operaciones de diagnóstico y reporte de problemas.

- Utiliza 2 tipos de mensajes: mensajes de error y mensajes de información.

- El paquete ICMP es transportado como contenido de un paquete IPv6 convencional con un valor de next header = 58.

- El paquete ICMPv6 se transporta al final de la cadena de extensiones de encabezado, si la hay, del mismo modo que la información de capa 4.

- El paquete ICMPv6 tiene 4 campos específicos:

  o El campo tipo identifica el tipo de mensaje ICMP que contiene.

  o El campo código da detalles más específicos sobre el tipo de mensaje que contiene.

- o El campo checksum es el resultado del procesamiento del paquete ICMP completo para que el destino pueda verificar la integridad del paquete que recibe.

- o En el campo datos se envía información que el receptor puede aprovechar para tareas de diagnóstico u operación.

- ICMPv4 frecuentemente se encuentra bloqueado en redes corporativas como una contramedida de seguridad. ICMPv6 no es diferente pero tiene la posibilidad de ser asegurado con la implementación de autenticación y encriptación, lo que reduce la posibilidad de un ataque basado en ICMPv6.

1				32
		Próximo encabezado **58**		
Tipo de ICMPv6		Código de ICMPv6		Checksum
Datos ICMPv6				

Es utilizado en múltiples procedimientos que permiten la operación regular de la red IPv6.

Procedimiento para el descubrimiento de vecinos

ICMPv6 incluye un conjunto de paquetes que permiten descubrir los dispositivos vecinos que están operando con IPv6 sobre el mismo enlace. Este proceso tiene varios objetivos:

- Determinar la dirección de capa de enlace de un vecino (En IPv6 no hay ARP).

- Encontrar un router en el mismo enlace.

- Detectar vecinos.

- Determinación de direcciones duplicadas.

- Renumerar.

El procedimiento para el descubrimiento de vecinos de ICMPv6 reemplaza al protocolo ARP de IPv4.

Para esto se usan diferentes tipos de paquetes ICMPv6 que utilizan direcciones de destino multicast:

- Tipo 133 - Router solicitation.

- Tipo 134 - Router advertisement.

- Tipo 135 - Neighbor solicitation.

- Tipo 136 - Neighbor advertisement.

- Tipo 137 - Redirect message.

El procedimiento de descubrimiento de vecinos es esencial para el proceso de elaboración de la comunicación extremo a extremo y se asienta en la utilización de direcciones multicast específicas que reciben la denominación de "solicited-node".

Direcciones de multicast Solicited-Node

Toda interfaz sobre la que se implementa IPv6, una vez que tiene asignada una dirección de unicast participa también de un grupo de multicast específico denominado multicast solicited-node generado de acuerdo a la siguiente lógica:

- Para cada dirección de unicast se genera una dirección multicast solicited-node.

- Las direcciones multicast solicited-node se conforman de la siguiente manera:

  o Son direcciones del rango de multicast que utilizan el prefijo FF02::1:FF/104

  o Los últimos 24 bits son los últimos 24 bits de la dirección de unicast asociada.

  o Por tratarse de una dirección multicast FF02::/16 estas direcciones sólo circulan dentro de un segmento y no son enrutadas. Es decir, no son reenviadas por dispositivos de capa 3.

- Cuando un nodo necesita descubrir la dirección MAC de un vecino IPv6 utiliza esta dirección como dirección de destino de los mensajes neighbor solicitation.

- Estas direcciones utilizan como MAC en entornos Ethernet un ID compuesto por los dígitos 33-33 en las primeras 16 posiciones y los últimos 32 bits de la dirección multicast.

- Ejemplo.

  o Dirección unicast destino del paquete:
    2001:DB8::20C:10FF:FE17:A123
    Es la dirección que provocará la generación de un paquete ICMP
    neighbor solicitation.

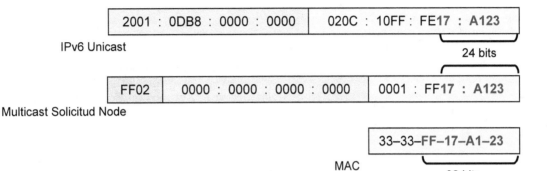

  o Dirección multicast solicited-node: FF02::1:FF17:A123
    Es la dirección multicast que se utilizará como destino para el
    paquete neighbor solicitation.

  o MAC destino de la trama Ethernet: 33-33-FF-17-A1-23
    MAC que se utiliza para encapsular la trama que contiene el
    paquete ICMP neighbor solicitation.

Se trata de una MAC virtual que depende de la dirección IPv6
multicast. Toda placa Ethernet atiende MAC virtuales que inician
como 33-33-FF.

```
Router#show ipv6 interface GigabitEthernet0/0
GigabitEthernet0/0 is up, line protocol is up
  IPv6 is enabled, link-local address is FE80::202:16FF:FE52:E601
  No Virtual link-local address(es):
  Global unicast address(es):
    2001:DB8:0:1:202:16FF:FE52:E601, subnet is 2001:DB8:0:1::/64
[EUI]
  Joined group address(es):
    FF02::1
    FF02::2
    FF02::1:FF52:E601
  [se omiten líneas]
```

En este caso, el ID de nodo de la dirección link local y
el de la dirección global han sido derivados utilizando
EUI-64 y por lo tanto son iguales. En consecuencia,
como la dirección multicast solicited-node considera
solo los últimos 24 bits hay un solo grupo de multicast
para ambas direcciones.

```
Router# show ipv6 interface GigabitEthernet0/0
GigabitEthernet0/0 is up, line protocol is up
```

```
IPv6 is enabled, link-local address is FE80::202:16FF:FE52:E601
No Virtual link-local address(es):
Global unicast address(es):
   2001:DB8:0:1:202:16FF:FE52:E601, subnet is 2001:DB8:0:1::/64
[EUI]
   2001:DB8:1:1::1, subnet is 2001:DB8:1:1::/64
Joined group address(es):
   FF02::1
   FF02::2
   FF02::1:FF00:1
   FF02::1:FF52:E601
```

En este caso, se han configurado 2 direcciones globales en la misma interfaz. Por ese motivo ahora se muestran 2 grupos multicast solicited-node, uno para cada ID de interfaz.

 La implementación de las direcciones multicast solicited-node evitan la necesidad de que todos los nodos de un segmento de red procesen una solicitud de información sobre direcciones MAC, como ocurre en el caso de IPv4 con ARP.

El procedimiento de descubrimiento de vecinos

Cuando un nodo requiere de una dirección de capa de enlace para encapsular un paquete IPv6 a un destino IPv6 definido genera un mensaje ICMPv6 tipo 135 (neighbor solicitation) dirigido a la dirección multicast solicited-node correspondiente (que genera automáticamente utilizando los últimos 24 bits de la dirección IPv6 unicast de destino).

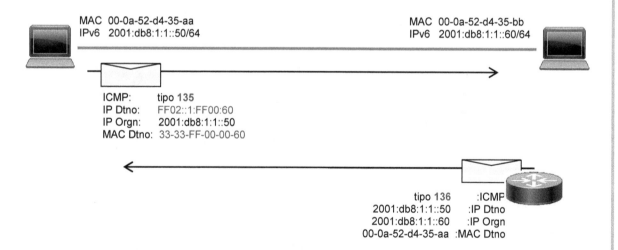

El nodo destino responde con un mensaje ICMPv6 tipo 136 (neighbor advertisement) dirigido a la IPv6 unicast que fue origen del mensaje tipo 135.

Esto suprime la necesidad de utilización de broadcast típica de ARP en IPv4.

📝 Este procedimiento de descubrimiento de vecinos utilizando mensajes ICMP reemplaza la operación del protocolo ARP en IPv4.

Autoconfiguración stateless

El proceso de autoconfiguración stateless es una de las características propias de IPv6 que permite la autoconfiguración de los puertos sin necesidad de la presencia de un servidor en la red. Este procedimiento también está basado en la operación de ICMPv6.

Los routers utilizan mensajes ICMPv6 tipo 134 (router advertisement).

- Destino FF02::1.

- Origen: dirección link-local del router.

- Contenidos: prefijos, tiempo de vida, etc.

- Estos mensajes se envían periódicamente o como respuesta a una solicitud.

- Se pueden enviar uno o más prefijos.

- Incluye un tiempo de validez. La asignación de prefijos con un tiempo de validez facilita las tareas de renumeración de la red.
  En Cisco IOS:

    o El período de validez por defecto es 30 días.

    o El período de preferencia por defecto es 7 días.

    o Los marcadores indican el tipo de autoconfiguración que puede hacer el nodo.

    o Incluye la información del gateway.

    o Se puede incorporar información adicional de relevancia.

El dispositivo que recibe el paquete tipo 134 enviado por el router lo utiliza para adoptar el prefijo /64 para asignar a la interfaz las porciones tanto de red global como local, los 64 bits del nodo los deriva automáticamente el dispositivo.

Los paquetes tipo 134 son enviados periódicamente por el router. Pero más allá de esto una terminal cuando se inicializa envía también un mensaje ICMPv6 para solicitar información de configuración:

- Tipo 133 (router solicitation).

- Destino FF02::2 (todos los routers en el dominio de broadcast).

- Los routers presentes en el segmento responden inmediatamente con un paquete tipo 134.

- Este mensaje se envía solamente en el momento de inicializarse el dispositivo y hasta 3 veces. Esto está limitado para evitar inundar la red con estos mensajes cuando no hay un router presente.

En la implementación actual de la autoconfiguración stateless no se incluye la configuración de un servidor DNS. Se está discutiendo un draft en la IETF para incorporar esta información en los mensajes tipo 134.

Este proceso está diseñado para posibilitar la implementación de IPv6 en redes en las que no hay acceso a un servicio DHCP y están compuestas por nodos tipo thin

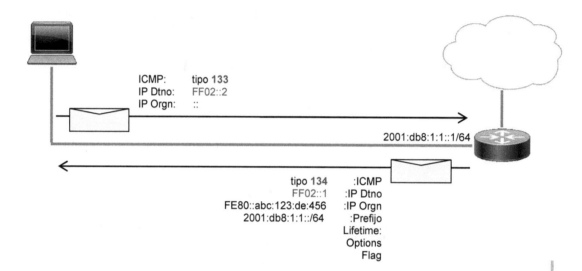

clients con pocos recursos de memoria y procesamiento.

Por ser una función básica de IPv6, no requiere recursos adicionales en los nodos y permite la implementación masiva de nodos con configuración IPv6 automática. Se suele utilizar en:

- Dispositivos móviles.

- Electrodomésticos.

- Sensores.

Es una implementación que genera poca carga de procesamiento en el plano de control.

 Los sistemas operativos de escritorio como Microsoft Windows tienen habilitada por defecto la operación de SLAAC.

Implementación de subredes en redes IPv4

Subred

Una red puede ser internamente dividida en dominios de broadcast más pequeños a partir de la estructura del direccionamiento IP. A estos segmentos de red se los denomina subredes. El concepto de subred fue introducido en 1985 por la RFC 950.

Cada subred se comporta dentro de la red como un dominio de broadcast, y es identificada utilizando al menos los primeros 2 bits (desde la izquierda) de la porción del nodo de la dirección IP.

Para poder dividir la red de esta manera se utiliza una herramienta denominada máscara de subred.

La máscara de subred es un número binario de 32 dígitos que actúa como una contraparte de la dirección IP.

Las posiciones de bits que en la máscara de subred se colocan en "0" son las que se utilizarán para identificar los nodos, y las posiciones que se colocan en "1" serán las que definan las subredes. De esta forma permite indicar qué porción de la dirección identifica la subred y qué otra porción identifica el nodo.

Un ejemplo:

Notación Binaria	10101100 . 00010000	.	00000010	.	01111110
Decimal	172 . 16	.	2	.	126
Sin Subredes	RED	.	NODO		
Máscara de Subred	11111111 . 11111111	.	11111111	.	00000000
Máscara de Subred	255 . 255	.	255	.	0
Con Subredes	RED	.	SUBRED	.	HOST

Es importante tener presente que dentro de cada subred se mantienen las mismas reglas de direccionamiento que se aplican a las redes:

- La dirección que en números binarios tiene todos 0s en los bits correspondientes al nodo está reservada para identificar a la subred. Se la denomina dirección reservada de subred.

- La dirección que en notación binaria tiene todos 1s en los bits correspondientes al nodo está reservada para identificar los broadcasts. Se la denomina dirección reservada de broadcast.

- Las restantes direcciones son las disponibles para asignar a cada uno de los puertos de la subred. Se las suele denominar direcciones útiles o direcciones de nodo.

Tradicionalmente se recomienda que las subred cero y la última subred no sean utilizadas. Cisco IOS no permitió utilizar estas 2 subredes hasta IOS 12.0 a menos que se utilizada el comando `ip subnet-zero`.

Cantidad de subredes creadas: 2^n
Cantidad de subredes útiles: 2^n-2
Donde n es la cantidad de bits de la porción de subred de la máscara.

Cantidad de direcciones de nodo en cada subred: 2^m
Cantidad de direcciones de nodo útiles en cada subred: 2^m-2
Donde m es la cantidad de bits de la porción de host de la máscara.

Método sencillo para el cálculo de subredes:

Antes de comenzar con la tarea usted debe tener 2 datos básicos:

- Cuál es el número total de subredes que se requieren, incluyendo la consideración del posible crecimiento de la red.

- Cuál es el número de nodos que se prevén en cada subred, teniendo en cuenta también en este caso las consideraciones de expansión y crecimiento.

A partir de aquí, responda estas 6 preguntas básicas:

1. ¿Cuántas subredes son necesarias?

2. ¿Cuántos nodos se necesitan por subred?

3. ¿Cuáles son los números reservados de subred?

4. ¿Cuáles son las direcciones reservadas de broadcast?

5. ¿Cuál es la primera dirección de nodo válida de cada subred?

6. ¿Cuál es la última dirección de nodo válida de cada subred?

Con lo que debe obtener 6 respuestas.

Se ve mucho mejor con un ejemplo: Tomemos como referencia la red 192.168.1.0 y consideremos dividirla utilizando la máscara 255.255.255.224.

Se trata de una red clase C (el primer octeto es 192), que utiliza 24 bits para identificar la red (255.255.255.xxx), 3 bits para identificar la subred (xxx.xxx.xxx.224) y 5 bits (32 – 24 – 3 = 5) para identificar los nodos.

1. La cantidad de subredes utilizables se calcula tomando como base la cantidad de bits de la porción del nodo que se toman para generar subredes (3 en nuestro ejemplo), y aplicando la fórmula siguiente:

$2^{\text{bits de subred}} - 2$ = subredes utilizables

Ejemplo:
$2^3 - 2 = 8 - 2 = 6$

2. La cantidad de direcciones de nodo útiles que soporta cada subred, surge de la aplicación se la siguiente fórmula, que toma como base la cantidad de bits que quedan para identificar los nodos (5 en nuestro caso):

$2^{\text{bits de nodo}} - 2 = \text{nodos útiles}$

Ejemplo:
$2^5 - 2 = 32 - 2 = 30$

3. La dirección reservada de la primera subred útil surge de restar a 256 (28) el valor decimal de la porción de la máscara de subred en la que se define el límite entre subred y nodo:

256 – [máscara] = [primera subred útil y rango de nodos]

Las direcciones de las subredes siguientes surgen de seguir sumando la misma cifra.

Ejemplo:
256 – 224 = 32

	192.168.1.0	subred 0 – no es útil
	192.168.1.32	subred 1 – primer subred útil
+ 32	192.168.1.64	subred 2
+ 32	192.168.1.96	subred 3
+ 32	192.168.1.128	subred 4
+ 32	... ...	

4. Las direcciones reservadas de broadcast se obtienen restando 1 a la dirección reservada de subred de la subred siguiente:

Ejemplo:

32 – 1 = 31	192.168.1.31	subred 0
64 – 1 = 63	192.168.1.63	subred 1
96 – 1 = 95	192.168.1.95	subred 2
128 – 1 = 127	192.168.1.127	subred 3

... ...

5. La dirección IP del primer nodo útil de cada subred se obtiene sumando uno a la dirección reservada de subred:

Reservada de subred + 1 = primer nodo utilizable

Ejemplo:

32 + 1 = 33	192.168.1.33	primer nodo subred 1
64 + 1 = 65	192.168.1.65	primer nodo subred 2
96 + 1 = 97	192.168.1.97	primer nodo subred 3
128 + 1 = 129	192.168.1.129	primer nodo subred 4

... ...

6. La dirección IP del último nodo útil de cada subred se obtiene restando 1 a la dirección reservada de broadcast:

63 – 1= 62   192.168.1.62   último nodo subred 1
95 – 1 = 94   192.168.1.94   último nodo subred 2
127 – 1 = 126   192.168.1.126   último nodo subred 3
… … …

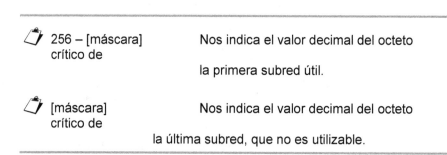

256 – [máscara] crítico de   Nos indica el valor decimal del octeto

la primera subred útil.

[máscara] crítico de   Nos indica el valor decimal del octeto

la última subred, que no es utilizable.

Todo este procedimiento permite conformar como resultado, la siguiente tabla:

#	Subred	Primer nodo útil	Último nodo útil	Broadcast
0	192.168.1.0	Reservada		
1	192.168.1.32	192.168.1.33	192.168.1.62	192.168.1.63
2	192.168.1.64	192.168.1.65	192.168.1.94	192.168.1.95
3	192.168.1.96	192.168.1.97	192.168.1.126	192.168.1.127
4	192.168.1.128	192.168.1.129	192.168.1.158	192.168.1.159
5	192.168.1.160	192.168.1.161	192.168.1.190	192.168.1.191
6	192.168.1.192	192.168.1.193	192.168.1.222	192.168.1.223
7	192.168.1.224	Reservada		

La dirección reservada de subred…   es siempre par.

La dirección reservada de broadcast…   es siempre impar.

El rango de direcciones útiles…   comienza impar y termina par.

Variable-Length Subnet Mask (VLSM)

La mecánica tradicional de definición de subredes (que recibe el nombre de classful) da como resultado la generación de múltiples subredes, pero todas con la misma cantidad de nodos cada una.

Mientras la cantidad de direcciones IPv4 disponibles es escasa, esta definición de subredes todas de igual tamaño es una manera poco eficiente de gestionar un recurso escaso ya que no todos los dominios de broadcast que componen una red son de la misma dimensión, de allí la necesidad de implementar un mecanismo que permita definir subredes de diferente tamaño, junto con protocolos de enrutamiento que puedan comprender esta manera de dividir la red.

La implementación de los llamados protocolos de enrutamiento classless permite variar la máscara de subred en diferentes dominios de broadcast, lo que se hace a través de 2 técnicas básicas:

- VLSM – Máscara de Subred de Longitud Variable.

- CIDR – Enrutamiento entre Dominios Sin Clases.

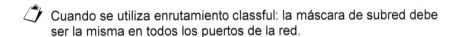 Cuando se utiliza enrutamiento classful: la máscara de subred debe ser la misma en todos los puertos de la red.

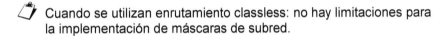 Cuando se utilizan enrutamiento classless: no hay limitaciones para la implementación de máscaras de subred.

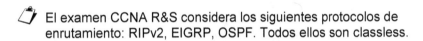 El examen CCNA R&S considera los siguientes protocolos de enrutamiento: RIPv2, EIGRP, OSPF. Todos ellos son classless.

La implementación de VLSM permite a una organización dividir un único sistema autónomo utilizando más de una máscara de subred, generando de esta manera subredes de diferente tamaño dentro de la misma red.

Para implementar VLSM se deben tener en cuenta algunos pre-requisitos:

- Es imprescindible utilizar protocolos de enrutamiento classless.

- Es importante tener muy en cuenta el diseño topológico junto al diseño lógico.

Un ejemplo:

Red: 192.168.1.0/24

Se requiere brindar soporte a 5 redes de 30 nodos máximo cada una, unidas a través de 4 enlaces punto a punto una a una. Esto requeriría en un esquema classful de 9 subredes, y sería imposible con una dirección de red clase C como esta.

1. Cálculo de la subred mayor.
   Máximo de nodos necesarios: 30
   Cantidad de bits en la porción del nodo: 5 ($2^5 - 2 = 30$)
   Máscara de subred para crear estas subredes: 255.255.255.224
   Cantidad de bits en la porción de la subred: 3 ($8 - 5 = 3$)
   Cantidad de subredes creadas: 8 (2^3)

2. División de la red en subredes

Red	192	.	168	.	1	.	0	
Máscara 27 bits	11111111	.	11111111	.	11111111	.	**111**00000	
Subred #0	192	.	168	.	1	.	0	Sin asignar
Subred #1	192	.	168	.	1	.	32	Red 1
Subred #2	192	.	168	.	1	.	64	Red 2
Subred #3	192	.	168	.	1	.	96	Red 3
Subred #4	192	.	168	.	1	.	128	Red 4
Subred #5	192	.	168	.	1	.	169	Red 5
Subred #6	192	.	168	.	1	.	192	Sin asignar
Subred #7	192	.	168	.	1	.	224	Sin asignar

1. Fraccionamiento de una subred no utilizada para generar subredes de menor tamaño.
   Se le aplica una máscara de 30 bits, ya que se necesitan subredes para asignar a los enlaces punto a punto, y estos solo tienen 2 nodos.

Subred #6	192	.	168	.	1	.	192	
Máscara 27 bits	11111111	.	11111111	.	11111111	.	11100000	
Máscara 30 bits	11111111	.	11111111	.	11111111	.	11111100	
Subred #0	192	.	168	.	1	.	192	Sin asignar
Subred #1	192	.	168	.	1	.	196	Enlace 1
Subred #2	192	.	168	.	1	.	200	Enlace 2
Subred #3	192	.	168	.	1	.	204	Enlace 3
Subred #4	192.	.	168	.	1	.	208	Enlace 4
Subred #5	192	.	168	.	1	.	212	Sin asignar

Análisis final del direccionamiento para este ejemplo:

Red	192	.	168	.	1	.	0	
Máscara 27 bits	11111111	.	11111111	.	11111111	.	11100000	
Subred #0	192	.	168	.	1	.	0	Sin asignar
Subred #1	192	.	168	.	1	.	32	Red 1
Subred #2	192	.	168	.	1	.	64	Red 2
Subred #3	192	.	168	.	1	.	96	Red 3
Subred #4	192	.	168	.	1	.	128	Red 4

Subred #5	192	168	1	160	Red 5
Máscara 30 bits	11111111	11111111	11111111	11111100	
Subred #6.1	192	168	1	192	Enlace 1
Subred #6.2	192	168	1	196	Enlace 2
Subred #6.3	192	168	1	200	Enlace 3
Subred #6.4	192	168	1	204	Enlace 4
Máscara 27 bits	11111111	11111111	11111111	11100000	
Subred #7	192	168	1	224	Sin asignar

Classless Interdomain Routing (CIDR)

Técnica que se aplica en sistemas de direccionamiento IPv4 que ignora la estructura de clases, utilizando solamente la máscara de subred y no ya las clases para determinar las porciones de red y de nodo en cada dirección.

Está relacionado con VLSM, pero es una técnica diferente. Cuando se implementa VLSM, se genera subredes dentro de subredes, permitiendo crear dominios de broadcast de diferentes tamaños dentro de una red y reducir así sensiblemente el desperdicio de direcciones IP.

CIDR por su parte, prescindiendo de las fronteras que introducen las clases de IPv4, permite representar conjuntos de redes o subredes utilizando una única dirección y máscara. De este modo posibilita reducir el tamaño de las tablas de enrutamiento y las listas de acceso, mejorando consecuentemente la performance de los dispositivos asociados.

Sumarización de rutas

Se utiliza una única dirección de red con una máscara de subred para identificar un conjunto de redes.

Un ejemplo permite entender mejor el concepto:

Una empresa de telecomunicaciones ha entregado 8 redes clase B a un proveedor de servicio de acceso a Internet para su uso.

Utilizando un esquema de direccionamiento classful, la empresa debería mantener 8 rutas para direccionar el tráfico de este proveedor de servicio, lo cual es redundante ya que el proveedor tiene un único punto de acceso a la red de la empresa.

En consecuencia, se puede sumarizar las 8 rutas a cada red clase B, en una única ruta con una máscara de subred diferente:

Rutas al ISP:

172.24.0.0/16	**10101100**	.	**00011**000	.	00000000	.	00000000
172.25.0.0/16	**10101100**	.	**00011**001	.	00000000	.	00000000
172.26.0.0/16	**10101100**	.	**00011**010	.	00000000	.	00000000
172.27.0.0/16	**10101100**	.	**00011**011	.	00000000	.	00000000
172.28.0.0/16	**10101100**	.	**00011**100	.	00000000	.	00000000
172.29.0.0/16	**10101100**	.	**00011**101	.	00000000	.	00000000
172.30.0.0/16	**10101100**	.	**00011**110	.	00000000	.	00000000
172.31.0.0/16	**10101100**	.	**00011**111	.	00000000	.	00000000
Máscara de Subred	**11111111**	.	**11111111**	.	00000000	.	00000000

Red Sumarizada:			172.24.0.0/13			
	172	.	24	.	0	.	0
Máscara de Subred	**11111111** .	**11111**	000	.	00000000	.	00000000

La ruta sumarizada es la que considera como ID del conjunto de redes todos los bits (y solamente aquellos bits) que tienen un valor idéntico en todas las redes del grupo.

Las ventajas de la sumarización de rutas son:

- Mayor eficiencia en el enrutamiento.

- Se reduce el número de ciclos de la CPU del router necesarios para recalcular u ordenar las entradas de las tablas de enrutamiento.

- Reduce los requerimientos de memoria RAM del router.

- Mayor estabilidad de las tablas de enrutamiento.

Características de los bloque de rutas

El proceso de sumarización de rutas al utilizar posiciones binarias, genera bloques de rutas expresadas en notación decimal que tienen características definidas:

- La amplitud del rango de redes sumarizadas, expresado en valores decimales, es siempre una potencia de 2.
  Por ejemplo: 2, 4, 8, 16...

- El valor inicial del rango decimal sumarizado es un múltiplo de la potencia de 2 utilizada como amplitud del rango.
  Por ejemplo, si es un rango de 8 redes, el valor inicial será 0, 8, 16, ,24...

2.3. Operación de dispositivos Cisco IOS

> 🏷️ Las abreviaturas y siglas utilizadas en este manual se encuentran desarrolladas en el Glosario de Siglas y Términos de Networking que está disponible en la Librería en Línea de EduBooks: https://es.scribd.com/document/292165924/Glosario-de-Siglas-y-Terminos-de-Networking-version-1-2

Cisco IOS

Cisco IOS (Internetwork Operating System) es el kernel de los routers y muchos de los otros dispositivos fabricados Cisco.

Las funciones básicas que brinda son:

- La implementación de protocolos de red.

- El direccionamiento o conmutación de tráfico entre dispositivos a alta velocidad.

- Características de seguridad al control de acceso y bloqueo al posible uso no autorizado de la red.

- Características de escalabilidad para facilitar el crecimiento de la red.

- Brinda confiabilidad en la conexión a los recursos de red.

Conexión al dispositivo

En este sentido, se cuenta con 3 vías de acceso posibles:

- El puerto consola.

- El puerto auxiliar.

- Los puertos virtuales.

Estas 3 formas de acceso no siempre están disponibles en todos los modelos. Por ejemplo, los switches Catalyst 29xx no cuentan con un puerto auxiliar.

Cuando un switch con Cisco IOS se enciende por primera vez, cuenta con una configuración por defecto que es suficiente para que inicie operaciones básicas de capa 2. En comparación, un router Cisco IOS al encenderse por primera vez cuenta con una configuración por defecto que no es suficiente para su operación básica.

Acceso por el puerto consola

El puerto consola permite acceder al dispositivo de modo directo para interactuar con el sistema operativo del mismo y poder desarrollar tareas de monitoreo, diagnóstico y configuración.

- Conexión física: cable consola (rollover) con conector RJ-45 desde un puerto COM de una terminal al puerto consola del dispositivo.
  Algunos dispositivos, de los más recientes, permiten la conexión utilizando un cable USB.

- Requiere la utilización de un programa de emulación de terminal (p.e. Putty u otro semejante) configurado de la siguiente forma:

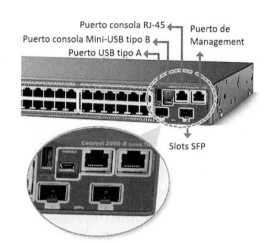

  - 9600 baudios.

  - Bits de datos: 8.

  - Paridad ninguna.

  - Bit de parada 1.

  - Control de flujo ninguno.

- Por defecto no requiere clave de acceso.

 Aunque los dispositivos incluyan 2 puertos consola (RJ-45 y USB), solamente uno de ellos puede estar activado.
Cuando se detecta un cable en el puerto USB, el puerto RJ-45 se desactiva automáticamente.

Terminal Remota

- Conexión física: cable consola con conector RJ-45 desde un módem telefónico al puerto auxiliar del dispositivo.

- Se necesita un módem telefónico de 14.400 bps.

- Requiere la utilización de un programa de emulación de terminal (p.e. Putty).

  - 9600 baudios.

  - Bits de datos.

  - Paridad ninguna.

  - Bit de parada 1.

o   Control de flujo por hardware.

- Por defecto no requiere clave de acceso.

Terminales Virtuales

Una vez que se ha realizado la configuración básica es posible acceder al management a través de la dirección IP del dispositivo.

- Conexión física: se accede desde una terminal conectada a la red en cualquier punto de la misma.

- Requiere que al menos la interfaz por la que se desea acceder esté configurada y accesible a través de la red.

- Por defecto requiere clave.

- Estas terminales virtuales permiten acceder:

  o   Utilización Telnet.

  o   Utilizando SSH.

Consola	Auxiliar	Terminal Virtual
En el router: Puerto CON	En el router: Puerto AUX	En el router: Puerto de red
En la terminal: Puerto COM o USB	Módem telefónico	En la terminal: Puerto Ethernet.
Cable Consola	Cable Consola	Cable derecho.
No solicita clave por defecto	No solicita clave por defecto	Solicita clave por defecto.
Programa de emulación de terminales.	Programa de emulación de terminales.	Telnet, SSH.
Out of Band.	Out band.	In Band.

Componentes de Hardware de un dispositivo

Un router es un su base un sistema de cómputo semejante a una computadora personal, con algunas características específicas en su hardware.

- CPU o procesador
  Ejecuta las instrucciones del sistema operativo incluyendo la inicialización del sistema.

- Motherboard.
  Circuito central del dispositivo, que contiene los componentes electrónicos críticos del sistema.

- ROM
  Memoria no volátil de solo lectura que contiene el microcódigo que permite a la CPU realizar las funciones básicas para iniciar y mantener el dispositivo. Incluye el Bootstrap y el POST.
  Contiene también el monitor de ROM que es un sistema operativo de bajo nivel que se utiliza para tareas de prueba y resolución de problemas.

- RAM.
  Memoria volátil de lectura y escritura que almacena datos durante su procesamiento por la CPU. Contiene la imagen de Cisco IOS en ejecución, el archivo de configuración activo, las tablas de enrutamiento y los buffers de paquetes mientras el dispositivo está encendido.

- NVRAM.
  Memoria no volátil de lectura y escritura utilizada para almacenar una copia de respaldo del archivo de configuración y el registro de configuración.

- Memoria Flash.
  Memoria no volátil de lectura y escritura utilizada primariamente para almacenar la imagen de Cisco IOS. Es la principal instancia de almacenamiento permanente del dispositivo.
  Está compuesto por tarjetas SIMMs o PCMCIA que pueden ser ampliadas.

- Disk.
  Unidades externas de almacenamiento digital de datos no volátiles de acceso aleatorio.

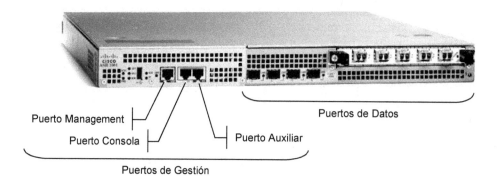

Puerto Management

Puerto Consola

Puerto Auxiliar

Puertos de Datos

Puertos de Gestión

- Interfaces.
  Conectan físicamente el dispositivo a otros dispositivos en diferentes redes.
  Los dispositivos pueden contar con diferentes tipos de interfaces:

  o LAN.
    Permiten conectar el router a diferentes segmentos de red.

o WAN.
Integran el dispositivo con diferentes redes WAN. Es propio de los routers contar con este tipo de interfaces.

o Puertos consola, auxiliar y de management.
No son puertos de networking. Son puertos utilizados para tareas de administración.
El puerto auxiliar se utiliza para management remoto, típicamente a través de un módem telefónico.
Algunos dispositivos tienen un puerto Ethernet utilizado exclusivamente para propósitos de gestión. A ese puerto se puede asignar una dirección IP que pertenezca a la subred de management.

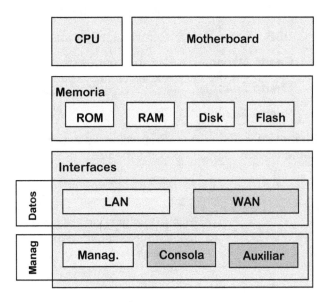

CPU	Ejecuta las instrucciones del sistema operativo incluyendo la inicialización del sistema.
Memoria	Almacena:
ROM	POST. Bootstrap. Monitor de ROM.
RAM	Imagen del sistema operativo en ejecución (IOS). Archivo de configuración. Tablas de enrutamiento. Tabla ARP. Buffers de paquetes.

NVRAM	Archivo de configuración de respaldo.
	Registro de configuración.
Flash	Imagen del sistema operativo.

Bus

Bus del Sistema	Comunica la CPU con las interfaces y las ranuras de expansión.
Bus de CPU	Comunica la CPU con los componentes de almacenamiento.

Interfaces	Conectan el dispositivo a las diferentes redes.
LAN	Permiten conectar el router a diferentes tecnologías LAN.
WAN	Integran el dispositivo con diferentes redes WAN.
USB	Permite agregar una memoria Flash al dispositivo.
Puerto Manag.	No son puertos de networking. Son puertos utilizados
Puerto Consola	exclusivamente para acceder al plano de gestión.
Puerto Auxiliar	

Fuente de alimentación	Proporciona la energía necesaria para operar los diferentes componentes.

Esta estructura general tiene algunas variantes en diferentes plataformas aunque manteniendo las características y funciones esenciales.

Esquema Básico de la Estructura de hardware del Router

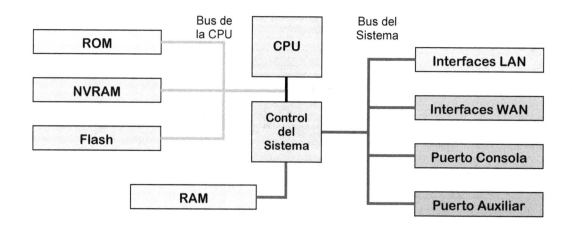

Modos

Cisco IOS ofrece 3 entornos o modos básicos de operación por línea de comando:

- Modo Setup.

- Modo Monitor.

- Modo EXEC.

Modo monitor de ROM

Puede ser utilizado para realizar un arranque manual del dispositivo y en los procesos de recuperación de claves.

Este modo solo es accesible a través de una conexión de consola y en un modo de operación normal se accede al interrumpir el proceso de arranque.

Modo Setup o Inicial

Cuando el dispositivo no encuentra un archivo de configuración válido durante el proceso de inicio, da comienzo entonces a una rutina de configuración que recibe el nombre de "Modo Setup".

Este modo permite realizar una configuración en modo asistido utilizando un asistente que guía, utilizando una secuencia de preguntas, a través de los principales pasos que se requieren para realizar una configuración básica.

Ofrece 2 posibilidades: setup básico y setup extendido.

El modo setup también puede ser invocado desde el modo EXEC, una vez iniciado el router, utilizando el comando `setup` en modo privilegiado. Si no se quiere pasar por este asistente y se busca ingresar directamente al modo EXEC, es posible hacerlo indicando `no` en la pregunta inicial o presionando `Ctrl+C`.

El modo setup está disponible en routers y switches que corren Cisco IOS. De la misma manera, los switches y router que corren Cisco IOS si no encuentran un archivo de configuración pueden iniciar un procedimiento denominado "autoinstall" para buscar un archivo de configuración desde un servidor TFTP a través de las interfaces LAN o seriales que tengan conexión de red.

Modo EXEC

Cuando se trabaja con una imagen completa del Cisco IOS, esta está dotada de un intérprete de servicios conocido como EXEC; luego de que cada comando es ingresado lo valida y lo ejecuta. Cuando el dispositivo encuentra un archivo de configuración durante el proceso de inicio, entonces ingresa directamente al modo EXEC.

Por motivos de seguridad las sesiones EXEC se encuentran divididas en 2 modos. Modo EXEC usuario y modo EXEC privilegiado.

Cada uno de los modos de operación de IOS puede identificarse por el prompt del sistema operativo:

Modo monitor de ROM

```
rommon>
>
```

Modo EXEC usuario

Este modo permite cambiar algunos parámetros de la terminal, realizar pruebas básicas y monitorear un conjunto limitado información del sistema. No permite cambiar o visualizar la configuración del dispositivo, ni reiniciarlo.

El acceso al modo no requiere clave y solo requiere que se seleccione una vez la tecla [Enter]. Si se configura autenticación local, requerirá el ingreso de usuario y clave.

```
Router>
```

Modo EXEC privilegiado

El acceso puede ser asegurado utilizando una clave encriptada. Desde este modo se accede la modificar la configuración del dispositivo y monitorear la operación del mismo.

Por defecto el ingreso al modo no requiere una clave.

```
Router>enable
Router#
```

Permite acceder al modo EXEC privilegiado.

```
Router#disable
Router>
```

Permite retornar el modo EXEC usuario.

La línea de comando (CLI) de Cisco IOS

Es el medio utilizado para ingresar comandos en los dispositivos:

- Su operación varía en diferentes dispositivos de red.

- Los usuarios puedes ingresar comandos o, copiarlos y pegarlos en la consola.

- Cada uno de los modos utiliza diferente prompt.

- El ingreso del comando [Enter] indica al dispositivo que debe interpretar el comando y ejecutarlo inmediatamente.

- Los dos modos primarios son el modo usuario y el modo privilegiado.

Comandos de ayuda

Cisco IOS ofrece un completo sistema de asistencia en línea para el operador que incluye:

- Menú de ayuda contextual.
  Provee una lista de los comandos disponibles en un modo particular y los argumentos asociados con un comando específico.

- Comandos de edición.

- Mensajes de error.
  Identifica problemas con un comando que ha sido ingresado incorrecta o parcialmente.

- Avisos de cambio de estado en línea.

```
Router#cl?
  clear   clock
```

Permite verificar los comandos que, en ese modo, inician con las letras a continuación de las cuales se ingresó el carácter "?".

```
Router#clo[tabulador]
Router#clock
```

Al oprimir la tecla tabulador luego de una secuencia de caracteres, se autocompleta el comando. Se requiere se hayan ingresado los caracteres suficientes para que el sistema operativo distinga el comando deseado.

```
Router#clock ?
  set   Set the time and date
```

Ingresando el signo "?" luego de un comando seguido de un espacio, muestra los argumentos requeridos y una breve explicación de cada uno.

```
Router#clock set ?
  hh:mm:ss   Current Time
Router#clock set _
```

Comandos de edición

El conjunto de comandos de edición incluye, entre otros, los que se enumeran a continuación:

[Ctrl]+ A	[ahead]	Desplazarse al comienzo de la línea de comando.
+ E	[end]	Desplazarse al final de la línea de comando.
+ B	[back]	Desplazarse un carácter hacia atrás.
+ F	[forward]	Desplazarse un carácter hacia adelante.

+ P / ↑	[previous] Trae el comando que se ingresó antes.
+ N / ↓	[next] Trae al prompt el comando que se ingresó después.
+ Z	Concluye el modo configuración y regresa a privilegiado.
+ C	Sale del modo setup. Interrumpe el comando en ejecución.
+ D	[delete] Borra un único carácter en la posición del cursor.
+ U	Borra una línea.
+ W	Borra una palabra a la izquierda del cursor.
[Esc] + B	[back] Desplazarse una palabra hacia atrás.
+ F	[forward] Desplazarse una palabra hacia delante.
[Retroceso]	Borra un carácter a la izquierda del cursor.
[Tab]	Completa un comando introducido parcialmente.
[Ctrl][Shift][6]	Interrumpe un proceso de IOS como el ping o el trace.

 Regla mnemotécnica:
En los casos más frecuentes la letra que se utiliza en la combinación de teclas es la primera letra de la palabra en inglés que identifica la acción.

Comandos vinculados al historial

IOS, en su línea de comandos, mantiene un historial de los comandos que se han ingresado. Es una prestación muy útil cuando hay que realizar tareas repetitivas. Este historial mantiene en la memoria RAM los últimos 10 comandos ingresados por defecto; esta cantidad puede ser modificada por configuración.

Se mantienen dos buffers diferentes: uno para EXEC y otro para el modo de configuración.

```
Router#show history
```
Muestra el buffer de memoria que contiene los últimos comandos ingresados (10 por defecto).

```
Router#terminal history size [líneas]
```
Define el tamaño del buffer de comandos. Por defecto es de 10 comandos.

Para navegar el historial de comandos

```
Router#[Ctrl] + P
```

Muestra el historial de comandos iniciando en el inmediato anterior; repitiendo la operación se puede acceder sucesivamente a los más antiguos en el orden inverso a aquel en que fueron ingresados.

```
Router#[Ctrl] + N
```

En el historial permite regresar desde los comandos más antiguos hacia los más recientes.

Mensajes de error en el ingreso de comandos:

Los mensajes de error de Cisco IOS se identifican fácilmente por estar precedidos por el signo porcentual (%).

```
Router#cl
% Ambiguous command:   "cl"
```

Indica que no se han ingresado suficientes caracteres para que el sistema operativo identifique el comando deseado.

```
Router#clock
% Incomplete command.
```

Se requiere algún argumento o parámetro adicional.

```
Router#clock sot
                ^
% Invalid input detected at '^' marker.
```

Se ha cometido un error en el ingreso del comando que es referido como una entrada inválida que está marcada por el signo "^".

```
Router#clack
Translating "clack"...domain server (255.255.255.255)
Translating "clack"...domain server (255.255.255.255)
(255.255.255.255)% Unknown command or computer name, or unable to
find computer address
```

Cuando se ingresa una cadena de caracteres en el prompt el sistema operativo analiza si se trata de una dirección IP (si lo es intenta un Telnet a la dirección ingresada), si no es una dirección IP revisa los comandos disponibles en el modo y si hay una coincidencia ejecuta el comando, si no lo es entonces lo interpreta como un "nombre" e intenta una traducción de ese nombre utilizando un DNS.

Comandos show

En la CLI de Cisco IOS los comandos show permiten acceder a información de configuración, operación o estadísticas de diferentes protocolos o sistemas. Cada función o protocolo tiene sus propios comandos show, del mismo modo que otros comandos permiten verificar los aspectos globales de operación y estado del dispositivo:

```
Switch#show version
```

Permite verificar la configuración de hardware, la imagen y versión de IOS que está utilizando el dispositivo, la ubicación desde la que se leyó la imagen de IOS, la disponibilidad de memoria y el registro de configuración entre otros valores.

```
Cisco IOS Software, C2960 Software (C2960-LANBASE-M), Version
15.0(1)SE3, RELEASE SOFTWARE (fc1)
```

Identifica nombre y versión del sistema operativo actualmente en ejecución.

```
Technical Support: http://www.cisco.com/techsupport
Copyright (c) 1986-2012 by Cisco Systems, Inc.
Compiled Wed 30-May-12 22:05 by prod_rel_team

ROM: Bootstrap program es C2960 Boot Loader
BOOTLDR: c2960 Boot Loader (C2960-HBOOT-M) Version 12.2(44)SE6,
RELEASE SOFTWARE (fc4)
```

Versión del bootstrap almacenado en la ROM que ha sido cargado durante el proceso de inicio del dispositivo.

```
Switch uptime is 11 hours, 12 minutes
```

Tiempo transcurrido desde que el dispositivo fue inicializado.

```
System returned to ROM by power-on
System restarted at 18:44:06 UTC Tue Aug 21 2012
System image file is "flash:c2960-lanbasek9-mz.150-1-SE3.bin"
```

Nombre del archivo de configuración que se cargó durante el arranque del dispositivo y ubicación desde la que se cargó la imagen.

```
[se omiten líneas]
Cisco WS-C2960-24TT (PwerPC405) processor (revision D0) with 65536K
bytes of memory.
```

Información sobre la plataforma de hardware incluyendo la revisión y la cantidad de memoria RAM.

```
Processor board ID FOC103248MJ
```

Número de serie del dispositivo.

```
Last reset from power-on
1 Virtual Ethernet interface
24 FastEthernet interfaces
2 Gigabit Ethernet interfaces
```

Interfaces de hardware con las que cuenta el dispositivo.

```
The password-recovery mechanism is enabled.
[se omiten líneas]
```

```
Switch#show flash
```

Permite verificar el contenido de la memoria flash incluyendo el nombre de los archivos y sus dimensiones. También indica la memoria flash disponible y cuánto está siendo utilizado.

Modo de configuración global

Es el modo que permite acceder a los comandos de configuración de todo el dispositivo. A partir de este punto se abren diferentes submodos para las diferentes tareas de configuración (interfaz, protocolo de enrutamiento, etc.).

En este modo no son accesibles directamente los comandos show ni los comandos copy.

```
Switch>enable
Switch#configure terminal
Enter configuration commands one per line. End with CNTL/Z.
Switch(config)#_
```

Modo de configuración global.

Permite definir parámetros que se aplican a todo el dispositivo.

```
Switch(config)#interface fastethernet 0/0
```

Modo de configuración de la interfaz.

```
Switch(config-if)#exit
Switch(config)#_
```

Sale del submodo de configuración en el que se estaba trabajando.

```
Switch(config-if)#Ctrl + Z
Switch#_
```

Sale del modo o submodo de configuración en el que estaba trabajando y regresa directamente el modo privilegiado.

Claves de acceso

Clave de acceso a modo usuario. Se configuran diferentes claves de acceso de acuerdo al modo de conexión.

- Clave de acceso por consola.

- Clave de acceso por puerto auxiliar.

- Clave de acceso por terminal virtual.
  Es requerida por defecto y si no está configurada no se podrá acceder al router por Telnet o http.

- Clave de acceso a modo privilegiado.

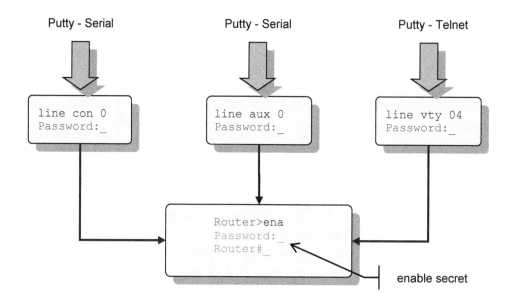

Configuración de seguridad en el acceso

Seguridad en el acceso a modo privilegiado

```
Router#configure terminal
Router(config)#enable password Cisco123
```

Define una clave de acceso a modo privilegiado que se guarda en el archivo de configuración en texto plano.

```
Router(config)#enable secret Sisco
```

Define una clave de acceso a modo privilegiado que se guarda en el archivo de configuración cifrada utilizando MD5.

En IOS el keyword "secret" identifica claves que se almacenan cifradas en el archivo de configuración.

 Cuando se configuran ambas claves en el dispositivo se utiliza la enable secret.

```
LAB_A(config)#service password-encryption
```

Se active el cifrado de las claves que de otro modo se guardan en texto plano en el archive de configuración. Para esto se utiliza un algoritmo de cifrado tipo 7 que no es tan robusto y por lo tanto es reversible.

```
Router(config)#end
```

Seguridad en el acceso a la consola

```
Router(config)#line console 0
```
Ingresa al modo de configuración del puerto consola.

```
Router(config-line)#login
```
Activa el requerimiento de clave para el acceso. Por defecto el requerimiento está activo por lo que no es necesario utilizar el comando.

```
Router(config-line)#password cisco
```
Asigna una clave como credencial para el acceso a través del puerto consola. Esta clave se almacena como texto plano en el archivo de configuración.

```
Router(config-line)#exec-timeout 5 0
```
Previene la posibilidad de que el acceso por consola quede abierto indefinidamente. En este caso, cuando se detecta inactividad en la conexión por 5 minutos (5 minutos 0 segundo) la sesión se cierra automáticamente.

```
Router(config-line)#logging synchronous
```
Asegura que los mensajes de eventos que por defecto se envían al puerto consola sobrescriban la escritura del operador facilitando su tarea.

```
Router(config-line)#exit
Router(config)#
```

Seguridad en el acceso remoto

```
Router(config)#line vty 0 4
```
Ingresa al modo de configuración de las terminales virtuales que serán luego accedidas utilizando Telnet.

 El servicio Telnet se encuentra habilitado por defecto en IOS. Si se desea utilizar SSH debe ser habilitado explícitamente.

```
Router(config-line)#login
Router(config-line)#password cisco
Router(config-line)#exec-timeout 5 0
Router(config-line)#exit
```

Configuración de SSH para el acceso remoto

```
Router(config)#hostname LAB_A
```
Modifica el nombre por defecto que tiene asignado el dispositivo. Por defecto Cisco IOS llama "Switch" a todos los switches y "Router" a todos los routers

```
LAB_A(config)#username cisco secret cisco
```
Crea un usuario en la base de datos local del dispositivo y le asigna una clave de autenticación.

Como para asignar la clave se utiliza el keyword "secret" esta clave se guardará cifrada con MD5 en el archivo de configuración.

```
LAB_A(config)#ip domain-name mydomain.com
```

Define un nombre de dominio DNS a ser utilizado por el dispositivo.

 Para generar la llave de cifrado que luego utilizará SSH es obligatorio que el dispositivo cuente con nombre (hostname) y dominio de nombre configurados.

```
LAB_A(config)#crypto key generate rsa modulus 1024
```

Genera una llave de cifrado RSA que será utilizada en el proceso de autenticación de las sesiones SSH.

En este caso se especifica que la llave generada sea de 1024 bits de longitud.

```
LAB_A(config)#ip ssh version 2
```

Activa la versión 2 de SSH para tener prestaciones mejoradas de seguridad. IOS por defecto utiliza versión 1.

```
LAB_A(config)#line vty 0 4
LAB_A(config-line)#login local
```

Activa la autenticación con usuario y clave en las terminales virtuales, en este caso utilizando la base de datos de usuarios locales que se creó antes.

```
LAB_A(config-line)#exec-timeout 5 0
LAB_A(config-line)#transport input ssh
```

Activa el uso de SSH para el acceso remoto al mismo tiempo que desactiva el uso de Telnet.

```
LAB_A(config-line)#end
```

Comandos de verificación

```
Router#show ip ssh
```

Permite verificar la configuración y operación del protocolo.

```
Router#show ssh
```

Visualiza las sesiones SSH activas abiertas en el dispositivo.

Asociación de una ACL al acceso remoto

Es posible limitar el acceso a las terminales virtuales (ya sea utilizando Telnet como SSH) utilizando listas de acceso IP.

Para esto es necesario completar 2 pasos:

- Configurar la ACL.

- Aplicar la lista de acceso a las líneas de terminal virtual.

```
Router(config)#access-list 10 permit 172.16.100.0 0.0.0.255
Router(config)#access-list 10 deny any log
```
> Si bien existe un deny all implícito al final de la ACL, al declararlo explícitamente con la opción "log" se genera un registro de los intentos de acceso no autorizados.

```
Router(config)#line vty 0 4
Router(config-line)#access-class 10 in
```
> Aplica la ACL a las líneas de terminal virtual como filtro sobre el tráfico que intenta acceder a esas terminales.

Configuración de un mensaje en el acceso

IOS permite definir mensajes que aparecen en diferentes momentos. Uno de estos mensajes, el denominado "Mensaje del día" (Message Of The Day) se presenta cuando se intenta un acceso y puede ser utilizado para advertir ante el posible acceso indebido a los dispositivos.

```
Router#configure terminal
Router(config)#banner login "Acceso permitido solo a usuarios"
```
> Presenta el mensaje entrecomillado cada vez que alguien intenta acceder al dispositivo, antes de requerir la verificación de credenciales.
>
> Se debe ser cuidadoso con la redacción del mensaje ya que tiene consecuencias de orden legal ante intentos de ataque a la red.

```
Router(config)#banner exec "SOLO ACCESO AUTORIZADO"
```
> Define un mensaje que se presentará una vez que el usuario haya completado su verificación de credenciales, al acceder a modo EXEC.

Comandos show:

Los comandos show permiten verificar y monitorear el estado de configuración de diferentes componentes (interfaces, archivos de configuración, etc.) y estadísticas de funcionamiento de routers y switches que implementan Cisco IOS.

> 📝 La mayoría de estos comandos funcionan solamente en el modo privilegiado. Hay un subconjunto reducido que es accesible en modo usuario.

> 📝 No están disponibles en el modo configuración global y sus sub-modos.

Comandos para la visualización de los archivos de configuración

```
Switch#show startup-config
```

Muestra el contenido del archivo de configuración de respaldo que se almacena en la memoria NVRAM.

La respuesta está encabezada por el mensaje "Using xxxx out of xxxxxx bytes" para indicar la cantidad de memoria utilizada para almacenar el archivo.

```
Switch#show running-config
```

Muestra el contenido del archivo de configuración activo en la memoria RAM del dispositivo.

Se puede identificar por el texto "Current configuración..." que la encabeza, y que va acompañado por la medida del archivo expresada en bytes.

```
Current configuration:
!
version 15.1
```

Indica la versión del sistema operativo Cisco IOS actualmente corriendo en el dispositivo.

```
. . .
```

```
Switch#show running-config | include hostname
```

El argumento "include" permite ingresar cualquier cadena de caracteres para que el sistema operativo la busque en el archivo de configuración activo.

Como resultado mostrará solamente la porción del archivo de configuración activo que corresponde con la cadena de caracteres ingresada.

```
Current configuration:
!
version 15.1

hostname LAB_A
```

Parámetros para el filtrado del resultado de los comandos show

```
Switch#show running-config | begin xxxxx
```

Se muestra el resultado del comando show a partir de la primera línea que coincida con el criterio de filtrado que se indica.

```
Switch#show running-config | exclude xxxxx
```

Muestra el resultado del comando show excluyendo todas las líneas en las que aparezca la expresión definida en el comando.

```
Switch#show running-config | include xxxxx
```

Muestra solamente las líneas del resultado del comando show que incluyen la expresión definida en el comando.

```
Switch#show running-config | section xxxxx
```
Muestra solamente una sección del resultado del comando show que inicia con el término indicado en el criterio de filtrado.

Análisis del comando show running-config

```
Switch#show running-config
```
Muestra el contenido del archivo de configuración activo en la memoria RAM del dispositivo.

```
Building configuration ...
Current configuration : 1318 bytes
```
Se puede identificar el archivo de configuración activa por el texto "Current configuración..." que la encabeza y que va acompañado por la medida del archivo expresada en bytes.

```
!
version 15.1
no service timestamps log datetime msec
no service timestamps debug datetime msec
no service password-encryption
```
Indica el estado del servicio de encriptación de claves. En este caso no está activo.

```
!
hostname LAB_A
```
Nombre asignado al dispositivo.

```
!
enable secret 5 $1$TXpV$PmHtTS8FqkaMVJce3qa9t.
```
Contraseña secreta de acceso al modo privilegiado codificada con encriptación de nivel 5.

```
!
username LAB_B password 0 cisco
```
Nombre de usuario y contraseña correspondiente (sin encriptar pues el servicio no ha sido activado). En este caso, pueden ser utilizados por una interfaz con autenticación chap.

```
!
license udi pid CISCO2911/K9 sn FTX15247QJ1
!
!
Spanning-tree mode pvst
!
!
!
ip name-server 172.16.30.56
```
Indica la dirección del servidor de nombre asignado.

```
!
interface GigabitEthernet0/0
```

A partir de aquí comienza la descripción de la interfaz GigabitEthernet 0/0.

```
description Red LAN de produccion
```

Comentario del administrador para describir la interfaz.

```
ip address 172.16.30.1 255.255.255.0
```

Indica la dirección de red y máscara de subred asignadas a la interfaz.

```
 duplex auto
 speed auto
!
interface GigabitEthernet0/1
 no ip address
 duplex auto
 speed auto
 shutdown
!
interface GigabitEthernet0/2
 no ip address
 duplex auto
 speed auto
 shutdown
!
interface Serial0/0/0
 description Puerto de conexión con la red de la sucursal Lomas
 ip address 172.16.10.2 255.255.255.0
 clock rate 64000
```

Indica el valor del reloj de sincronización asignado para este puerto serial, que debe tener conectado un cable DCE. El valor indica el ancho de banda en bps que tendrá este enlace.

```
 bandwidth 64
 ip access-group 10 in
```

Indica que se ha asociado a este puerto la lista de acceso IP estándar 10 para que filtre el tráfico entrante.

```
!
interface Serial/0/1
 ip address 172.16.20.1 255.255.255.0
 encapsulation ppp
```

Esta interfaz utiliza el estándar ppp para la encapsulación de tramas.

```
 bandwidth 64
!
!
interface Vlan1
 no ip address
 shutdown
!
!
access list 10 deny host 172.16.40.3
access list 10 permit any
```

Muestra las listas de acceso configuradas en este dispositivo.

```
!
router rip
network 172.16.0.0
```

Protocolo de enrutamiento configurado y redes directamente conectadas que "escucha" el protocolo.

```
!
ip classless
```

Utiliza las reglas de enrutamiento classless.

```
!
ip http server
no ip http secure-server
!
line con 0
 password cisco
 login
 logging synchronous
line aux 0
```

Presenta los valores de configuración de acceso a través de los puertos consola y auxiliar.

```
line vty 0 4
```

Presenta los valores de configuración del acceso a través de terminales virtuales.

```
 exec-timeout 5 0
```

Indica que la sesión de terminal virtual se dará por concluida transcurridos 5 minutos sin actividad.

```
 password cisco
```

Indica la clave para acceso a través de terminales virtuales.

```
 login
```

Indica que está activado el servicio de requerimiento de clave de acceso.

```
!
end
```

Fin del archivo de configuración activo.

 Los features incluidos en esta configuración serán descriptos en los capítulos correspondientes. Se incluyen en este punto con el solo propósito de mostrar un archivo de configuración completo, no parcial.

Comando para visualización de la memoria flash

```
Router#show flash

System flash directory:
File  Length   Name/status
```

```
3    33591768  c2900-universalk9-mz.SPA.151-4.M4.bin
2    28282     sigdef-category.xml
1    227537    sigdef-default.xml
[33847587 bytes used, 221896413 available, 255744000 total]
249856K bytes of processor board System flash (Read/Write)
```

Comandos para la visualización de las interfaces

```
Router#show interfaces GigabitEternet 0/1
GigabitEthernet0/1 is administratively up, line protocol is up
```
                              Indica el estado de la interfaz.

```
 Hardware is CN Gigabit Ethernet, address is 00d0.bcb2.c002 (bia
00d0.bcb2.c002)
```
                              Muestra la dirección MAC de la interfaz.

```
 MTU 1500 bytes, BW 1000000 Kbit, DLY 10 usec,
    reliability 255/255, txload 1/255, rxload 1/255
 Encapsulation ARPA, loopback not set
 Keepalive set (10 sec)
 Full-duplex, 100Mb/s, media type is RJ45
```
                              Permite verificar el tipo y modo de la conexión.

```
 output flow-control is unsupported, input flow-control is
unsupported
 ARP type: ARPA, ARP Timeout 04:00:00,
 Last input 00:00:08, output 00:00:05, output hang never
 Last clearing of "show interface" counters never
 Input queue: 0/75/0 (size/max/drops); Total output drops: 0
 Queueing strategy: fifo
 Output queue:0/40 (size/max)
 5 minute input rate 31000 bits/sec, 33 packets/sec
```
                              A partir de este punto se muestran las estadísticas de
                              tráfico de la interfaz.

```
 5 minute output rate 28000 bits/sec, 31 packets/sec
    11379 packets input, 12356882 bytes, 0 no buffer
    Received 345 broadcasts, 0 runts, 0 giants, 0 throttles
    0 input errors, 0 CRC, 0 frame, 0 overrun, 0 ignored, 0 abort
    0 watchdog, 1017 multicast, 0 pause input
    0 input packets with dribble condition detected
    21586 packets output, 2568278 bytes, 0 underruns
    0 output errors, 0 collisions, 1 interface resets
    0 unknown protocol drops
    0 babbles, 0 late collision, 0 deferred
    0 lost carrier, 0 no carrier
    0 output buffer failures, 0 output buffers swapped out
```

Posibles resultados de la primera línea de show interfaces

```
Serial0/0/0 is _____, line protocol is _____
```
                              La primera porción indica el estado de la porción de
                              hardware (capa 1) de la interfaz; la segunda porción
                              indica el estado de la porción lógica (capa 2).

```
Serial0/0/0 is administratively down, line protocol is down
```
Interfaz que no ha sido habilitada por el Administrador.

```
Serial0/0/0 is down, line protocol is down
```
Indica problemas de capa física.

```
Serial0/0/0 is up, line protocol is down
```
Denota un problema de conexión por un posible fallo en la capa de enlace de datos.

```
Serial0/0/0 is up, line protocol is down (disabled)
```
Debido a un problema con el proveedor de servicio hay un elevado porcentaje de error o hay un problema de hardware.

```
Serial0/0/0 is up, line protocol is up
```
Interfaz plenamente operativa a nivel de capa 1 y 2.

Una presentación sintética del estado de las interfaces

```
Router#show ip interfaces brief
```

Interface	IP-Address	OK?	Method	Status	Protocol
GigabitEthernet0/0	172.16.2.1	YES	NVRAM	up	up
Loopback0	10.50.0.3	YES	NVRAM	up	up
Serial0/0/0	unassigned	YES	manual	up	up
Serial0/0/0.20	172.16.100.6	YES	manual	down	down
Serial0/0/0.21	172.16.100.10	YES	manual	up	up
Serial0/0/1	unassigned	YES	NVRAM	admin. down	down

Otros comandos show

```
Router#show clock
Router#show ip route
Router#show ip protocols
Router#show controllers
Router#show processes cpu
Router#show processes memory
```

Configuración de conectividad básica IPv6

El despliegue de la red IPv6 requiere de un período de transición durante el cual ambos sistemas (IPv4 e IPv6) han de convivir necesariamente para asegurar la continuidad de la operación de la red. Esta implementación simultánea de ambos protocolos es lo que recibe el nombre de "Dual Stack".

Para iniciar es necesario activar el enrutamiento IPv6 que por defecto no está activo en Cisco IOS.

```
Router# configure terminal
Router(config)#ipv6 unicast-routing
```
Activa nivel global el proceso de reenvío de tráfico unicast IPv6.

```
Router(config)#interface GigabitEthernet0/0
Router(config-if)#ipv6 enable
```

Habilita el soporte de IPv6 en una interfaz en la que no se va a configurar una dirección explícita. Por ejemplo cuando sólo va a utilizar solamente la dirección link local.

Si se va a configurar una dirección IPv6 de unicast en la interfaz el sistema operativo habilitará automáticamente el soporte de IPv6 en ella por lo que no es necesario el comando.

Ejecutado el comando en la interfaz se genera automáticamente la dirección de link local.

```
Router(config-if)#ipv6 address 2001:db8:0:1::10/64
```
Asigna una dirección IPv6 estática a la interfaz.

De modo simultáneo se activa el protocolo IPv6 en la interfaz (si no se había habilitado antes) y se configura automáticamente la dirección link-local.

En este caso se deben definir los 128 bits de la dirección y especificar la longitud del prefijo asignado a la red.

```
Router(config-if)#ipv6 address autoconfig
```
Permite que el router auto configure una dirección IPv6 en su interfaz tomando como base las publicaciones de otro router en el segmento con el procedimiento de autoconfiguración stateless.

```
Router(config-if)#ipv6 address autoconfig default
```
Permite que el router auto configure su interfaz tomando como base las publicaciones de otro router en el segmento y agregue una ruta por defecto basada en las publicaciones que recibe para utilizar ese router vecino como gateway de la red.

Verificación de la conectividad IPv6

```
Router#ping 2001:db8:0:1::10
Router#traceroute 2001:db8:0:1::10
Router#telnet 2001:db8:0:1::10
Router#show ipv6 interface brief
```
Permite verificar el estado de cada interfaz y su configuración IPv6.

En cada interfaz con el protocolo activado se puede verificar la dirección link-local y si las hay, las direcciones unique-local y globales.

```
Router#show ipv6 interface GigabitEthernet0/0
```
Permite verificar la configuración de IPv6 en una interfaz.

```
GigabitEthernet0/0 is up, line protocol is up
  IPv6 is enabled, link-local address is FE80::202:16FF:FE52:E601
  No Virtual link-local address(es):
  Global unicast address(es):
    2001:DB8:0:1::10, subnet is 2001:DB8:0:1::/64
```

```
   Joined group address(es):
     FF02::1
     FF02::2
     FF02::1:FF00:10
MTU is 1500 bytes
ICMP error messages limited to one every 100 milliseconds
ICMP redirects are enabled
ICMP unreachables are sent
ND DAD is enabled, number of DAD attempts: 1
ND reachable time is 30000 milliseconds
ND advertised reachable time is 0 (unspecified)
ND advertised retransmit interval is 0 (unspecified)
ND router advertisements are sent every 200 seconds
ND router advertisements live for 1800 seconds
ND advertised default router preference is Medium
Hosts use stateless autoconfig for addresses.
```

`Router#show ipv6 route`

> Muestra la tabla de enrutamiento IPv6.
>
> Como en IPv4, como parte de la información de la ruta se muestra la distancia administrativa y la métrica (en este caso, cantidad de saltos).

`Router#show ipv6 neighbors`

> Muestra la tabla de descubrimiento de vecinos del dispositivo y el estado de la operación con cada uno de ellos.
>
> Hay 5 estados posibles:
> INCMP – Se inició el proceso pero no se ha recibido respuesta.
> REACH – Se ha recibido confirmación de que el host es accesible dentro del tiempo de respuesta.
> STALE – Se ha excedido el tiempo de repuesta sin recibir notificación de host accesible.
> DELAY – Se ha excedido el tiempo de respuesta, si no se recibe una pasará al estado siguiente.
> PROBE – El dispositivo está solicitando activamente respuesta de un host destino enviando mensajes.

Herramientas en entornos Microsoft

```
C:\>ipconfig
C:\>ipconfig /all
```

 Los sistemas Microsoft muestran un signo porcentual al final de la dirección IPv6 link local y del default gateway (p.e. fe80::30a4:20b3:53ef:9b97%24). Esa porción de información NO es parte de la dirección IPv6. Identifica una interfaz en la terminal.

```
C:\>ping 2001:db8:0:1::10
C:\>tracert 2001:db8:0:1::10
C:\>telnet 2001:db8:0:1::10
C:\>telnet 2001:db8:0:1::10 80
```

```
C:\>netsh interface ipv6 show neighbor
```

> Muestra la lista de dispositivos cuya información se contiene actualmente en la tabla de descubrimiento de vecinos de la terminal.

El sistema de archivos de Cisco IOS

Los dispositivos Cisco IOS cuentan con Cisco IFS para posibilitar la creación, navegación y manipulación de directorios en el dispositivo. Los directorios disponibles dependen de la plataforma en la que se opera.

Este sistema de archivos brinda una interfaz para la gestión de todos los archivos con los que se opera. En este sistema se puede encontrar (dependiendo de la plataforma):

tftp:	Servidor TFTP externo.
ftp:	Servidor FTP externo.
flash:	Memoria Flash. Está disponible en todas las plataformas.
slot0:	Denominación que se da en algunos dispositivos a la memoria Flash.
system:	Memoria RAM del sistema.
nvram:	Memoria NVRAM.
usbflash0:	Memoria Flash en el puerto USB.

```
Router#show file systems
```

> Ofrece la lista completa de instancias disponibles en el sistema de archivos de un dispositivo.
>
> Muestra el monto de memoria disponible en cada instancia, el tipo y permisos: "ro" = solo lectura; "wo" = solo escritura; "rw" = lectura y escritura.
>
> Se indica con un asterisco (*) el sistema de archivos en uso por defecto. Se indica con un numeral (#) el disco booteable en uso.

Gestión del archivo de configuración

Los dispositivos IOS mantienen 2 archivos de configuración:

- El archivo de configuración de respaldo o "startup-config" se almacena en la memoria NVRAM para ser leído a la RAM en el momento de arrancar el dispositivo.
  Si al arrancar el dispositivo no encuentra un archivo de configuración en la NVRAM ingresará en el modo Setup.

- Una vez copiado en la memoria RAM, actúa como archivo de configuración activo o "running-config".

Los cambios de configuración que se realizan a partir de este momento, se realizan sobre el archivo de configuración activo. Por este motivo, en caso de realizar un reinicio del dispositivo es preciso guardar antes esos cambios en el archivo de configuración de respaldo.

Ambos archivos pueden ser copiados hacia o desde diferentes servidores (FTP, TFTP, RCP), según sea necesario en cada red.

A la NVRAM y a la RAM se agrega la memoria Flash, en la que se almacena la imagen del sistema operativo, y en la que pueden almacenarse copias de respaldo del archivo de configuración.

El comando copy

Es el comando del sistema de archivos de IOS que permite copiar desde y hacia diferentes fuentes diversos elementos, tales como el archivo de configuración.

El comando se ejecuta en modo privilegiado, y su estructura básica es:

```
Switch#copy [origen]:[nombre] [destino]:[nombre]
```
Tanto origen como destino pueden ser especificados utilizando la convención de URL para indicar archivos sobre dispositivos específicos en la red: bootflash: | flash: | ftp: | nvram: | rcp: | slot0: | slot1: | system: | tftp:

```
Switch#copy running-config startup-config
Switch#copy system:running-config nvram:startup-config
```
Ambos comandos tienen el mismo resultado.

Copia el archivo de configuración activo que reside en la memoria RAM en la NVRAM sobrescribiendo el archivo de configuración de respaldo existente, o creándolo.

```
Switch#copy startup-config running-config
```
Copia el archivo de configuración de respaldo que reside en la NVRAM a la memoria RAM, sobrescribiendo el archivo de configuración en uso.

```
Switch#copy running-config tftp:
Switch#copy system:running-config tftp:
```
Copia el archivo de configuración activo a un servidor TFTP disponible en la red.

Una serie de signos de exclamación (!) muestran el progreso del proceso de copia.

```
Switch#copy tftp: running-config
Switch#copy tftp: system:running-config
```
Recupera el archivo de configuración que ha sido almacenado previamente en un servidor TFTP y sobrescribe el archivo de configuración activo en la RAM.

```
Switch#erase startup-config
```
Borra el archivo de configuración almacenado en la NVRAM.

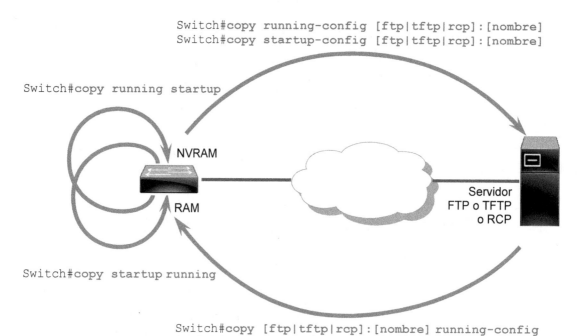

```
Switch#copy running-config [ftp|tftp|rcp]:[nombre]
Switch#copy startup-config [ftp|tftp|rcp]:[nombre]
```

```
Switch#copy running startup
```

NVRAM

RAM

Servidor
FTP o TFTP
o RCP

```
Switch#copy startup running
```

```
Switch#copy [ftp|tftp|rcp]:[nombre] running-config
Swtich#copy [ftp|tftp|rcp]:[nombre] startup-config
```

```
Switch#reload
System configuration has been modified. Save? [yes/no]:_
Proceed with reload? [confirm]
```
Reinicia el dispositivo.

Antes de iniciar el proceso verifica si se han realizado cambios en el archivo de configuración activo que no se hayan guardado y pregunta si se desea guardar esos cambios.

 Atención:
Cuando se copia un archivo de configuración, almacenado en cualquier reservorio (Flash, NVRAM, FTP, etc.) hacia la RAM, no se reemplaza el archivo de configuración activa sino que se fusiona con él modificando solamente los comandos incluidos en el archivo que se copia.

La fusión de archivos de configuración

Cuando utilizamos el comando copy para sobrescribir el archivo de configuración activo (running-config) en realidad no reemplazamos la configuración activa sino que la configuración activa se fusiona con los nuevos comandos que recibe:

- Cuando el comando contenido en el nuevo archivo de configuración (proveniente por ejemplo de la NVRAM o un servidor TFTP) se encuentra ya en el archivo de configuración activo, ese comando se sobrescribe.

- Cuando el comando contenido en el nuevo archivo de configuración NO se encuentra en el archivo de configuración activo, ese comando se agrega a los existentes.

- Cuando el nuevo archivo de configuración NO contiene referencia a comandos que SI se encuentran en el archivo de configuración activo, esos comandos permanecen inalterables.

```
Runnning-config                          TFTP Config

interface GigabitEthernet0/0             interface GigabitEthernet0/1
 ip address 10.1.1.1 255.0.0.0            ip address 60.1.2.1 255.0.0.0
!                                        !
interface GigabitEthernet0/1             Serial0/0
 ip address 60.1.2.1 255.255.0.0          ip address 25.2.1.0 255.0.0.0
!                                        !
router rip                               router rip
 version 2                                no network 60.0.0.0
 network 10.0.0.0                         network 25.0.0.0
 network 60.0.0.0
```

```
Router#copy tftp: running-config

            interface GigabitEthernet0/0
             ip address 10.1.1.1 255.0.0.0
            !
            interface GigabitEthernet0/1
             ip address 60.1.2.1 255.0.0.0
            !
            Serial0/0
             ip address 25.2.1.0 255.0.0.0
            !
            router rip
             version 2
             network 10.0.0.0
             network 25.0.0.0
```

Gestión de la imagen de IOS

Cuando la red comienza a adquirir un tamaño considerable en cantidad de dispositivos implementados siempre es recomendable implementar un mecanismo centralizado para el almacenamiento tanto de copias de resguardo de archivos de configuración como de imágenes de IOS. Es importante contar con copias de seguridad de las imágenes de sistema operativo en caso de corrupción o borrado accidental de las imágenes guardadas en la memoria flash de los dispositivos.

Para esto la opción frecuente es la implementación de servidores TFTP sea en un router con suficiente memoria flas, un appliance dedicado o un dispositivo virtualizado. Pero antes es conveniente revisar algunos puntos.

Licenciamiento de dispositivos Cisco IOS

Cuando se adquiere un dispositivo Cisco, un router por ejemplo, es despachado de fábrica con la imagen de software correspondiente pre-instalada, así como las licencias permanentes que corresponden al paquete de prestaciones que se solicitó en la orden de compra.

Adicionalmente el dispositivo tiene pre-instaladas licencias de evaluación (llamadas temporales) para los demás features soportados. Si se desea probar alguno de esos features sólo es necesario activar esas licencias. Si se desea activar esos features de modo permanente es necesario entonces adquirir las licencias correspondientes.

```
Router#show license
```

Permite verificar las licencias que se han activado en un dispositivo.

Para activar de modo permanente un paquete de software o feature en un router se debe seguir el siguiente procedimiento:

1. Adquirir el producto que se desea instalar. Como resultado de la compra se recibirá un PAK.

2. Obtener el archivo de licencia correspondiente por alguna de estas vías:

   o Utilizando Cisco License Manager, una aplicación libre que se puede descargar desde www.cisco.com/go/clm

   o Accediendo en línea al Cisco License Registration Portal: www.cisco.com/go/license

3. Utilizar la CLI para instalar las licencias.

Para obtener la licencia se le requerirá el UDI del dispositivo, que es un identificador compuesto por 2 partes: el PID y el número de serie. Ambos elementos se pueden obtener desde la CLI del dispositivo:

```
Router#show license udi
Device#   PID           SN            UDI
------------------------------------------------------------------
*0        CISCO2901/k9  FCG3467G5DX   CISCO2901/k9:FCG3467G5DX
```

Licenciamiento de IOS 15.x

Con el lanzamiento de IOS 15.0 Cisco introdujo el mecanismo de las denominadas imágenes universales que contienen la totalidad de todos los features disponibles para una plataforma en una única imagen del sistema operativo.

Esto implica que en caso de necesitar features adicionales no es necesario actualizar la imagen de sistema operativo, sino simplemente cargar las licencias correspondientes.

El esquema de "paquetes" de features disponibles a partir de IOS 15.0 es el siguiente:

- IP Base (ipbasek9).
  Es el nivel de ingreso con las funcionalidades básicas de IOS.
  Es la licencia que viene instalada en todos los routers por defecto.

- Data (datak9).
  Activa el soporte para MPLS, ATM, y múltiples protocolos más.

- Unified Communications (uck9).
  Activa el soporte para VoIP y telefonía IP.

- Security (securityk9).
  Activa prestaciones avanzadas de seguridad tales como firewall, IPS, IPsec, etc.

```
Router#show license feature
```
Permite verificar las licencias y paquetes de licencias soportados en el dispositivo.

Instalación de licencias permanentes

```
Router#license install fash:uck9-2900-SPE150_K9-FHH11253557.xml
```
Instala el archivo de licencias permanentes que ha sido descargado previamente a la memoria flash.

En este caso se instala una licencia permanente de comunicaciones unificadas en un router Cisco 2900.

```
Router#reload
```
Reinicia el dispositivo para hacer efectiva la instalación de la licencia permanente. Si la licencia de evaluación ya se encontraba activa antes, no es necesario el reinicio del dispositivo.

 Las licencias permanentes son perpetuas y por lo tanto no les aplica el concepto de un período de validez.

 Este paso no es necesario cuando al adquirir el dispositivo simultáneamente se adquieren las licencias que en ese caso se entregan ya pre-instaladas.

Luego de reiniciado el dispositivo se sugiere verificar la instalación utilizando el comando show versión.

```
Router#show versión
<Se omiten múltiples líneas>
License UDI:
```

```
-------------------------------------
Device#  PID          SN
-------------------------------------
*0       CISCO2901/K9  FCG3467G5DX
Technology Package License Information for Module:'c2900'
--------------------------------------------------------------
Technology    Technology-package    Technology-package
              Current     Type      Next reboot
--------------------------------------------------------------
ipbase        ipbasek9    Permanent  ipbasek9
security      None        None       None
uc            uck9        Permanent  uck9
data          None        None       None
```

Instalación de licencias de evaluación

Con la introducción de IOS 15.0(1)M las licencias de evaluación han sido reemplazadas con licencias RTU de evaluación. Para activar estas licencias se debe utilizar el siguiente procedimiento:

```
Router#license boot module c2900 technology-package uck9
```

Activa la licencia de comunicaciones unificadas de evaluación en el router Cisco 2900. Al ejecutar el comando se mostrará el contrato de acuerdo de uso que debe ser aceptado para que la licencia temporal se active.

Una vez instalada la licencia de evaluación o temporal, es necesario reiniciar el dispositivo.

```
Router#reload
```

 Las licencias de evaluación tienen un período de duración de 60 días.

```
Router#show license
Index 1 Feature: ipbasek9
        Period left: Life time
        License Type: Permanent
        License State: Active, In Use
        License Count: Non-Counted
        License Priority: Medium
Index 2 Feature: securityk9
        Period left: Not Activated
        License Used: 0 minute 0 second
        License Type: EvalRightToUse
        License State: Not in Use, EULA not accepted
        License Count: Non-Counted
        License Priority: None
Index 1 Feature: uck9
        Period left: 8 weeks 3 days
        Period Used: 9 minutes 30 seconds
        License Type: EvalRightToUse
```

```
                License State: Active, In Use
                License Count: Non-Counted
                License Priority: Low
<Se omiten líneas>
```

Respaldo de las licencias

```
Router#license save flash:all_licenses.lic
```
> Guarda una copia de todas las licencias del dispositivo, en este caso en la memoria flash del mismo.

Desinstalación de las licencias

Para retirar una licencia permanente activa en un dispositivo se debe seguir el siguiente procedimiento:

- Desactivar el paquete.

- Eliminar la licencia.

 No se pueden retirar las licencias que se entregan preinstaladas. Solo es posible remover las licencias que se agregaron con el procedimiento descrito antes. Las licencias de evaluación tampoco pueden ser removidas.

```
Router#license boot module c2900 technology-package uck9 disable
```
> Desactiva específicamente la licencia aplicada antes para activar el paquete de comunicaciones unificadas.

```
Router#reload
Router#license clear uck9
```
> Elimina la licencia especificada del almacenamiento de licencias.

```
Router#no license boot module c2900 technology uck9 disable
```
> Elimina el comando negado que se utilizó antes para activar la licencia.

```
Router#reload
```

Cisco Smart Software Manager

Se trata de una aplicación que permite gestionar todas las licencias de software desde un website centralizado. De esta manera se pueden organizar y visualizar las licencias en grupos llamados "cuentas virtuales".

Una cuenta virtual es una colección de licencias e instancias de productos. Esto permite organizar los recursos de la organización en conjuntos lógicos. Las licencias pueden ser transferidas entre cuentas virtuales dentro del Smart Software Manager según las necesidades de la organización.

Worldwide [change] | Log In | Account | Register | My Cisco

Products & Services   Support   How to Buy   Training & Events   Partners

Cisco Software Central

Download & Upgrade

Software Download
Download new software or updates to your current software.

eDelivery
Get fast electronic fulfillment of software, licenses, and documentation.

Product Upgrade Tool (PUT)
Order major upgrades to software such as unified communications.

Upgradable Products
Browse a list of all available software updates.

License

Traditional Licensing
Generate and manage PAK-based and other device licenses, including demo licenses.

Smart Software Licensing
Track and manage Smart Software Licenses.

Enterprise License Agreements
Generate and manage licenses from Enterprise License Agreements.

Log in to access all features.

Log In

Register for a Cisco Account.

Order

Buy Directly from Cisco
Configure, price, and order Cisco products, software, and services. Available to partners and to customers with a direct purchasing agreement.

End User License and SaaS Terms
Cisco software is not sold, but is licensed to the registered end user. The terms and conditions provided govern your use of that software. Read them here.

Administration

Request a Smart Account
Get a Smart Account for your organization or initiate it for someone else

Request Access to an Existing Smart Account
Submit a request for access to a Smart Account.

Manage Smart Account
Modify the properties of your Smart Account and associate individual Cisco Smart Accounts with your Smart Account.

Learn about Smart Accounts
Access documentation and training.

 http://www.cisco.com/web/ordering/smart-software-manager/index.html

Nombre de las imágenes de IOS

Cisco utiliza una convención de nombres para la denominación de las imágenes de IOS que nos permite, a partir del nombre por defecto, conocer algunas de sus características.

Un ejemplo:

C2900-universalk9-mz.SPA-152-4.M1.bin

C2900	Plataforma de hardware. Ej: Router Cisco 2900.
universalk9	Conjunto de prestaciones. Ej: imagen única y universal
mz	Formato del archivo. m = Se corre desde la RAM. z = Comprimido.
SPA	Imagen de software firmada digitalmente.
152-4.M1	Versión. Ej: 15.2 (4)M1
bin	Extensión del archivo. Ej: Archivo binario, ejecutable.

Creación de una copia de seguridad

1. Asegúrese que es posible acceder al servidor TFTP desde el dispositivo cuya imagen se desea respaldar. Es suficiente utilizar un ping con este propósito.

2. Verifique que el servidor TFTP tenga espacio suficiente para almacenar la imagen de IOS que se desea respaldar. Con el comando show flash0: en el dispositivo puede revisar el tamaño de la imagen.

3. Copia la imagen de IOS en el servidor TFTP utilizando el comando copy.

```
Router#copy flash0: tftp:
```

Actualización de la imagen de IOS

Para actualizar la imagen de IOS que utiliza un dispositivo se deben seguir los siguientes pasos:

1. Seleccione una imagen de IOS que responda a los requerimientos que tenga: plataforma, prestaciones, limitaciones. Descargue esa imagen de la página de Cisco y guárdela en el servidor TFTP.

2. Asegúrese que es posible acceder al servidor TFTP desde el dispositivo a actualizar utilizando un ping.

3. Asegúrese de contar con suficiente espacio en la memoria flash del dispositivo para almacenar la nueva imagen. Para verificar el espacio disponible en la memoria flash puede utilizar el comando show flash.

4. Copie la imagen de IOS desde el servidor TFTP utilizando el comando copy.

5. Una vez concluida la copia de la nueva imagen defina la nueva imagen como imagen a cargar durante el próximo inicio del dispositivo utilizando el comando boot system.

6. Reinicie el equipo para que cargue la nueva imagen.

```
Router#copy tftp: flash0
Router#configure terminal
Router(config)#boot system flash0://c2900-universalk9-mz.SPA.152bin
Router(config)#exit
Router#copy running-config startup-config
Router#reload
```

Concluido el arranque del dispositivo se puede verificar la imagen de IOS cargada durante el proceso utilizando el comando show versión.

Metodología de diagnóstico y resolución de fallos

El siguiente es una propuesta de método estructurado para el análisis y resolución de fallos en la red. La aplicación de esta metodología y el modo en que cada uno se mueve de fase en fase puede cambiar significativamente de un técnico a otro.

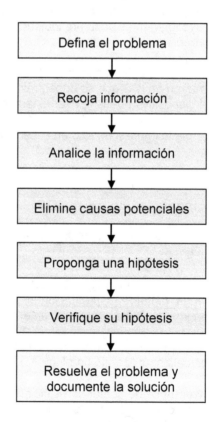

No utilizar un método estructurado como este, no significa que no se va a arribar a una solución, sino que el proceso puede ser ineficiente y complicado al momento de trabajar en equipo. El uso de un método estructurado hace los resultados más previsibles y fáciles de compartir en un equipo de trabajo.

Shoot-from-the-hip

Es un método de trabajo no-estructurado particularmente útil en el caso de operadores con experiencia.

En este caso, luego de un breve período de recolección de información se propone una hipótesis para verificar si eso resuelve el problema. Este método puede convertirse en un proceso de azar si no está guiado por la experiencia y conocimiento de quien define las posibles hipótesis.

Cuando lo aplica un operador experimentado puede ser muy efectivo pues reduce los tiempos de análisis; pero si no funciona estaremos en el punto de partida y no más cerca de lograr una solución.

Métodos de trabajo estructurado

Los métodos de trabajo estructurados se basan en la definición de capas del modelo OSI y se diferencias por la progresión que realizan en el análisis.

Top-down

Comienza analizando desde la capa de aplicación y desciende progresivamente hacia la capa física. Es el método más adecuado cuando se supone un posible inconveniente a nivel de la aplicación.

Bottom-up

En este caso el análisis parte de la capa física y asciende hacia la capa de aplicación. Es el más efectivo cuando se sospecha de problemas a nivel de hardware o infraestructura.

Dividir y conquistar

Reduce sensiblemente el período de diagnóstico comenzando por verificar la operación de una capa intermedia, generalmente la capa de red. Si la capa de red responde el análisis se realiza de modo ascendente hacia la capa de aplicación; si la capa de red no responde, entonces el análisis se inicia desde capa física.

Herramientas de diagnóstico

Prueba de conexiones utilizando ping

Herramienta basada en paquetes ICMP que permite verificar accesibilidad, RTT y pérdida de paquetes.

Una vez enviado un paquete echo request el puerto queda en espera de un echo reply del destino por un espacio limitado de tiempo, por defecto 2 segundos.

```
Router#ping [protocol] [host | address]
```

Si se omite el parámetro de protocolo, Cisco IOS asume por defecto IPv4 o IPv6 según el formato de la dirección destino.

Las respuestas posibles cuando se ejecuta el comando desde la línea de comando de un router Cisco IOS son:

!   Se recibe exitosamente un echo reply.

.   Indica tiempo de espera agotado.

U   El destino es inalcanzable.

C   Indica congestión en la ruta.

/   Ping interrumpido.

```
Router#ping [destino] source [interfaz]
```

Permite especificar la interfaz a través de la cual se desea enviar el echo request. Si no se utiliza esta opción el dispositivo define la interfaz de salida (es decir la IP de origen) en función de lo indicado en la tabla de enrutamiento.

Esta prueba puede realizarse desde el modo usuario en su formato básico; desde el modo privilegiado está disponible tanto en el formato básico como en el extendido.

```
Router#ping
Protocol [ip]:
Target IP address: 172.16.1.1
Repeat count [5]:10
Datagram size [100]:
Timeout in seconds [2]:
Extended commands [n]: y
Source address or interface: 172.16.1.100
Type of service [0]:
Set DF bit in IP header? [no]:
Validate reply data? [no]:
Data pattern [0xABCD]:
Loose, Strict, record, Timestamp, Verbose [none]:
Sweep range of sizes [n]:
```

Los valores entre corchetes [] indican los valores por defecto que asume la variable.

```
Type escape sequence to abort.
Sending 10, 100-byte ICMP Echos to 172.16.1.1, timeout is 2
seconds:
!!!!!!!!!!
Success rate is 100 percent (10/10), round-trip min/avg/max =
32/34/36 ms
```

Prueba para el descubrimiento de rutas

El descubrimiento o "traceo" de rutas se puede realizar utilizando el programa traceroute presente en Cisco IOS.

En este caso se envían 3 paquetes UDP al destino, utilizando los puertos 33434 (el primer paquete), 33435 (el segundo paquete) y 33436 (el tercer paquete). El proceso se inicia enviando primero una secuencia de paquetes UDP con TTL = 1 y a partir de allí se va incrementando el valor del campo TTL de uno en uno hasta llegar al destino o al límite de saltos definido (por defecto 30).

Dado que los paquetes tienen TTL muy bajo, por ejemplo 1, son descartados por el puerto que los recibe cuando el TTL llega a cero y envía como respuesta al origen un paquete ICMP echo time exceded, que es la fuente de la información que muestra al operador.

```
Router#traceroute [protocol] [destination]
```

Las respuestas posibles cuando se ejecuta el comando desde la línea de comando de un router Cisco son:

!H   El router no ha enviado el comando.

P   El protocolo es inalcanzable.

N   La red es inalcanzable.

*   Time out

```
Router#traceroute [destino] source [interfaz]
```
Permite especificar la interfaz a través de la cual se desea enviar los paquetes UDP. Si no se utiliza esta opción el dispositivo define la interfaz de salida (es decir la IP de origen) en función de lo indicado en la tabla de enrutamiento.

Prueba de conectividad completa extremo a extremo

Con este propósito se utiliza el protocolo telnet, ya que es un protocolo de capa de aplicación. Su ejecución exitosa asegura conectividad completa extremo a extremo.

Cuando se utiliza Telnet, el puerto por defecto al cual apunta la sesión TCP es el puerto 23, este valor puede ser modificado utilizando cualquier otro puerto para verificar si el dispositivo destino efectivamente tiene habilitado el puerto que se busca.

```
Router#telnet [destino]
```
Verifica conectividad de capa de aplicación hacia el puerto 23 del dispositivo de destino.

```
Router#telnet [destino] [Puerto]
```
Verifica conectividad de capa de aplicación con el puerto que se identifica en el dispositivo de destino.

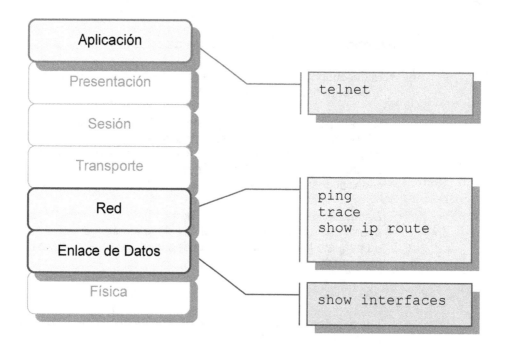

Comandos de visualización y diagnóstico en DOS

Todos los sistemas operativos que incluyen TCP/IP, incluyen también algunas utilidades para la configuración y gestión de los protocolos, sea por CLI o GUI.

En el caso de terminales Microsoft Windows 10:

```
C:>ipconfig
```

Muestra la configuración TCP/IP actual del dispositivo, incluyendo dirección IP, máscara de subred y gateway para todos los adaptadores.

```
C:>ipconfig/all
```

Muestra la configuración completa incluyendo configuración de DHCP y DNS.

```
C:>ping localhost
C:>ping 127.0.0.1
C:>ping [IP]

C:>tracert [IP]
```

O utilizando la interfaz gráfica:

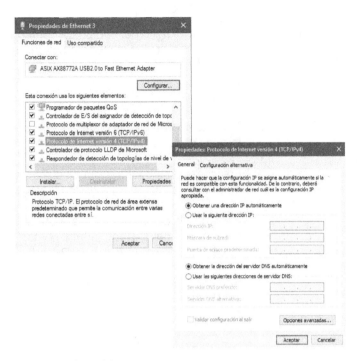

En sistemas operativos Linux:

La misma información se puede obtener utilizando un comando diferente:

```
cisco@ubuntu:~$ifconfig
```

Secuencia o rutina de Inicio

Cuando se enciende un dispositivo Cisco se realizan 3 operaciones principales: se verifica el hardware del dispositivo, se carga una imagen de sistema operativo y se aplica una configuración.

En primer lugar, se ejecutan las rutinas de verificación inicial del hardware:

- El dispositivo es encendido.

- Se ejecuta el POST del dispositivo desde la ROM. En este proceso se verifica cuáles son los componentes de hardware presentes y si son funcionales.

A continuación, se ejecutan las rutinas de inicio que concluyen con la carga del sistema operativo.

- Carga el Bootstrap que también se encuentra en la ROM y lo ejecuta verificando la operación de la CPU, la memoria y las interfaces.

- Carga el Monitor de ROM y lo ejecuta.

- El Monitor de ROM revisa el campo de booteo del registro de configuración para obtener información sobre el lugar en el que buscar la imagen del sistema operativo.

  o Si el último dígito del campo de booteo es 0 (p.e. 0x2100), no continúa y entra en el modo monitor de ROM.

  o Si el último dígito es 1 (p.e. 0x2101), se carga la primera imagen disponible en la memoria flash.

  o Si el último dígito está entre 2 y F (p.e. 0x2102) carga la primer imagen válida especificada utilizando los comandos boot system.

  o Los comandos boot system se ejecutan de modo secuencial, de acuerdo al orden en que fueron ingresados.

  o Si todos los comandos boot system fallan o no encuentra comandos boot system, intenta cargar la primera imagen válida de la memoria flash.

  o Si no encuentra una imagen válida en la flash intentará 5 veces encontrar un servidor TFTP con una imagen que utilice el nombre por defecto.

  o Si no encuentra una imagen válida del IOS, inicializa la imagen de booteo almacenada en la ROM, cuando existe.

  o Si esta opción no es válida, el sistema mostrará el prompt del monitor de ROM y esperará la intervención del usuario.

 El proceso aquí descripto es el que corresponde a los routers Cisco ISR y puede cambiar en diferentes plataformas.

Concluida esta verificación inicial el dispositivo descomprime y carga la imagen del sistema operativo a la RAM y la ejecuta desde allí. Normalmente la imagen de IOS se encuentra guardada en la memoria flash pero también puede ser cargada a partir de otras fuentes como es un servidos TFTP.

 Algunos dispositivos no cargan la imagen en la RAM sino que la ejecutan directamente desde la memoria flash.

Finalmente se busca un archivo de configuración almacenado en la NVRAM y lo aplica.

- Busca un archivo de configuración válido.

  o Si encuentra un archivo válido en la NVRAM lo carga en la RAM y ejecuta cada uno de los comandos que contiene.

  o Si no encuentra un archivo de configuración válido y detecta un enlace activo hacia otro dispositivo configurado, realiza una búsqueda TFTP de un archivo de configuración utilizando la dirección de broadcast.

o Finalmente, si no encuentra un archivo de configuración ingresa en el modo setup y pide al operador que ingrese parámetros de configuración.

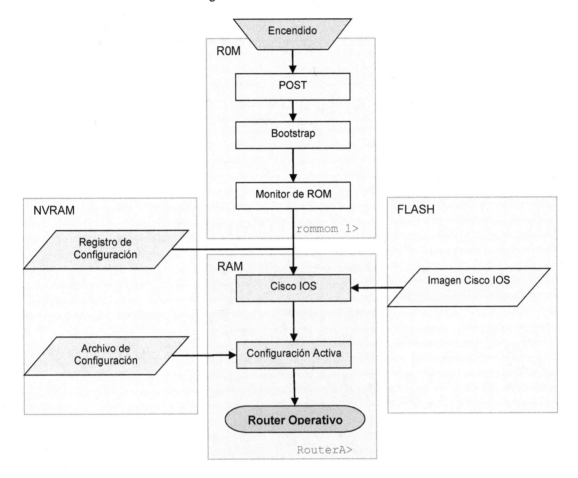

Sintetizando:

- Se enciende el dispositivo.

- Ejecuta el POST.

- Carga del Bootstrap.

- Lee el Registro de Configuración.

- Carga la imagen de Cisco IOS.

- Carga el Archivo de Configuración.

El Registro de Configuración

Se trata de un registro de 16 bits de longitud guardado en una posición fija de la NVRAM y que contiene las instrucciones básicas para el arranque del dispositivo: dónde buscar la imagen del IOS, si debe leer o no la NVRAM, la velocidad del puerto consola, etc.

Se expresa en nomenclatura hexadecimal: 0x2102. Los caracteres 0x sólo indican que lo que se encuentra a continuación está expresado en hexadecimales.

Valor por defecto en routers: 0x2102

Los últimos 4 bits (el último dígito hexadecimal) conforman el campo de inicio (boot field) e indican el modo en que el dispositivo debe localizar la imagen de sistema operativo.

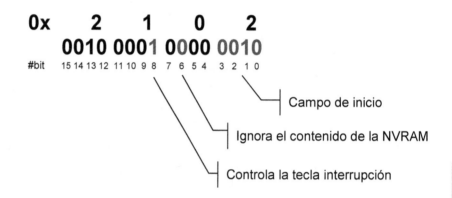

Valores más frecuentes:

- 0x2100
  El router no carga una imagen del IOS sino que ingresa en modo monitor ROM.

- 0x2101
  Indica que el dispositivo debe iniciar utilizando la imagen de IOS en la ROM. En las plataformas que no tienen esta posibilidad, indica que se arranca utilizando la primera imagen válida en la memoria flash.

- 0x2102 a 0x210F
  Indica al router que debe cargar los comandos boot system que se encuentran en la NVRAM.
  Si no hay comando boot system configurado, se lee la primer imagen válida almacenada en la flash.

- 0x2142
  Indica que el router debe examinar los comandos boot systems, pero ignorar la configuración almacenada en la NVRAM, forzando el modo setup.

Modificación del registro de configuración

```
Router#configure terminal
Router(config)#config-register 0x2102
```

Modifica el valor actual del registro de configuración y lo define como 0x2102.

El cambio tendrá efecto la próxima vez que se reinicie el dispositivo.

```
Router(config)#boot system flash:c2900-universalk9-mz.bin
Router(config)#boot system tftp:\10.16.1.1\c2900-universalk9-mz.bin
```

Definen la fuente desde la cual se debe leer la imagen de IOS y el nombre de la misma.

Se deben ejecutar en el mismo orden en el que han sido ingresados.

Verificación del valor del registro de configuración

```
Router#show version
```

Muestra en formato hexadecimal el valor del registro de configuración. Si se ha modificado el registro, se indica cuál es el valor con el que ha iniciado y cuál utilizará en el próximo reinicio del dispositivo.

 El único comando que permite verificar el valor del registro de configuración es show version.

Comandos para copia de resguardo de la imagen de Cisco IOS

 Como para esta tarea se utiliza el comando copy, se aplican en este caso todas las consideraciones respecto de la estructura del comando que se desarrollaron antes.

Para copiar una imagen del sistema operativo almacenada en un servidor tftp a la memoria flash del dispositivo:

```
Router#copy tftp:c2900-universalk9-mz.bin flash:
```

Para hacer una copia de respaldo de la imagen del sistema operativo contenida en la memoria flash a un servidor tftp.

```
Router#copy flash: c2900-universalk9-mz.bin tftp:
```

Procedimiento para recuperación de claves

Cuando por diferentes motivos no contamos con la información de las claves de acceso de un dispositivo es necesario apelar a un procedimiento que nos permita recuperar el acceso a la gestión del dispositivo sin perder la configuración ya existente en el mismo.

Este procedimiento se base en varios conceptos básicos de IOS:

- Los dispositivos Cisco IOS no utilizan claves por defecto.

- Las claves que aseguran el acceso están contenidas en el archivo de configuración.

- Si es posible interrumpir la rutina de inicio del dispositivo, entonces se puede cargar el sistema operativo, no cargar el archivo de configuración, ingresar al modo privilegiado y luego cargar el archivo de configuración.

De este modo, cuando se termina la carga de la configuración ya estaremos en el modo privilegiado y no requerirá ya claves de acceso, con lo que es posible definir unas nuevas.

 Diferentes dispositivos pueden presentar diferencias en el procedimiento de recuperación de claves. El detalle correspondiente a cada dispositivo puede encontrarse en línea en el sitio web de Cisco Systems.

Procedimiento de recuperación de claves en routers ISR

- Reinicie el dispositivo.

- Interrumpa la secuencia de arranque para forzar el ingreso en el modo Monitor de ROM utilizando la combinación de teclas Ctrl+Break.

```
rommon 1>_
```

- Cambie el registro de configuración de modo tal que al arrancar no lea la memoria NVRAM en busca del archivo de configuración.

```
rommon 1>confreg 0x2142
```

- Reinicie el router para que inicie siguiendo las indicaciones del nuevo registro de configuración.

```
rommon 2>reset
```

- El router arrancará normalmente, cargará el sistema operativo y al no encontrar un archivo de configuración válido ingresará al modo setup.

- Salga del modo setup e ingrese al modo privilegiado.

```
Router>_
Router>enable
Router#_
```

- Ahora que se encuentra ya en modo privilegiado copie la configuración de la NVRAM a la RAM. De este modo recupera la configuración original del dispositivo.

```
Router#copy startup-config running-config
LAB_A#_
```

- Dado que se encuentra en modo privilegiado puede ingresar a modo configuración y cambiar la clave de acceso a modo privilegiado por una nueva clave.

```
LAB_A#config terminal
LAB_A(config)#enable secret SuNuevaClave
```

- Es necesario regresar el registro de configuración a su valor original para que en el próximo reinicio se cargue el archivo de configuración almacenado en la NVRAM.

```
LAB_A(config)#config-register 0x2102
```

- Grabe en la startup-config los cambios realizados.

```
LAB_A#copy running-config startup-config
```

CDP Cisco Discovery Protocol

- CDP es un protocolo propietario de Cisco que opera en la capa de enlace de datos, independiente de los medios y los protocolos de capa de red.

- Es un protocolo de descubrimiento de dispositivos vecinos o adyacentes.

- En los dispositivos Cisco, todas las interfaces son CDP activas por defecto.

- Se propaga en formato de broadcast de capa 2.

- Entre la información que recoge se encuentra:

  o Identificador del dispositivo.

  o Lista de direcciones de capa de red.

  o Identificador de puerto local y remoto.

  o Lista de capacidades.

  o Plataforma.

Comandos CDP

```
Router#show cdp
Global CDP information:
```

```
            Sending CDP packets every 60 seconds
            Sending a holdtime value of 180 seconds

Router#configure terminal
Router(config)#cdp run
Router(config)#no cdp run
```

Activa o desactiva a nivel global el protocolo.

Por defecto, CDP se encuentra activo en todos los dispositivos Cisco IOS.

```
! Disable CDP Globally
```

 Atención: CDP tiene 2 niveles de activación. Activación global es decir, en todo el dispositivo; y activación por interfaz.
Sea cuidadoso, los comandos en cada caso son diferentes.

```
Router(config)#interface serial 0/0/0
Router(config-if)#cdp enable
Router(config-if)#no cdp enable
```

Activa o desactiva el protocolo a nivel de la interfaz.

Por defecto, CDP se encuentra activo en todas las interfaces del dispositivo salvo en las subinterfaces Frame Relay multipunto y en las interfaces ATM.

```
! Disable on just this interface
Router(config-if)#exit
Router(config)#cdp timer 90
Router(config)#cdp holdtime 270
```

Modifica los temporizadores del protocolo.

```
Router#clear cdp counters
Router#clear cdp table
```

Monitoreo de información CDP

```
Router#show cdp ?
entry      Information for specific neighbor entry
interface  CDP interface status and configuration
neighbors  CDP neighbor entries
traffic    CDP statistics
<cr>

Router#show cdp neighborg
Capability Codes: R - Router, T - Trans Bridge, B - Source Route
                  Bridge, S - Switch,s H - Host, I - IGMP,
                  r - Repeater
Dev.ID    Local Intrfce   Holdtme  Capability  Platform  Port ID
Sistemas  Gig 0/0         238      S I         WS-2960   Fa0/1
Central   Ser 0/0/0       138      R S I       2911      S0/0/0
Server    Ser 0/0/1       138      R S I       2911      S0/0/0
```

Holdtime: indica el tiempo por el que se mantendrá la entrada en la tabla, mientras no se reciba una actualización del vecino.

El formato de esta tabla puede variar en diferentes dispositivos, pero la información que contiene es siempre consistente.

```
Router#show cdp entry [ID del dispositivo]
-------------------------
Device ID: Router
Entry address(es):
   IP address: 10.9.9.3
Platform: Cisco 2911,  Capabilities: Router
Interface: GigabitEthernet0/2,  Port ID (outgoing port):
GigabitEthernet0/0
Holdtime : 133 sec

Version :
Cisco IOS Software, 2900 Software (C2900-UNIVERSALK9-M), Version
15.1(4)M4
, RELEASE SOFTWARE (fc1)
Technical Support: http://www.cisco.com/techsupport
Copyright (c) 1986-2012 by Cisco Systems, Inc.
Compiled Thurs 5-Jan-12 15:41 by ccai

advertisement version: 2
Duplex: full

Router#show cdp entry *
Router#show cdp neighborg detail
Router#show cdp traffic
CDP counters :
        Packets output: 0, Input: 0
        Hdr syntax: 0, Chksum error: 0, Encaps failed: 0
        No memory: 0, Invalid packet: 0, Fragmented: 0

Router#show cdp interface [tipo] [ID]
```

Utilización de LLDP

En dispositivos Cisco IOS es habitual utilizara CDP para realizar tareas de descubrimiento de vecinos. Sin embargo, CDP tiene una limitación básica dada por el hecho de que se trata de un protocolo propietario de Cisco.

Para permitir el descubrimiento de dispositivos no Cisco los switches Catalyst soportan también LLDP.

- Protocolo estándar definido por la IEEE bajo el rótulo IEEE 802.1AB.

- Permite que los dispositivos compartan información de sí mismos con otros dispositivos de la red.

- Opera sobre la capa de enlace de datos (permite que 2 dispositivos que utilizan diferente protocolo de capa 3 intercambien información entre sí).

- Sólo permite solicitar información de otros dispositivos que corren el mismo protocolo.

- Utiliza atributos TLV para enviar y recibir la información.

Configuración de LLDP

- Tiene 2 niveles de activación: global y por interfaz.

- Debe activarse globalmente primero, para luego activarlo en cada interfaz.

- Se soporta solamente en interfaces físicas.

- Puede descubrir hasta 1 dispositivo por puerto.

- Puede detectar servidores Linux.

```
Router#configure terminal
Router(config)#lldp run
```

Habilita globalmente la operación del protocolo. A partir de estar habilitado globalmente está disponible en todas las interfaces físicas.

```
Router(config)#interface GigabitEthernet 0/1
Router(config-if)#lldp transmit
```

Habilita el envío de información LLDP a través de la interfaz.

```
Router(config-if)#lldp receive
```

Habilita la recepción de tramas LLDP a través de la interfaz.

2.4. Conmutación LAN

> 📝 Las abreviaturas y siglas utilizadas en este manual se encuentran desarrolladas en el Glosario de Siglas y Términos de Networking que está disponible en la Librería en Línea de EduBooks:
> https://es.scribd.com/document/292165924/Glosario-de-Siglas-y-Terminos-de-Networking-version-1-2

Las redes LAN Ethernet están sometidas a múltiples limitaciones fruto de utilizar un medio compartido sometido a ruido y atenuaciones, y la existencia de condiciones operativas como la presencia potencial de colisiones y una ventana de tiempo asociada (ventana de colisiones).

Dominios de colisión y dominios de broadcast

La forma de expandir una red LAN Ethernet sin afectar la performance de la misma, es separando segmentos de red. Hay 2 formas de segmentar la red:

* Dividir Dominios de Colisión.
  Es un segmento de red que comparte el ancho de banda disponible entre múltiples dispositivos terminales; como consecuencia cuando dos o más dispositivos conectados al mismo segmento intentan comunicarse entre sí es posible que se produzca una colisión.
  En este sentido es deseable reducir el tamaño de los dominios de colisión, para lo cual se deben utilizar dispositivos que operan en la capa 2 o superiores del modelo OSI.

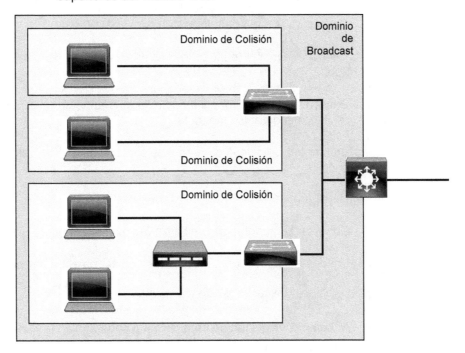

Los hubs extienden los dominios de colisión, mientras que switches y routers los limitan. Los switches reducen las colisiones y permiten una mejor utilización del ancho de banda en los segmentos de red, ya que ofrecen un ancho de banda dedicado para cada segmento de red.

- Dividir Dominios de Broadcast.
Se trata de una porción de red en la que, a pesar de que pudo haber sido segmentada en capa 2 es aún una unidad a nivel de capa 3 por lo que un paquete de broadcast es transmitido a todos los puertos conectados.
Si bien los switches filtran la mayoría de las tramas según las direcciones MAC de destino, no hacen lo mismo con las tramas de broadcast. Un conjunto de switches interconectados forma un dominio de broadcast simple.
Para dividir dominios de broadcast es necesario implementar VLANs o dispositivos que operan en la capa 3 del modelo OSI, tales como switches multilayer o routers.

Características básicas de un switch

- Alta densidad de puertos.

- Gran disponibilidad de buffers de memoria para las tramas.

- Alta velocidad de los puertos.

- Conmutación interna más rápida.

Los switches, dentro de la red, cumplen 3 funciones básicas:

- Operan en la capa de enlace del modelo TCP/IP.

- Reenvían, filtran o inundan tramas en base a una tabla de direcciones MAC.

- Poseen muchos puertos full-dúplex para segmentar una red LAN grande en varios segmentos menores.

- Brindar alta velocidad de reenvío y soportar diferentes velocidades en los puertos.

Los switches permiten:

- Conectar segmentos de LAN aislando las colisiones.

- Pueden establecer comunicaciones dedicadas entre dispositivos.

- Permiten múltiples conversaciones simultáneas.

- Adaptan la velocidad de transmisión a cada equipo terminal.

Operaciones básicas de un switch

- Conmutación de tramas

- Mantenimiento de operaciones

  - Aprendizaje de direcciones MAC

  - Resolución de bucles de capa 2.

Para conmutar las tramas de unicast el switch procesa las tramas Ethernet de la siguiente manera:

1. Cuando se recibe una trama unicast en un puerto, se compara la dirección MAC de destino con las direcciones contenidas en la tabla de direcciones MAC.

2. Si como resultado de esa comparación encuentra que la dirección MAC de destino se encuentra en el mismo segmento de red que el origen, no reenvía la trama. Este proceso es denominado filtering.

3. Si el resultado de la comparación indica que la dirección MAC de destino no está en el mismo segmento de red que el origen, la trama se reenvía al segmento correspondiente.

4. Si la dirección MAC de destino no se encuentra en la tabla de direcciones MAC la trama se reenvía por todos los puertos excepto aquel a través del cual se ha recibido. Este proceso recibe el nombre de flooding.

Si un dispositivo de capa 2 no encuentra la dirección de destino de la trama en su tabla de direccionamiento, envía la trama por todos los puertos salvo por el puerto de origen (flooding).

Si un dispositivo de capa 3 no encuentra la dirección de destino del paquete en su tabla de enrutamiento, descarta el paquete.

Los switches permiten:

- Asegurar un ancho de banda dedicado (no compartido) para las comunicaciones.

- Proporcionar la posibilidad de operación full-dúplex para que los dispositivos terminales puedan enviar y recibir al mismo tiempo.

Los switches reducen el tamaño de los dominios de colisión, aumentando la cantidad de dominios de colisión existentes.

Instalación del switch

Para realizar la instalación de un switch es necesario considerar aspectos físicos del mismo y otros vinculados a la operación del sistema operativo:

- Antes de instalar el switch se deben verificar los requerimientos de alimentación eléctrica y circulación de aire.

- Hay varias posibilidades diferentes de montaje físico:

  o Montado en un rack.

  o Montado directamente en una pared.

  o Montado en una mesa o estante.

- Verificar el cableado de red.

- Conectar el cable de energía eléctrica para que el dispositivo inicie.

- El dispositivo ejecutará el POST y luego cargará sistema operativo y configuración.

LEDs indicadores del switch

Generalmente la línea de comando es la herramienta utilizada para realizar tareas de diagnóstico o monitoreo. Sin embargo el switch incluye varios LEDs que provee información sobre estado útil para una tarea de diagnóstico.

En pleno funcionamiento los LEDs en color verde indican una operación normal, y algún problema es enunciado poniendo el LED en color ámbar.

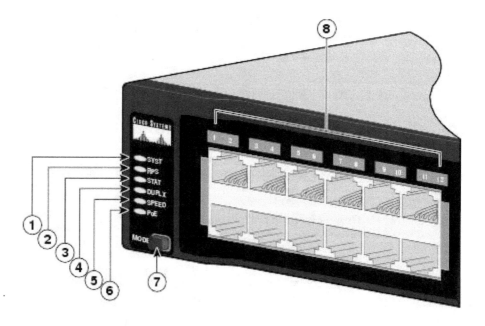

1 - LED de sistema. Muestra el estado general del dispositivo.

- Apagado: El sistema no está encendido.

- Verde: Sistema encendido y operacional.

- Ámbar: Error en el POST.

2 - LED de fuente redundante. Manifiesta el estado de una fuente de alimentación externa.

- Apagado: Fuente redundante apagada o no instalada.

- Verde: Fuente operacional.

- Parpadeando en verde: La fuente no está disponible pues está proveyendo a otro dispositivo.

- Ámbar: La fuente redundante no está operacional.

- Parpadeando en ámbar: La fuente interna ha fallado y está operando la fuente redundante.

3 - Port Stat. Indica que los LEDs de puerto (8) permiten verificar el estado de cada puerto.

- Apagados: No hay un enlace activo.

- Verde: Enlace activo, sin actividad.

- Parpadeante en verde: Enlace activo con actividad de tráfico.

- Alternando verde y ámbar: Fallo en el enlace.

- Ámbar: puerto bloqueado administrativamente.

4 – LED indicador de dúplex. Indica que los LEDs de puerto (8) manifiestan el modo en que está operando cada puerto.

- LED de puerto en verde: Está operando en modo full dúplex.

- LED de puerto apagado: El puerto está operando en modo half dúplex.

5 – LED indicador de la velocidad. Cuando está encendido indica que los LEDs de puerto (8) indican velocidad en la que opera el mismo.

- Apagado: Indica 10 Mbps.

- Verde: Indica 100 Mbps.

- Parpadeante en verde: Indica 1 Gbps.

6 – LED indicador de PoE. En aquellos switches con soporte PoE manifiesta que los LEDs de puerto (8) indican el suministro o no de energía.

- Encendido: Suministrando energía.

- Apagado: No hay suministro de energía.

7 – Botón de modo. Permite alternar cíclicamente el significado de los LEDs de puerto (8) colocando alternativamente en verde los LEDs 3 a 6.

Stack de switches

En redes LAN típicas es frecuente encontrar 2 o más switches de acceso en un mismo rack para tener suficientes puertos de acceso para los dispositivos terminales. La acumulación de situaciones como esta provoca un requerimiento creciente de enlaces redundantes y gestión.

Cisco StackWise es una tecnología aplicada para consolidar switches de acceso o distribución que se encuentran instalados en un mismo sitio o rack.

- Se pueden consolidar hasta 9 switches.

- El stack se gestiona como una unidad. Esto facilita la gestión de la red.

- Los switches del stack están conectados entre sí utilizando cables de conexión y puertos especiales que permiten generar un circuito cerrado entre ellos.

- Los switches que son parte del stack comparten el archivo de configuración y la información de enrutamiento. Operan como una unidad.

- El stack posee una única IP de gestión, y se gestiona como una unidad.

- La información de configuración y de enrutamiento se mantiene actualizada a través del cableado del stack.

- Se elige un máster switch que controla el stack.

- Se pueden agregar o quitar switches del stack sin afectar la performance.

- Cuando se agrega un switch al stack el máster automáticamente lo incorpora compartiendo la imagen de IOS y el archivo de configuración que implementa el stack.

- Múltiples switches en stack son considerados como una unidad para la implementación de EtherChannel y Spanning Tree.

Configuración básica del switch Catalyst 2960

 El dispositivo que se toma de base para el examen de certificación CCNA R&S es el switch Cisco Catalyst 2960.

Configuración de acceso de gestión y claves de acceso.

```
Switch>enable
Switch#configure terminal
Enter configuration commands, one per line.  End with CNTL/Z.
Switch(config)#username xxxxx password 0 xxxxx
Switch(config)#ip domain-name mydomain.com
```

Define un nombre de domino que por defecto completa el hostname. Cuando no se define ningún nombre de dominio se utiliza por defecto cisco.com

```
Switch(config)#crypto key generate rsa
Switch(config)#ip ssh version 2
Switch(config)#line vty 0 15
Switch(config-line)#login local
Switch(config-line)#transport input ssh
Switch(config-line)#exit
Switch(config)#line con 0
Switch(config-line)#login
% Login disabled on line 0, until 'password' is set
Switch(config-line)#password [clave]
Switch(config-line)#exit
Switch(config)#enable secret [clave]
Switch(config)#service password-encryption
Switch(config)#ip http server
```

Configuración del nombre del dispositivo.

```
Switch(config)#hostname Swtich_2960
```

Configuración de una dirección IP.

```
Switch_2960(config)#interface vlan1
```

En los switches LAN la VLAN de management por defecto es la VLAN 1.

El comando permite acceder al modo de configuración de la interfaz virtual vlan1, a la que se le puede asignar una dirección IP con propósitos de management.

 ¡Atención!: No se está configurando una IP en un puerto del switch. Es la dirección IP del dispositivo con propósito exclusivamente de administración.
La interfaz vlan es una interfaz virtual, no una interfaz física.

```
Switch_2960(config-if)#ip address 172.16.5.2 255.255.255.0
```

```
Switch_2960(config-if)#no shutdown
```

La interfaz vlan no está operativa por defecto, por lo que es necesario habilitarla administrativamente para que comience a ser operacional.

```
Switch_2960(config-if)#exit
Switch_2960(config)#ip default-gateway 172.16.5.1
```

Define un default-gateway para la interfaz de management del switch. No es necesario aplicar este comando en switches capa 3.

Configuración de interfaces.

```
Switch_2960(config)#interface FastEthernet 0/1
```

 Por defecto, todas las interfaces del switch Catalyst están en modo de auto negociación para velocidad y modo full / half-dúplex, y pertenecen a la VLAN 1.

 A diferencia de las interfaces del router, las interfaces del switch están todas administrativamente habilitadas por defecto.

```
Switch_2960(config-if)#duplex full
Switch_2960(config-if)#speed 100
Switch_2960(config-if)#description puerto servidor 2
```

Comandos de monitoreo

```
Switch_2960#show ip interface brief
Switch_2960#show mac-address-table
Switch_2960#clear mac-address-table
Switch_2960#show interface status
Switch_2960#show running-config
Switch_2960#show version
Switch_2960#show flash
```

 Para revisar las prestaciones de los comandos show que son comunes con los routers, verifique los capítulos correspondientes.

```
Switch_2960#show flash
Directory of flash:/

2  -rwx  736 Mar 1 1993 22:58:54 +00:00  vlan.dat
3  drwx  512 Mar 1 1993 00:07:35 +00:00  c2960-lanbase-mz.122-35.SE

27998208 bytes total (19312640 bytes free)
```

```
Switch_2960#show mac-address-table
            Mac Address Table
-------------------------------------------------
Vlan    Mac Address       Type       Ports
----    -----------       --------   -----
 All    000a.f450.5d40    STATIC     CPU
 All    0100.0ccc.cccc    STATIC     CPU
 All    0100.0ccc.cccd    STATIC     CPU
 All    0100.0cdd.dddd    STATIC     CPU
  1     0004.75cd.b87e    DYNAMIC    Fa0/3
  1     0007.eb33.aa19    DYNAMIC    Fa0/6
  1     00e0.59aa.195b    STATIC     Fa0/23
Total Mac Addresses for this criterion: 7
```

Borrar la configuración

```
Switch_2960#erase startup-config
Erasing the nvram filesystem will remove all files! Continue?
[confirm]
[OK]
Erase the nvram:complete

Switch_2960#delete flash:config.text
Delete filename [config.text]?
Delete flash:config.text? [confirm]

Switch_2960#delete flash:vlan.dat
Delete filename [vlan.dat]?
Delete flash:vlan.dat? [confirm]
```

En el caso de los switches Catalyst, si se desea volver el dispositivo a valores por defecto, es necesario no sólo borrar el archivo de configuración de respaldo sino también la base de datos de VLANs que se guarda en un archivo aparte.

Optimización de performance de la red conmutada

Originalmente Ethernet fue pensada como una red de medio compartido en la que todas las terminales estaban conectadas a un único circuito que se construía a partir de un cable coaxial. Desde ese punto inicial se ha avanzado mucho, incorporando nuevos medios físicos y nuevas prestaciones que le han permitido convertirse en una de las tecnologías dominantes en la actualidad.

Las redes Ethernet actuales son complejas y tienen requerimientos particulares en función de la diversidad de dispositivos conectados, de capacidad de los enlaces y los requerimientos de redundancia. En función de esto, es necesario trabajar con tecnologías vinculadas a Ethernet que expanden su capacidad.

Determinación de dúplex y velocidad

Half Dúplex

Reciben la denominación de half dúplex aquellas tecnologías que utilizan un único circuito compartido para mantener comunicaciones bidireccionales. Esto implica que la comunicación es alternadamente en un sentido u otro, no es posible la comunicación en ambos sentidos a la vez.

Este modo de operación genera una performance baja debido a que cada extremo para transmitir debe aguardar su turno. Adicionalmente, en este tipo de comunicaciones las colisiones son otro elemento a tener en cuenta al evaluar performance. Por esto también requiere la implementación de CSMA/CD.

Full Dúplex

En las comunicaciones full dúplex se utilizan 2 circuitos para conectar a transmisor y receptor: una se utiliza para enviar información, el otro para recibir. Esto hace que cada dispositivo terminal pueda enviar y recibir simultáneamente.

Paralelamente, al utilizar 2 circuitos no hay riesgo de colisiones y por lo tanto se suprimen todos los tiempos de espera aumentando significativamente la performance de la comunicación. En conexiones full dúplex CSMA/CD se encuentra desactivado.

Por sus características solo permite conexiones punto a punto y requiere que se soporte el modo full dúplex tanto en el transmisor como en el receptor.

 La principal causa de fallos, en este aspecto, es la falta de coincidencia en la configuración half/full dúplex de ambos extremos de la comunicación.

Mejora realmente el ancho de banda del enlace ya que ambos extremos pueden transmitir simultáneamente.

Adicionalmente, en una red de mediana o gran complejidad encontramos enlaces de diferentes velocidades en diferentes puntos de la red. Para facilitar la operación en un mismo enlace de puertos de diferente capacidad, se pueden utilizar las funciones de auto negociación previstas en el estándar.

Configuración de condiciones de dúplex y velocidad:

```
SwitchCore(config)#interface FastEthernet 0/1
SwitchCore(config-if)#duplex full
```

Define el modo de operación dúplex del puerto.

Las opciones disponible son auto | full | half. La opción por defecto es auto. En puertos 100Base FX la opción por defecto es full. La opción half no está disponible en puertos configurados para operar como Gigabit Ethernet.

```
SwitchCore(config-if)#speed 100
```

Permite definir la velocidad a la que operará el puerto.

Las opciones disponibles son 10 | 100 | 1000 | auto | nonegotiate.

```
SwitchCore(config-if)#description puerto servidor 2
```

 Para utilizar auto negociación es necesario que ambos extremos del enlace la soporten. Si uno de los extremos no utiliza auto negociación tanto dúplex como velocidad deben definirse manualmente en ambos extremos.

 En caso de no poder negociar IOS coloca el puerto en modo half dúplex. Si los puertos de los terminales están configurados fijos en modo full dúplex esto es causa de que aparezcan colisiones tardías y la conexión caída.

Para verificar la operación de dúplex y velocidad:

```
SwitchCore#show interfaces FastEthernet 0/1
```

Opciones por defecto

- Interfaces 100Base-FX
  - 100 Mbps / Full dúplex
  - No puede auto negociar

- Interfaces Fast y GigabitEthernet
  - Auto negociar
  - Si opera a 1 Gbps sólo full dúplex

Diagnóstico de problemas frecuentes en los switches

Los switches LAN operan en múltiples capas del modelo OSI:

- En capa 1 proporcionan interfaces con el medio físico.

- En capa 2 reenvían tramas en base a la dirección MAC de destino.

- En capa 3 pueden también presentar problemas de conectividad con la IP de gestión del dispositivo.

Problemas frecuentes en medios de cobre

- Está dañado el cableado.

- Han aparecido nuevas fuentes de EMI.

- Han cambiado los patrones de tráfico de la red.

- Se ha instalado nuevo equipamiento.

Problemas frecuentes en medio de fibra óptica

- Pérdidas por curvatura de la fibra.

  o Un radio de curvatura muy pequeño causa escapes de luz.

  o El haz de luz incide en el núcleo o en su revestimiento en un ángulo menor que el ángulo crítico.

  o No hay reflexión interna total y se producen fugas.

- Pérdidas por empalme de la fibra.

Problemas más comunes con los puertos de los switches

- Problemas producto de una configuración disímil de dúplex entre puertos conectados.
  Una posibilidad es que ambos puertos estén configurados manualmente y su configuración sea diferente, en cuyo caso no funcionará.
  La otra posibilidad es que un puerto esté configurado como full dúplex y el otro para que negocie. En este caso el extremo que negocia al no recibir respuesta quedará como half dúplex, y consecuentemente no funcionará.
  La consecuencia en ambos casos es una conexión de muy baja performance con conectividad intermitente.

- Problemas causados por una configuración disímil de velocidad entre los puertos conectados.
  Si ambos extremos de una conexión están configurados con diferente velocidad, no funcionará.
  Cuando uno de los puertos está configurado con una velocidad específica y el otro debe negociar, si falla la auto negociación el puerto verificará qué velocidad está aplicando el otro puerto y se acomodará a ella.

Diseño de la red corporativa

Modelo Jerárquico

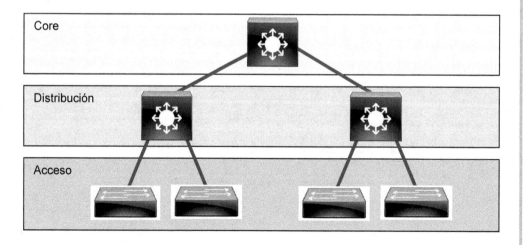

El modelo de diseño jerárquico de tres capas es una propuesta conceptual de alto nivel acerca de cómo debiera ser concebida una red altamente confiable. Sin embargo, por tratarse de un modelo conceptual, no provee de orientaciones de implementación específicas.

En redes complejas o de campus usualmente han de encontrarse las tres capas descriptas, mientras que en redes más pequeñas o acotadas a un solo edificio lo usual es contar con solamente 2 capas: distribución y acceso (también llamado modelo de core colapsado).

El modelo ha sufrido a lo largo de los años una evolución progresiva hasta su formulación actual en la que incorpora switches multilayer tanto a nivel de la capa de distribución como de la capa de core. Incluso en algunos casos es posible encontrar switches capa 3 en la capa de acceso.

Las capas del modelo jerárquico

Este modelo jerárquico está compuesto de 3 capas o niveles básicos:

- La capa de Acceso.
  Es la capa que tiene como función primordial brindar servicios de red a los equipos terminales.
  En las redes actuales, los equipos clientes o terminales están directamente conectados a los puertos de los switches capa 2.
  En esta capa se realiza la asignación o división de VLANs.
  En términos generales se implementan en esta capa dispositivos de bajo costo por puerto.
  Es esta capa se espera:

    o Brindar conectividad a los dispositivos de usuario final.

    o Estabilidad y seguridad.

    o Soporte para el despliegue de tecnologías avanzadas como voz y video.

- La capa de Distribución.
  Es la capa del modelo en la que se da mayor intervención o administración del flujo de información. Es la responsable de brindar conectividad basada en políticas; es un punto de redistribución entre dominios de enrutamiento.
  En esta capa terminan las VLANs y a partir de aquí son enrutadas.
  Se implementan las diferentes políticas de tráfico, tales como selección de rutas, filtrado de tráfico, etc.
  Es la capa en la que se implementa QoS.
  Es esta capa se espera contar con:

    o Enrutamiento y manipulación de los paquetes.

    o Escalabilidad.

- La capa de Core o Núcleo.
  Es la capa del modelo responsable de reenviar tráfico a alta velocidad entre diferentes áreas de la red.
  Aquí es donde se interconectan los dispositivos de capa de distribución.

Requiere de alta velocidad de conmutación, densidad de puertos y resistencia a fallos.
No se implementan políticas en esta capa del modelo.

Por supuesto que a este modelo se debe incorporar redundancia en los dispositivos de capa de core y de distribución, lo que hará a la red tolerante a fallos.

Una red diseñada deficientemente tiene múltiples consecuencias:

- Dominios de broadcast grandes y extendidos.

- Es más complejo de administrar y de brindar soporte.

- Es probable que no se haya atendido suficientemente los requerimientos de seguridad.

- Al no definir claramente fronteras de capa 2 y capa 3 los dominios de fallos son más complejos de definir.

Segmentación de la red implementando VLANs

La implementación de VLANs nos permite dividir la red LAN en múltiples dominios de broadcast diferentes. Cada VLAN es un dominio de broadcast independiente y consecuentemente un red lógica diferente (subred).

Todos los puertos asociados a la misma VLAN comparten un único dominio de broadcast. Puertos en diferentes VLANs son parte de diferentes dominios de broadcast.

La VLAN puede existir en un único switch o propagarse a través de múltiples switches, incluso pueden comunicarse a través de una WAN. Para intercambiar tráfico entre diferentes VLANs es preciso implementar enrutamiento y para esto es necesario que cada VLAN se encuentre asociada a una subred diferente.

Beneficios de la implementación de VLANs

- Reducen los costos de administración.

- Controlan el broadcast.

- Mejoran la seguridad y la performance de la red.

- Permiten agrupar de manera lógica a los usuarios de la red independientemente del punto de conexión físico que estén utilizando.

Creación de VLANs

```
Switch#configure terminal
Switch(config)#vlan [#]
```

Crea la VLAN Ethernet, le asigna un identificador (VID) e ingresa al modo de configuración específico de esa VLAN.

Es posible crear en un único comando varias VLANs separando los VID con comas o un rango.

```
Switch(config-vlan)#name [nombre]
```

Asigna a la VLAN un nombre que será mostrado luego en la configuración y los comandos de visualización. Es una cadena de hasta 32 caracteres ASCII y debe ser único en el dominio.

Si no se define un nombre IOS asigna automáticamente un nombre por defecto que consiste en completar el VID con ceros a la izquierda hasta las 4 cifras. Por ejemplo VLAN 10 se le asigna el nombre VLAN0010.

```
Switch(config-vlan)#exit
Switch(config)#_
```

 No es posible crear o modificar la VLAN 1 que está creada por defecto. Los VIDs 1002 a 1005 están reservados para VLANs Token Ring y FDDI que están creada por defecto y no pueden ser modificadas o removidas.

Un ejemplo:

```
Switch#configure terminal
Switch(config)#vlan 10
Switch(config-vlan)#name CCNA
```

Asignación de puertos a las VLANs

```
Switch#configure terminal
Switch(config)#interface FastEthernet 0/6
Switch(config-if)#switchport mode access
```

Coloca el puerto en modo acceso.

```
Switch(config-if)#switchport access vlan [#]
```

Asocia el puerto a la VLAN que se indica.

Un puerto de acceso pertenece a una sola VLAN al mismo tiempo

```
Switch(config-if)#no switchport access vlan [#]
```

Retira el puerto de la VLAN a la que había sido asociado y retorna a la VLAN 1.

Un ejemplo:

```
Switch(config)#interface FastEthernet 0/6
Switch(config-if)#switchport mode access
Switch(config-if)#switchport access vlan 10
```

El ID de VLAN

Para agregar una VLAN a la base de datos de VLANs es preciso asignarle un número y un nombre. El rango de IDs posible:

- VLAN 1   VLAN Ethernet por defecto.

- VLAN 2 a 1001   Rango "normal".

- VLAN 1002 a 1005   IDs reservados para VLANs Token Ring y FDDI.

- VLAN 1006 a 4094   Rango "extendido".

Cuando se crea una VLAN, si no se le asigna un nombre se le asigna un nombre por defecto asociando el ID con el comando VLAN. Por ejemplo, al crear la VLAN 20 se le asigna automáticamente el nombre VLAN0020.

Uso de interface range

Cuando se debe realizar una configuración semejante en múltiples puertos adyacentes es posible utilizar una variante del comando interface que permite trabajar múltiples puertos con un único comando.

Por ejemplo, cuando necesitamos asignar los puertos FastEthernet 0/1 a 0/8 como puertos de acceso de la VLAN 10 esto es posible hacerlo de una única vez como se muestra a continuación.

```
Switch(config)#interface range FastEthernet 0/1 - 8
Switch(config-if-range)#switchport mode access
Switch(config-if-range)#switchport access vlan 10
```

Verificación de la configuración de VLANs

```
Switch#show vlan
```
Muestra todas las VLANs configuradas y los puertos asignados a cada una.

VLAN	Name	Status	Ports
1	default	active	Fa0/1, Fa0/2, Fa0/3, Fa0/4, Fa0/5
10	CCNA	active	Fa0/6, Fa0/7, Fa0/8, Fa0/9, Fa0/10, Fa0/11
1002	fddi-default	active	
1003	token-ring-default	active	
1004	fddinet-default	active	
1005	trnet-default	active	

VLAN	Type	SAID	MTU	Parent	RingNo	BridNo	Stp	BrdgMode	Trans1	Trans2
1	enet	100001	1500	-	-	-	-	-	0	0
10	enet	100002	1500	-	-	-	-	-	0	0
1002	fddi	101002	1500	-	-	-	-	-	0	0
1003	tr	101003	1500	-	-	-	-	-	0	0

```
1004 fdnet 101004 1500  -    -    -        ieee -      0      0
1005 trnet 101005 1500  -    -    -        ibm -       0      0
```

```
Switch#show vlan brief

VLAN Name                       Status    Ports
---- -------------------------- --------- ------------------------------
1    default                    active    Fa0/1, Fa0/2, Fa0/3, Fa0/4,
                                          Fa0/5
10   CCNA                       active    Fa0/6, Fa0/7, Fa0/8, Fa0/9,
                                          Fa0/10, Fa0/11
1002 fddi-default               active
1003 token-ring-default         active
1004 fddinet-default            active
1005 trnet-default              active
```

```
Switch#show vlan id 10
VLAN Name            Status    Ports
---- -------------    --------- ----------------------
10   CCNA             active    Fa0/6, Fa0/7, Fa0/8, Fa0/9,
                                Fa0/10, Fa0/11
...
```

```
Switch#show vlan name CCNA
```
Da la misma información que el comando `show vlan id`.

```
Switch#show interface FastEthernet0/6 switchport
```
Permite verificar la información de VLANs correspondiente a una interfaz en particular.

```
Name: Fa0/6
Switchport: Enabled
Administrative Mode: dynamic auto
Operational Mode: static access
Administrative Trunking Encapsulation: dot1q
Operational Trunking Encapsulation: native
Negotiation of Trunking: On
Access Mode VLAN: 10 (CCNA)
<se omiten líneas>
```

Tips

- Los switches Catalyst tienen varias VLANs configuradas de fábrica: VLAN 1 (VLAN Ethernet por defecto), VLANs 1002 a 1005 para diferentes medios y protocolos. Estas VLANs no pueden ser modificadas o eliminadas.

- Por defecto todos los puertos de los switches Catalyst están asignados a la VLAN 1.

- La VLAN 1 es la VLAN de gestión o management por defecto.

- Sólo se puede acceder vía telnet o SSH al dispositivo a través de la VLAN de management.

- La dirección IP asignada al switch debe pertenecer a la red o subred de la VLAN de management.

Voice VLAN

Se trata de una prestación incluida en algunos switches Catalyst y que permite superponer una topología para una red de voz con la red de datos de manera tal que la red de voz y la de datos actúen en estructuras lógicas separadas sobre una misma topología física compartida.

- Tener los teléfonos en su propia VLAN facilita la resolución de problemas de red.

- También permite priorizar el tráfico de voz respecto del tráfico de datos.

Para implementar esta prestación se debe crear en primer lugar la VLAN y luego agregarla al puerto especificando que se trata de una VLAN de voz.

```
Switch#configure terminal
Switch(config)#vlan [ID]
Switch(config-vlan)#name [NOMBRE]
Switch(config-vlan)#exit
Switch(config)#interface FastEthernet [ID]
Switch(config-if)#switchport voice vlan [#]
```

Un ejemplo:

```
Switch#configure terminal
Switch(config)#vlan 10
Switch(config-vlan)#name CCNA
Switch(config-vlan)#vlan 110
Switch(config-vlan)#name TELEFONIA
Switch(config-vlan)#exit
Switch(config)#interface FastEthernet 0/6
Switch(config-if)#switchport mode access
Switch(config-if)#switchport access vlan 10
Switch(config-if)#switchport voice vlan 110
```

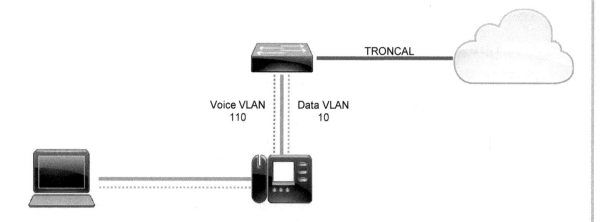

```
Switch#show interface FastEthernet0/6 switchport
Name: Fa0/6
Switchport: Enabled
Administrative Mode: dynamic auto
Operational Mode: static access
Administrative Trunking Encapsulation: dot1q
Operational Trunking Encapsulation: native
Negotiation of Trunking: On
Access Mode VLAN: 10 (CCNA)
Trunking Native Mode VLAN: 1 (default)
Administrative Native VLAN tagging: enabled
Voice VLAN: 110 (TELEFONIA)
<Se omiten líneas>
```

Tipos de puertos o enlaces

Cuando se cuenta con múltiples VLANs que están distribuidas por diferentes switches es necesario transportar el tráfico de las VLANs a través del backbone de la red. Para poder transportar múltiples VLANs sobre un único enlace físico es preciso definir ese enlace como puerto troncal.

- Puertos de acceso.
  Puerto al que se conecta un dispositivo terminal y que pertenece a una única VLAN.

- Puerto troncal.
  Permiten el transporte de múltiples VLANs a través de varios switches manteniendo la pertenencia de cada trama a la VLAN correspondiente. Cada trama es identificada con una etiqueta que indica a qué VLAN pertenece.

¿Qué es un Enlace Troncal?

Se denomina enlace troncal (en inglés trunk link) a un enlace punto a punto entre switches Ethernet que transporta múltiples VLANs. Su implementación permite optimizar el empleo de los enlaces disponibles.

Beneficios de la utilización de enlaces troncales:

- Disminuye el requerimiento de puertos físicos.

- Permite un manejo más eficiente de la carga.

Un enlace troncal se establece activando la funcionalidad de puerto troncal en los puertos ubicados en cada extremo del enlace. Esta activación puede hacerse de modo manual o automático a través de la negociación entre dispositivos vecinos.

 Los puertos del switch Catalyst 2960 están por defecto en modo "dynamic auto", es decir, implementan el protocolo DTP en función del cual, si detectan en el otro extremo del cable una terminal, trabajan en modo acceso; si detectan en el otro extremo un puerto troncal, pasan a modalidad troncal.

Se puede implementar troncales utilizando enlaces de 100Mbps o superiores que conectan punto a punto dos switches, un switch con un router o con un servidor (en este caso el servidor debe contar con una placa con soporte para el protocolo IEEE 802.1Q).

Al habilitar un puerto como troncal en un switch Catalyst, por defecto transporta todas las VLANs configuradas en el switch.

IEEE 802.1Q

Para identificar la VLAN a la que corresponde cada trama que circula sobre un enlace troncal los switches implementan el procedimiento denominado VLAN tagging o etiquetado de tramas. Para esto el switch que envía la trama agrega una etiqueta al encabezado incluyendo el VID antes de copiar la trama al enlace troncal.; por su parte el switch que recibe la trama remueve esa etiqueta antes de reenviarlo por sus otros puertos.

Para esta tarea los switches implementan en los puertos troncales el protocolo IEEE 802.1Q, estándar para el etiquetado de tramas sobre enlaces troncales.

- Inserta una etiqueta de 4 bytes en el encabezado Ethernet.

- Debe recalcular el campo FCS.

- Permite establecer 8 diferentes niveles de prioridad (IEEE 802.1p).

- Implementa el concepto de VLAN nativa. No marca las tramas pertenecientes a esta VLAN.

En los switches Catalyst todas las VLANs configuradas en el switch son transportadas por defecto cuando se habilita un enlace troncal.

Trama Ethernet

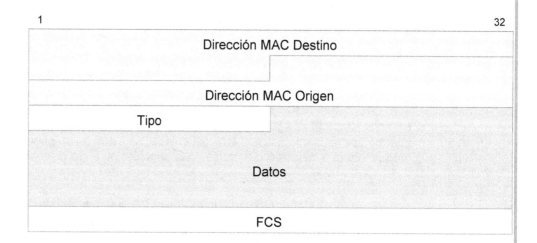

Trama IEEE 802.1Q

Cuando una trama Ethernet se copia en un enlace troncal se le agrega la
información de la VLAN a la que pertenece utilizando una etiqueta 802.1Q. Dado
que se modifica la trama también se debe recalcular el campo FCS.

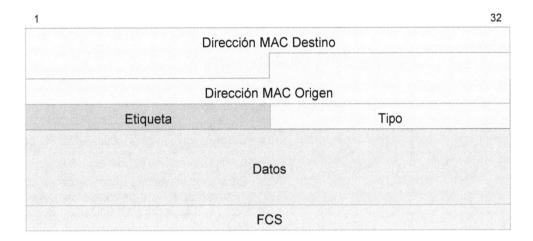

Estructura de la etiqueta 802.1Q

Tipo	Prior.	VLAN ID

- Tipo
  16 bits.
  Desplaza al campo tipo original del encabezado Ethernet, con el valor
  0x8100 para indicar que se trata de una trama etiquetada con 802.1Q.

- Prioridad
  4 bits.
  En realidad utiliza 3 bits para identificar diferentes niveles de prioridad (se
  aplica a implementaciones de QoS y permite marcar hasta 8 clases). El bit
  final es llamado marcador y al estar en 1 indica que se trata de direcciones
  MAC en formato "no canónico".

- VLAN ID
  12 bits.
  Contiene el VLAN ID correspondiente a la VLAN a través de la cual se está
  reenviando la trama.

VLAN Nativa

El estándar IEEE 8022.1Q establece que todas las VLANs transportadas sobre un
enlace troncal se transportan con la correspondiente identificación (VID) salvo la
llamada VLAN Nativa que no se identifica (untagged VLAN). Todo el tráfico no
marcado que se recibe en un puerto troncal 802.1Q se envía a la VLAN nativa.

En los switches Cisco Catalyst la VLAN nativa por defecto es la VLAN 1. Esto puede ser modificado en cada puerto por configuración.

Se trata de un parámetro que se configura por interfaz, consecuentemente, en caso de modificarse la configuración por defecto debe hacerse de modo similar en ambos extremos del enlace troncal.

Configuración de enlaces troncales

```
Switch(config)#interface GigabitEthernet 0/1
Switch(config-if)#switchport mode trunk
```
> Configura el puerto como troncal. Los switches Catalyst aplican el protocolo 802.1Q por defecto.

```
Switch(config-if)#switchport trunk encapsulation dot1q
```
> En algunos switches al definir un enlace troncal es necesario definir el protocolo de encapsulación. Este comando especifica la utilización del protocolo IEEE 802.1Q.

```
Switch(config-if)#switchport trunk native vlan 199
```
> La VLAN nativa por defecto es la VLAN 1. Este comando cambia la VLAN nativa y define (en este ejemplo) la VLAN 199 como nativa, con lo que el tráfico de esa VLAN no será etiquetado sobre este troncal.

 La definición de VLAN nativa es propia de cada enlace troncal, en consecuencia, puede variarse en cada troncal de modo independiente de los demás.

 Es necesario asegurarse que ambos extremos del enlace troncal se hayan configurado con la misma VLAN nativa.

```
Switch(config-if)#switchport trunk allowed vlan 10, 110
```
> Cuando se activa un puerto troncal, por defecto se transportan todas las VLANs. El comando permite filtrar el enlace de modo que solo circulen las VLANs que se declaran explícitamente. En este caso se permitirán a solamente las VLANs 10 y 110.

```
Switch(config-if)#switchport trunk allowed vlan add 20
```
> En este caso, a la lista de VLANs ya permitidas se agrega la o las VLANs que se especifican. De esta manera, en el ejemplo, quedarán como permitidas las VLANs 10, 20 y 110.

> Si no se utiliza la keyword "add" en el comando, se sobrescribiría el comando anterior y quedaría permitida solamente la VLAN 20 (en el caso del ejemplo).

Monitoreo de puertos troncales

```
Switch#show interface GigabitEthernet 0/1 switchport
Name: Gi0/1
Administrative Mode: trunk
Operational Mode: trunk
Administrative Trunking Encapsulation: dot1q
Operational Trunking Encapsulation: dot1q
Negotiation of Trunking: Disabled
Access Mode VLAN: 1 (default)
Trunking Native Mode VLAN: 199 (NoHosts)
Trunking VLANs Enabled: 10, 20, 110
Pruning VLANs Enabled: NONE
Priority for untagged frames: 0
Override vlan tag priority: FALSE
Voice VLAN: none
<Se omiten líneas>

Switch#show interfaces trunk
Port        Mode          Encapsulation     Status        Native vlan
Gi0/1       on            802.1q            trunking      199
Gi0/2       on            802.1q            trunking      1

Port        Vlans allowed on trunk
Gi0/1       10, 20, 110
```

Dynamic Trunk Protocol

Algunos switches Catalyst implementan DTP para la negociación de los enlaces troncales. Es un protocolo propietario de Cisco que negocia automáticamente enlaces troncales.

Cuando DTP se encuentra activo (es la opción por defecto), el modo del puerto se negocia dinámicamente entre ambos puertos. El resultado final depende de la configuración de los puertos que negocian.

El protocolo admite diferentes estados para los puertos del switch. Según el estado de ambos extremos del enlace se negocia el puerto como troncal o acceso. El modo por defecto depende de la plataforma de hardware y la versión de sistema operativo.

	Acceso	Dynamic Auto	Dyn. Desirable	Troncal
Acceso	Acceso	Acceso	Acceso	n/a
Dynamic Auto	Acceso	Acceso	Troncal	Troncal
Dyn. Desirable	Acceso	Troncal	Troncal	Troncal
Troncal	n/a	Troncal	Troncal	Troncal

```
Switch(config)#interface GigabitEthernet 0/1
Switch(config-if)#switchport mode [access/dynamic/trunk]
```

Modifica el modo en el que se encuentra configurado el puerto.

```
Switch(config-if)#switchport nonegatiate
```

Suprime la negociación de DTP sobre el puerto.

Este comando sólo es válido cuando el modo del puerto es acceso o troncal. Al suprimir la negociación de DTP solo puede formarse un troncal cuando ambos puertos están en modo troncal.

Consideraciones de diseño

Las siguientes son algunas de las consideraciones a tener en cuenta antes de implementar VLANs:

- Cada switch tiene una capacidad limitada para soportar VLANs.
  No se refiere a los IDs de VLANs sino a la cantidad de VLANs que soporta la base de datos de VLANs del dispositivo.

- La VLAN 1 es la VLAN Ethernet por defecto. A través de esta VLAN se envía el tráfico CDP.

- Cambiar la VLAN nativa de los troncales a una VLAN que no esté en uso.

- Asegurarse que ambos extremos de los enlaces troncales utilicen la misma VLAN nativa. En el caso de switches Catalyst CDP advierte cuando hay diferente configuración de VLAN nativa entre ambos extremos de un troncal.

Prácticas recomendadas

- Contar con una VLAN dedicada exclusivamente a la gestión de los dispositivos. Las IPs de gestión deben ser las asociadas a esa VLAN.

- Mantener el tráfico de gestión en una VLAN separada para este propósito.

- Desactivar la negociación de DTP.

- Los puertos que no son troncales activos conviene colocarlos en modo acceso y asociarlos a una VLAN que no esté en uso.

VLAN Trunk Protocol (VTP)

VTP es un protocolo de capa 2 propietario de Cisco utilizado para compartir la información de las VLANs (base de datos de VLANs) entre switches que pertenecen a una misma administración (es decir, pertenecen a un dominio administrativo único) y que se comunican a través de enlaces troncales. Su objetivo es minimizar los errores y las inconsistencias de configuración de VLANs.

VTP utiliza tramas multicast de capa 2 para agregar, borrar y modificar las VLANs de un dominio, permitiendo realizar cambios en la red conmutada de modo centralizado.

El protocolo VTP permite definir dominios de administración a partir del nombre de dominio.

Las publicaciones VTP contienen parte o toda esta información:

- Nombre de dominio de administración.

- Número de revisión de configuración.

- Clave utilizando MD5, cuando se ha activado el uso de contraseña.

- Identidad del dispositivo que envía la actualización.

Por defecto, en los switches Cisco Catalyst:

- Todos son servidores VTP.

- No tienen configurado ningún dominio VTP.

- La implementación de VTP pruning es variable de acuerdo al modelo.

El dominio VTP

Es un conjunto de switches conectados entre sí por enlaces troncales y que comparten la misma gestión de VTP.

- Un switch puede pertenecer a un único dominio VTP.

- Por defecto un switch Catalyst no está en un dominio de gestión hasta que recibe una publicación de VTP de otro switch en el dominio o se lo asigna a un dominio por configuración.

- Las publicaciones de VTP se propagan a través de todo el dominio VTP cada 5 minutos.

Versiones

Existen en la actualidad 3 versiones del protocolo.

- La opción por defecto en los switches Catalyst es la versión 1.

- Las diferentes versiones no son compatibles entre sí. Es necesario que todos los switches implementen la misma versión en todo el dominio.

- Las versiones 1 y 2 no propagan información de VLANs que utilizan el rango extendido de ID de VLAN.

Modos VTP

Los switches que operan en un dominio VTP pueden hacerlo de uno de tres modos diferentes:

- Servidor.
  Es el modo por defecto pero no propaga información de VLANs hasta tanto se le configura un nombre de dominio o lo aprende de un dispositivo adyacente.

Envía actualizaciones a través de todos sus puertos troncales.
Sincroniza su base de datos con la de todos los servidores y clientes VTP del dominio.

- Cliente.
  No permite realizar cambios a la base de datos de VLANs pero aún envía toda la información de su base de datos a todos los miembros del dominio.

- Transparente.
  La base de datos de VLANs es local del switch y no se propaga hacia los demás miembros del dominio.
  Sin embargo, aún reenvía las publicaciones de VTP de los demás miembros del dominio.

Tarea	Servidor VTP	Cliente VTP	VTP Transp.
Genera mensajes VTP	Si	Si	No
Reenvía mensajes VTP	Si	Si	Si
Escucha mensajes VTP	Si	Si	No
Permite crear VLANs	Si	No	Si, localmente
Permite borrar VLANs	Si	No	Si, localmente

Configuración de VTP

Los valores por defecto en los switches Catalyst son los siguientes:

- Nombre de dominio VTP   Null

- Modo VTP   Servidor

- Clave VTP   Ninguna

- VTP pruning   Depende de la versión de IOS

- Versión VTP   1

Configuración de VTP

```
Switch#configure terminal
Switch(config)#vtp mode [client|server|transparent]
Switch(config)#vtp domain [nombre]
Switch(config)#vtp password [clave]
Switch(config)#vtp pruning
Switch(config)#exit
```

Un ejemplo:

```
Switch#configure terminal
Switch(config)#vtp mode transparent
Setting device to VTP CLIENT mode.
```

```
Switch(config)#vtp domain CCNA
Changing VTP domain name from NULL to CCNA

Switch(config)#exit
```

Verificación de VTP

```
Switch_2960#show vtp status
VTP Version capable          : 1 to 3
VTP Version running          : 2
Configuration Revision       : 0
Maximum VLANs supported locally : 1005
Number of existing VLANs     : 5
VTP Operating Mode           : Transparent
VTP Domain Name              : CCNA
VTP Pruning Mode             : Disabled
<se omiten líneas>
```

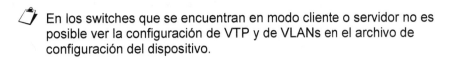 En los switches que se encuentran en modo cliente o servidor no es posible ver la configuración de VTP y de VLANs en el archivo de configuración del dispositivo.

En los switches que se encuentran en modo VTP transparente se puede revisar en el archivo de configuración la definición de VLANs.

Spanning Tree Protocol

Redundancia en enlaces de capa 2

La implementación de redundancia de enlaces en redes conmutadas permite evitar la existencia de un único punto de fallos pero al mismo tiempo puede generar algunos problemas:

- Tormentas de broadcast.

- Transmisión de múltiples copias de una misma trama.

- Inestabilidad de las tablas de direcciones MAC.

Adicionalmente hay que tener en cuenta que las tramas comienzan entonces a circular indefinidamente por la red sin que sean removidas ya que no hay limitación para la circulación de las tramas a través de la red como es la cuenta de saltos en el encabezado IP.

Spanning Tree Protocol

La solución para la potencial generación de bucles en las redes conmutadas, manteniendo redundancia de rutas, es la implementación de Spanning Tree para que gestione esa redundancia.

STP es un protocolo de capa 2 para administración de enlaces que permite implementar rutas redundantes a la vez que administra los potenciales bucles en la red, permitiendo que sólo exista una única ruta activa entre dos estaciones.

 En los switches Catalyst STP se encuentra activo por defecto.

Con este objetivo:

- Coloca algunos puertos en estado "bloqueado" de modo que no reciben, reenvían o inundan tramas para dejar una sola ruta activa en los segmentos en los que hay redundancia.

- Si surgiera un problema de conectividad en algún segmento de la red se restablece la conexión activando el puerto que antes estaba inactivo. Este proceso puede requerir hasta 50 segundos.

Características básicas

- Estándar definido por la IEEE como 802.1D.

- Utiliza BPDUs para el intercambio de información entre switches.

- Bloquea algunos puertos (en los enlaces redundantes) de modo que ya no reciben, reenvían o inundan tramas de datos.

- En caso de problemas de conectividad en la topología activa de la red reestablece la conectividad automáticamente activando alguno de los puertos que se encuentra bloqueado.

Versiones del protocolo

- STP (IEEE 802.1D 1998)
  Genera una única instancia de STP para toda la red independientemente del número de VLANs existentes.
  Puede seleccionar rutas subóptimas para el tráfico de la red.

  - CST
    Es la instancia común de STP que mantiene la consistencia de toda la red conmutada más allá del número de VLANs.

- RSTP (IEEE 802.1w 2004)
  Es una evolución de 802.1D que ofrece mejores tiempos de convergencia. Ya que mantiene una única instancia de STP, sigue vigente la posibilidad de la utilización de rutas subóptimas.
  Dadas sus características tiene requerimientos de hardware superiores a STP.

- MSTP (IEEE 802.1s)
  Mapea múltiples VLANs a una o varias instancias de RSTP.
  Requiere más recursos que RSTP, pero menos que RPVST+

- PVST+ (propietario de Cisco)
  Es una extensión de 802.11D que genera una instancia de STP para cada VLAN. Esto genera un mayor requerimiento de recursos al mismo tiempo que permite una mejor administración de las rutas disponibles.

- RPVST+ (propietario de Cisco)
  Es una mejora a 802.1w propietaria de Cisco.
  Genera una instancia de RSTP para cada VLAN, lo que resuelve tanto los problemas de convergencia como de uso de rutas subóptimas. Esto tiene grandes requerimientos de CPU y memoria.

	Estándar/Propietario	Recursos	Convergencia
STP	802.1D	Pocos	Lenta
PVST+	Cisco	Muchos	Lenta
RSTP	802.1w	Medios	Rápida
RPVST+	Cisco	Muy altos	Rápida
MSTP	802.1s	Medios	Rápida

Opciones por defecto

- El modo por defecto en switches Catalyst es PVST+.

- Se encuentra habilitado en todos los puertos.

Estas características hacen que la convergencia no sea la más rápida posible, pero ocupa menos recursos que la implementación de RPVST+.

Operación de STP

El protocolo completa 3 tareas para determinar una ruta libre de bucles:

1- Se elige un switch raíz (root bridge o bridge raíz).

- Inicialmente todos los switches se asumen a sí mismos como switch raíz y publica BPDUs anunciándose como tal.

- Cada switch compara el BID de cada uno de los BPDUs recibidos y si el valor recibido es más bajo que el propio comienza a publicar ese BID como root-bridge.

- Finalmente todos los switches coincidirán en elegir el mismo switch raíz. Será el switch con BID más bajo.

- Sólo hay un switch raíz en cada dominio de broadcast.

- Todos los puertos del switch raíz son "puertos designados" (designated ports). Los puertos designados están en estado de forwarding.

2- Cada uno de los demás switches (non root bridge) selecciona un puerto raíz. El switch raíz no tiene puerto raíz. Cada switch no-raíz realiza este proceso en paralelo.

- Cuando un switch se reconoce como no-raíz asume el puerto a través del cual ha recibido los BPDUs del switch raíz como puerto raíz.

- Si recibe BPDUs del switch raíz por varios puertos asume como puerto raíz el de menor costo al switch raíz. Si hay 2 puertos con el mismo costo al switch raíz entonces selecciona aquel que lo conecta al switch con menor BID. Si coincide el costo de las rutas, y ambos BPDUs se han recibido del mismo switch (igual BID), entonces se elige el originado en el puerto con menor ID de puerto.

- Cada switch no-raíz tiene un solo puerto raíz en cada dominio de broadcast.

- Selecciona como puerto raíz (root port) al puerto de menor costo hacia el switch raíz y lo pone en estado de forwarding.

3- En cada segmento se selecciona un puerto designado.

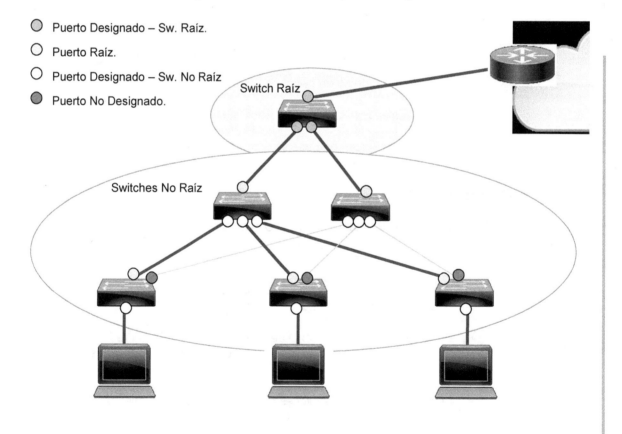

Puerto Designado – Sw. Raíz.

Puerto Raíz.

Puerto Designado – Sw. No Raíz

Puerto No Designado.

Switch Raíz

Switches No Raíz

- Se elige como puerto designado el que pertenece al switch con una ruta con menor costo hacia el switch raíz. El puerto designado está en estado de forwarding.

- Cada segmento de red tiene un puerto designado.

- Los puertos no-designados quedan en estado de blocking.

 Mientras se realiza esta selección de switches y puertos, todos los puertos permanecen bloqueados. A medida que cada puerto es elegido como designado o raíz comienza el proceso de transición para comenzar a operar regularmente.

Roles de los puertos

- Puerto Raíz.
  Está presente solamente en los switches no-raíz.
  Es el puerto con mejor ruta (menor costo) al switch raíz. Hay un solo puerto raíz en cada switch no- raíz.
  Este puerto está en estado de forwarding.

- Puerto Designado.
  Presente en switches raíz y no-raíz.
  Estos puertos reciben y envían tramas.
  Sólo hay un puerto designado por segmento de red. Los puertos designados están en posibilidad de ingresar información en las tablas de direcciones MAC.

- Puerto No Designado.
  Puerto de un switch que se encuentra bloqueando tramas de datos y no está ingresando información en la tabla de direcciones MAC.

- Puerto inhabilitado.

Selección del switch raíz

Para compartir la información de switches y puertos que le permite luego calcular el árbol de rutas STP envía cada 2 segundos tramas BPDU. Las tramas BPDU se inundan por todos los puertos del switch en formato multicast.

Uno de los datos que se transmiten en el BPDU es el ID del switch o BID. El BID es un número de 8 bytes de extensión compuesto por 2 secciones:

Prioridad	MAC Address del switch
2 Bytes 0 a 65535	6 Bytes

La prioridad puede tener un valor de entre 0 y 65535. El valor por defecto es de 32768 (0x8000).

Se selecciona como switch raíz al switch con menor BID.

Costos y prioridades

Para determinar el mejor camino hacia el switch raíz se utiliza como parámetro el costo. El costo es un valor arbitrario que cualifica los enlaces.

Por defecto cada puerto está asociado a un costo que se encuentra definido por el protocolo en función de la velocidad del enlace. El costo de una ruta se calcula sumando los costos de todos los enlaces que a componen.

Velocidad del puerto	Costo 1998	Costo 2004
10 Gbps.	2	2.000
1 Gbps.	4	20.000
100 Mbps.	19	200.000
10 Mbps.	100	2.000.000

Si bien STP asigna un costo a cada enlace en base a su velocidad, esto puede ser modificado por configuración.

Cuando 2 rutas tienen igual costo, se selecciona utilizando el valor de prioridad. La prioridad es resultado de un valor por defecto (128) y el número de puerto; de esta manera el puerto con menor ID es el puerto preferido por defecto.

Per VLAN Spanning Tree +

La implementación de IEEE 802.1D tiene algunas características que limitan sus prestaciones:

- Al implementar una única instancia del protocolo se reduce el consumo de procesador.

- No tiene posibilidad de distribuir tráfico entre múltiples enlaces redundantes ya que un enlace bloqueado, está bloqueado para todas las VLANs.

PVST+ define varias instancias de STP en una sola red: una instancia STP independiente por VLAN.

- Permite distribuir el tráfico.

- Optimiza el aprovechamiento de los enlaces de backbone redundantes.

- Puede generar una sobrecarga excesiva de procesamiento del CPU.

- Utiliza un ID Bridge extendido.

PVSTP+ se utiliza sobre troncales IEEE 802.1Q.

📓 Rapid PVST+ (RPVST+) es la versión propietaria de Cisco de RSTP para lograr un efecto semejante: una instancia de RSTP independiente para cada VLAN.

BID extendido

Al generar una instancia STP independiente para cada VLAN PVST+ requiere incorporar la información del VID en el BID. Para esto se reutiliza una porción del campo prioridad original del BID.

Prioridad	VLAN ID	MAC Address del switch
4 bits	12 bits	6 Bytes

- Mantiene compatibilidad de prioridad con STP IEEE 802.1D.

- Utiliza el campo prioridad origina para transportar el VLAN ID.

- El valor de prioridad incrementa en saltos de 4096 unidades.

Un ejemplo:

Prioridad	VLAN ID	MAC Address del switch
1	1	
0001	000000000001	
4096	1	000D.78DA.46D5

4097:000D.78DA.46D5

Configuración de Spanning Tree

```
Switch(config)#spanning-tree vlan [ID] priority [#]
```
Permite definir un valor de prioridad diferente para cada VLAN en el switch. De esta forma la selección de switch-raíz para cada VLAN es independiente.

Los valores de prioridad posibles son múltiplos de 4096.

```
Switch(config)#spanning-tree vlan [ID] primary
```
Fuerza la elección del switch en el que se ejecuta como switch-raíz para la VLAN que se indica. Para esto coloca el valor de prioridad por debajo del valor de prioridad más bajo recibido en las BPDUs.

```
Switch(config)#spanning-tree vlan [ID] secondary
```
Configura el valor de prioridad de modo que se comporte como switch alternativo al switch-raíz en caso de que el primario falle.

```
Switch(config)#exit
Switch#show spanning-tree vlan [ID]
```
Permite verificar la configuración y operación de STP en una VLAN específica.

```
Switch#debug spanning-tree pvst+
```

Un ejemplo:

```
Switch#configure terminal
Switch(config)#spanning-tree vlan 2 primary
Switch(config)#exit
Switch#show spanning-tree vlan 2
VLAN0002
  Spanning tree enabled protocol ieee
  Root ID    Priority    28674
             Address     000D.BDBA.0916
             This bridge is the root
             Hello Time 2 sec  Max Age 20 sec  Forward Delay 15 sec

  Bridge ID  Priority    28674   (priority 28672 sys-id-ext 2)
             Address     000D.BDBA.0916
             Hello Time 2 sec  Max Age 20 sec  Forward Delay 15 sec
             Aging Time 20

Interface        Role Sts Cost      Prio.Nbr Type
---------------- ---- --- --------- -------- --------------------
Fa0/1            Desg FWD 19        128.1    P2p
```

Optimización de redes STP

Dado que STP es responsable de mantener una red libre de bucles, cada vez que un puerto de un switch pasa a estar activo, antes de poder enviar y recibir tramas de datos es preciso que atraviese una serie de estados a fin de verificar que no se generan bucles en la red.

Estados de los puertos STP

De acuerdo a su situación operativa respecto de la red los puertos de cada dispositivo pueden pasar por 5 estados diferentes:

* Bloqueado (Blocking).
  Recibe BPDUs, pero no participa en la conmutación de tramas.
  Permanecerá en este estado el tiempo indicado en el temporizador "maximum age" (20 segundos por defecto).

* Escuchando (Listening).
  Recibe y envía BPDUs, los proceso analizando posibles cambios en la topología, pero no participa en la conmutación de tramas.
  Permanece en este estado lo indicado en el temporizador "forward delay" (15 segundos por defecto).

* Aprendiendo (Learning).
  Continúa procesando BPDUs al mismo tiempo que comienza a poblar la

tabla de direcciones MAC.
Permanece en este estado según lo indicado en "forward delay".

- Enviando (Forwarding).
  Pasa a este estado cuando hay certeza de que no se formará un bucle.
  Este puerto es parte de la topología activa enviando y recibiendo tramas,
  al mismo tiempo que envía y recibe BPDUs.

- Desactivado (Shutdown).
  No participa del árbol STP. No es estrictamente parte del protocolo.

Cuando se enciende un switch, STP se encuentra activo por defecto y coloca
todos los puertos en estado de blocking. A partir de este punto cada puerto debe
pasar por los estados de transición (listening y learning) para luego llegar al estado
de forwarding.

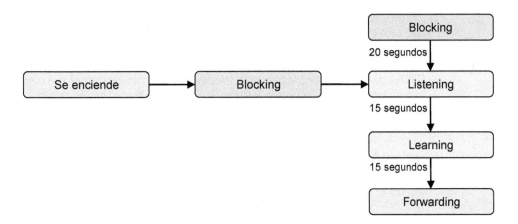

Cuando un puerto opera con STP se estabiliza en 2 estados posibles: blocking o
forwarding.

 Propiamente, los estados de STP son los 4 mencionados. Si se
habla de los estados del puerto en sí mismo entonces hay que
agregar "desactivado".
No es STP el que pone al puerto en ese estado como en los otros
casos. Ese estado es generado por el administrador a través del
comando shutdown.

Port Fast

En su operación por defecto STP indica que cuando un puerto pasa a estar
operativo (up/up) inicie es estado de blocking, pase luego a listening, luego a
learning y finalmente a forwarding. Esto implica una demora innecesaria en el caso
de dispositivos terminales que además puede generar algún inconveniente.

PortFast modifica la operación por defecto de STP de modo tal que, cuando pasa a
estado operativo el puerto de acceso inicia directamente en estado de forwarding.
Si el puerto recibe un BPDU, entonces pasa a estado bloqueado e inicia la
negociación de STP.

- El puerto transiciona directamente de blocking a forwarding.

- Se aplica únicamente en puertos de acceso.

- Supone que el dispositivo conectado al puerto de acceso no genera BPDUs.

- Cuando el puerto port fast recibe un BPDU pasa a bloquear tráfico y utilizará el mecanismo de transición estándar para evitar un posible bucle.

De esta manera PortFast reduce notablemente el tiempo de negociación de los puertos de acceso a los que se conectas terminales sin eliminar la presencia de STP en los puertos de acceso para mantener la protección ante eventuales bucles.

BPDU Guard

Sin embargo, el riesgo de seguridad no es solamente la formación de un bucle de rutas de capa 2 en la red conmutada, sino también que se produzca una modificación en la topología activa de la red usurpando el rol de switch-raíz.

BPDU guard permite preservar la topología de la red evitando que dispositivos intrusos conectados a la red puedan impactar en la misma. Para esto, cuando el puerto del switch configurado con port fast recibe un BPDU inmediatamente se bloquea pasando a estado de error.

Configuración

Por interfaz

```
Switch#configure terminal
Switch(config)#interface GigabitEthernet0/1
Switch(config-if)#spanning-tree portfast
```
Implementa PortFast en la interfaz.

```
Switch(config-if)#spanning-tree bpduguard enable
```
Activa BPDU guard en la interfaz.

Modificación de opciones por defecto

Por defecto todos los puertos de los switches Catalyst son STP activos y realizan la transición completa a través de los diferentes estados para asegurar la inexistencia de bucles. Es posible cambiar ese comportamiento por defecto de modo tal que todo puerto de acceso, al colocarse como tal, opere en modo PortFast e incluir la activación de BPDU guard en todo puerto que tiene activo PortFast.

Estas modificaciones se realizan en modo configuración global. No es necesario aplicar ambas opciones en modo configuración global.

```
Switch#configure terminal
Switch(config)#spanning-tree portfast default
```
Este comando modifica la operación por defecto de todos los puertos no troncales. Por defecto, todo puerto no troncal implementa PortFast.

```
Switch(config)#spanning-tree portfast bpduguard default
```
De esta manera, todo puerto que opera con PortFast automáticamente implementa BPDU guard.

Verificación

```
Switch#show running-config interface GigabitEthernet0/1
```
Permite verificar la configuración de la interfaz. Muestra tanto la configuración de PortFast como la de BPDU guard.

No muestra si haya una definición a nivel global.

```
Switch#show spanning-tree summary
```
Muestra si hay una activación global de PortFast y BPDU guard como opciones por defecto.

```
Switch#show spanning-tree interface GigabitEthernet0/1 portfast
```
Permite verificar tanto la configuración global como en la interfaz de PortFast.

Operación de STP por defecto

Los switches Cisco Catalyst soportan:

- PVST+.

- PVRST+.

- MSTP.

Las opciones por defecto de STP en switches Catalyst son las siguientes:

- o PVST+

- o Está habilitado en todos los puertos, que también se encuentran en la VLAN1.

EtherChannel

Ante la necesidad de incrementar la capacidad de transporte de la red LAN una alternativa escalable y menos costosa es la implementación de múltiples enlaces en paralelo. Sin embargo en redes capa 2 esto está limitado por la presencia de STP que solo permite una ruta a un único destino bloqueando las rutas alternativas.

EtherChannel brinda una alternativa escalable para el despliegue de múltiples enlaces paralelos. Esta tecnología que permite crear enlaces lógicos que agrupan múltiples (entre 2 y 8) enlaces físicos.

- Mejora la escalabilidad de la red ya que permite aumentar el ancho de banda disponible agrupando puertos ya existentes en los dispositivos.

- Una vez establecido el enlace lógico, la mayor parte de las tareas de configuración se pueden realizar sobre la interfaz lógica, facilitando las tareas.

- Mejora la redundancia de la red ya que mientras uno solo de los enlaces físicos permanezca disponible el canal se mantiene activo. Por esto, la caída de un enlace físico no provoca un recálculo de STP.

- Soluciona problemas de STP ya que para el protocolo los enlaces físicos agrupados se comportan como un único enlace lógico.

- Es posible balancear tráfico entre los múltiples enlaces físicos que componen el canal. El modo de balanceo de carga (MAC y/o IP de origen y/o destino) depende de la plataforma en la que se implementa.

Implementación de EtherChannel

Al configurar interfaces EtherChannel es conveniente tener presentes algunos puntos:

- Todos los puertos físicos asociados a un EtherChannel deben ser del mismo tipo.

- Es posible configurar múltiples EtherChannels entre dos dispositivos. En este caso, si son canales de capa 2, STP solo permitirá un canal activo entre ambos dispositivos (bloquea todos los enlaces físicos vinculados al canal que elige bloquear).

- Una vez configurado un EtherChannel, cualquier configuración que se aplica a la interfaz port channel asociada afecta a la operación de todo el canal. Cualquier modificación de configuración que se realiza sobre un puerto físico afecta exclusivamente a ese puerto físico.

- Todas las interfaces físicas deben estar configuradas para operar a la misma velocidad y en el mismo modo dúplex.

- Todas las interfaces físicas deben estar asignadas a la misma VLAN o estar configuradas como troncales.

- Las interfaces físicas que conforman un canal pueden tener asignado diferente costo de STP.

- En los switches Catalyst ME, solamente los puertos NNI y ENI soportan negociación dinámica con LACP o PAgP.

Protocolos

Es posible implementar protocolos que negocian dinámicamente la constitución de channel groups ente puertos de iguales características. La configuración puede realizarse de modo estático o también utilizando protocolos de negociación dinámicos:

- PAgP
  Protocolo propietario de Cisco.

- LACP
  Protocolo estándar definido como IEEE 802.3ad.

✎ EtherChannel es una marca registrada de Cisco e identifica una prestación propietaria inicialmente propuesta por Cisco en sus dispositivos.
Al ser estandarizada por la IEEE ha recibido la denominación de Link Aggregation.
Ambos features (EtherChannel y Link Aggregation) refieren a una misma prestación.

PAgP

Protocolo propietario de Cisco para negociar la creación de EtherChannel entre 2 dispositivos en base a la configuración de los dispositivos de cada extremo. La operación de los puertos que operan con PAgP puede ser en 3 modos diferentes:

- Auto
  La interfaz negocia en modo pasivo: responde a los paquetes PAgP que recibe pero no inicia una negociación.

- Desirable
  La interfaz opera en modo activo: inicia la negociación con otras interfaces enviando paquetes PAgP.

- On
  Fuerza la interfaz a asociarse en un canal sin PAgP. No intercambia paquetes PAgP y no realiza ninguna negociación. Sólo establece un canal cuando en el otro extremo hay una interfaz en modo on también.

PAgP	On	Desirable	Auto
On	EtherChannel		
Desirable		EtherChannel	EtherChannel
Auto		EtherChannel	

LACP

Opera de modo semejante a PAgP con la diferencia de que se trata de un protocolo estándar de la IEEE.

Los puertos también pueden encontrarse en 3 modos diferentes:

- Passive
  El puerto espera una negociación de modo pasivo. Responde a paquetes LACP que recibe pero no inicia una negociación.

- Active
  El puerto inicia negociaciones de modo activo con otros puertos enviando paquetes LACP.

- On
  Fuerza la interfaz a asociarse en un canal sin ningún tipo de negociación. Esta interfaz no intercambia paquetes LACP.

LACP	On	Active	Passive
On	Link Aggregation		
Active		Link Aggregation	Link Aggregation
Passive		Link Aggregation	

Configuración

Consideraciones:

- Todas las interfaces deben soportar la prestación. No es requerimiento que las interfaces sean contiguas o en el mismo módulo cuando se trata de switches modulares.

- Todas las interfaces deben encontrarse operando a la misma velocidad y modo dúplex.

- Todas las interfaces deben ser parte de la misma VLAN o ser troncales.

- Si se trata de interfaces troncales, todas deben tener las mismas VLANs permitidas.

- Terminada la configuración, todos los cambios deben realizarse en la interfaz port-channel.

```
Switch(config)#interface range FastEthernet0/1 - 2
```
Aunque no es obligatorio utilizar el comando interface range, es conveniente aprovecharlo para asegurar una configuración uniforme de los puertos que han de conformar el canal y evitar tareas repetitivas.

```
Switch(config-if-range)#channel-group 1 mode on
```
Asigna las interfaces del rango a un canal específico. Si la interfaz port-channel no existe, la crea utilizando el mismo ID que el ID de grupo.

El modo dependerá del protocolo utilizado para la negociación dinámica. En este caso no hay negociación dinámica sino configuración estática.

> Ambos extremos deben ser configurados en modo estático.

```
Switch(config-if-range)#exit
Switch(config)#interface port-channel 1
```

> Ingresa al modo de configuración de la interfaz virtual a la que se vincularon los puertos físicos.
>
> El ID de canal no es necesario que sea el mismo en ambos extremos del enlace. Es una buena práctica de gestión hacerlo coincidir.

```
Switch(config-if)#switchport mode trunk
Switch(config-if)#switchport trunk allowed vlan 10, 20
```

> En este ejemplo configuro la interfaz de canal como un enlace troncal y aplican todas las características de configuración de un troncal estándar.

Verificación

```
Switch#show interfaces port-channel 1
```

> Muestra la configuración, estado y estadísticas de la interfaz de canal que se especifica, del mismo modo que se tratara de una interfaz física.

```
Switch#show etherchannel summary
```

> Muestra una síntesis de la operación de cada interfaz port-channel.

```
<Se omiten líneas>
Number of channel-groups in use:  1
Number of aggregators:            1
Group  Port-channel    Protocol    Ports
------+-------------+----------+-------------------------------
1      Po1(SU)         LACP        Fa0/1(P)  Fa0/2(P)
```

> S – Indica que se trata de un canal virtual en capa 2.
>
> U – Indica que se encuentra en uso.
>
> P – Indica que el puerto está incorporado en el canal.

```
Switch#show etherchannel port-channel
```

> Muestra información específica de la interfaz port-channel

Enrutamiento entre VLANs

Dado que cada VLAN es un dominio de broadcast independiente, de por sí no es posible la comunicación entre terminales pertenecientes a VLANs diferentes. Para lograr comunicar 2 dispositivos ubicados en diferentes VLANs es necesario implementar enrutamiento entre VLANs.

Para que esto sea posible hay que cubrir 2 requerimientos:

- Que cada VLAN está mapeada a una subred diferente.

- Que un dispositivo de capa 3 enrute entre ambas subredes.

Para cubrir el requerimiento de enrutamiento entre subredes, hay 3 mecanismos básicos:

- Enrutar en un router utilizando interfaces diferentes para cada VLAN.

- Enrutar en un router utilizando subinterfaces para cada VLAN es una única interfaz física (router on-stick).

- Enrutar en un switch capa 3.

Enrutamiento utilizando una interfaz de router por cada VLAN

En este caso cada VLAN a enrutar requiere una interfaz física tanto en el router como en el switch que conecta al router. De esta forma cuando una terminal requiere alcanzar a un destino en una VLAN diferente el tráfico deberá ser enviado a través del router para alcanzar la VLAN destino.

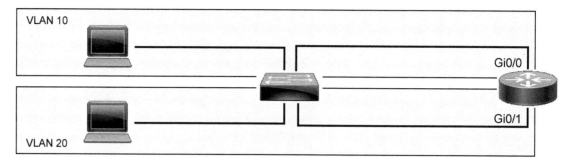

Así el router tiene todas las subredes (VLANs) como directamente conectadas y consecuentemente puede enrutar entre las diferentes VLANs sin necesidad de ninguna información adicional (protocolo de enrutamiento o ruta estática).

Sin embargo, dado el requerimiento de interfaces para cada VLAN, este tipo de implementación es poco escalable ya que es posible que rápidamente la cantidad de puertos disponibles limite la capacidad de establecer comunicaciones.

Configuración de un "router on stick"

Cuando para esa tarea se utiliza un router es posible no recurrir a una interfaz para cada VLAN. Si se utiliza un enlace troncal para transportar el tráfico de las VLANs hasta el router, y se implementan subinterfaces en el router, es posible entonces resolver el enrutamiento de todas las VLANs utilizando un solo puerto del switch y un solo puerto del router.

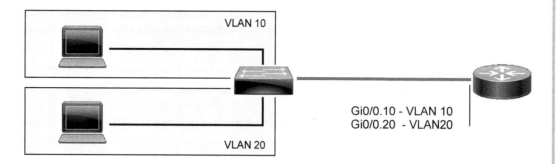

Esta es la implementación que recibe el nombre de "router on stick":

- Un enlace troncal une el switch con el router.

- El router tiene una sub-interfaz para definir el gateway de cada una de las VLANs (subredes).

- En el router se puede enrutar (comunicar) entre las diferentes subredes.

De esta manera el router tiene todas las subredes (VLANs) como directamente conectadas y consecuentemente puede enrutar entre las diferentes VLANs sin necesidad de ninguna información adicional (protocolo de enrutamiento o ruta estática).

Cada subinterfaz es una interfaz virtual independiente, con su propia configuración IP y asignación de VLAN. Se debe asignar una subinterfaz para cada VLAN; se requiere una subinterfaz para cada VLAN etiquetada. En el caso de la VLAN nativa, puede ocupar la interfaz física como gateway o puede crearse otra subinterfaz para ella.

```
Router#configure terminal
Router(config)#interface GigabitEthernet 0/0
Router(config-if)#no shutdown
Router(config-if)#interface GigabitEthernet 0/0.10
```
Crea una subinterfaz e ingresa al modo de configuración de la misma.

La subinterfaz se define por el agregado del ID de la misma (.10) a continuación del identificador de la interfaz (0/0). El ID de subinterfaz es un valor entero ente 1 y 65535. No es obligatorio que el ID de subinterfaz coincida con el VID.

```
Router(config-subif)#encapsulation dot1q 10
```
Define el protocolo de etiquetado a utilizar en la subinterfaz y el VID que ha de utilizar. Es este caso, la interfaz quedará asociada a la VLAN 10.

```
Router(config-subif)#ip address 172.18.10.1 255.255.255.0
```
Asigna una dirección IP a la subinterfaz.

Es la dirección IP que las terminales conectadas a la VLAN utilizarán como dirección de default gateway.

```
Router(config-subif)#interface GigabitEthernet 0/0.20
Router(config-subif)#encapsulation dot1q 20
Router(config-subif)#ip address 172.18.20.1 255.255.255.0
Router(config-subif)#_
```

Verificación de la configuración de VLANs en el router

```
Router#show vlans
```
Permite verificar la configuración y las estadísticas de tráfico correspondientes a cada subinterfaz.

```
Router#show ip route
```

Enrutamiento con un switch capa 3

La utilización de switches capa 3 con posibilidades de enrutamiento IP reemplaza la necesidad de dedicar un router a este propósito y mejora la performance. Los switches capa 3 combinan las prestaciones de un switch capa 2 y un router en un único dispositivo:

- Cuando origen y destino son parte de la misma VLAN, entonces el switch reenvía las tramas a nivel de capa 2.

- Cuando origen y destino están alojados en VLANs diferentes, reenvía los paquetes a nivel de capa 3 actuando como un router.

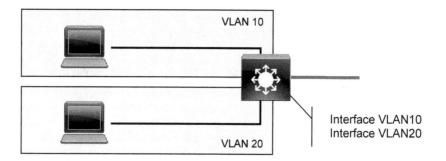

Para que un switch con capacidades de enrutamiento pueda actuar en capa 3 enrutando entre VLANs se requiere:

- Que se habilite la funcionalidad de enrutamiento IP.

- Se cree una interfaz VLAN (SVI) para cada VLAN que se desea enrutar.

- Se asigne una dirección IP de la subred correspondiente a cada VLAN a las interfaces VLAN.

En términos generales el enrutamiento entre VLANs es más escalable implementado en switches capa 3. Diferentes switches soportan en este punto diferentes prestaciones. Por ejemplo los switches Catalyst 2960 soportan únicamente enrutamiento estático.

Cuando se utiliza un switch capa 3 para el enrutamiento entre VLANs, el default gateway de las terminales conectadas a una VLAN es la interfaz VLAN (SVI) correspondiente en el switch capa 3.

```
Switch#configure terminal
Switch(config)#ip routing
```

En los switches es preciso activar el enrutamiento IP que no se encuentra activo por defecto.

```
Switch(config)#interface vlan10
```

Crea una SVI e ingresa al modo de configuración de la misma.

El ID de la interfaz asocia la SVI con la VLAN que utiliza el mismo VID.

```
Switch(config-if)#ip address 172.18.10.1 255.255.255.0
```
> Asigna una dirección IP a la SVI.
>
> Es la dirección IP que las terminales conectadas a la VLAN utilizarán como dirección de default gateway.

```
Switch(config-if)#no shutdown
```
> En el caso de las SVIs que se crean en los switches, por defecto no se encuentran activas, por lo que es necesario activarlas manualmente para que sean operativas.

```
Switch(config-if)#interface vlan20
Switch(config-if)# 172.18.20.1 255.255.255.0
Switch(config-if)#no shutdown
Switch(config-if)#end
Switch#
```

Redundancia en el primer salto (FHRP)

Cuando una red LAN tiene más de una puerta de salida (gateway), la implementación de un protocolo de redundancia en el primer salto (First Hop Redundancy Protocol o FHRP) es una de las maneras privilegiadas de administrar esa redundancia.

Estos protocolos posibilitan que los múltiples gateways existentes sean vistos por las terminales de la red como un único default gateway. De esta manera para el usuario de un dispositivo terminal la redundancia en la puerta de enlace (salida de la red local) opera de modo transparente: siempre utiliza el mismo default gateway y su tabla ARP no cambia.

Operación de estos protocolos

Si bien hay varios protocolos que cubren esta tarea, todos ellos tienen características comunes:

- Todas las terminales tienen una única configuración de default gateway que no se modifica.

- Los routers de borde comparten una dirección IP virtual.

- Las terminales utilizan la dirección IP virtual como default-gateway.

- Los routers intercambian mensajes del protocolo FHRP para coordinar cuál es el router operativo en cada momento.

- Cuando el router operativo falla, FHRP define cuál es el dispositivo que lo reemplaza en la tarea.

Al utilizar la dirección IP virtual como dirección de default gateway en los terminales, los dispositivos terminales operan como si en realidad existiera un único gateway del segmento de red en el que se encuentran. En sus tablas ARP tienen la MAC virtual asociada a la IP virtual que se asigna al sistema. De este modo los paquetes enviados a la MAC virtual como destino pueden ser reenviados por el dispositivo que se encuentre activo en ese momento. El protocolo es el que se ocupa de definir cuál es el dispositivo del grupo que se hará cargo del reenvío de tráfico.

- La terminal no sabe cuál es el dispositivo que realmente está reenviando el tráfico.

- La transición de un dispositivo activo a su respaldo es transparente para las terminales.

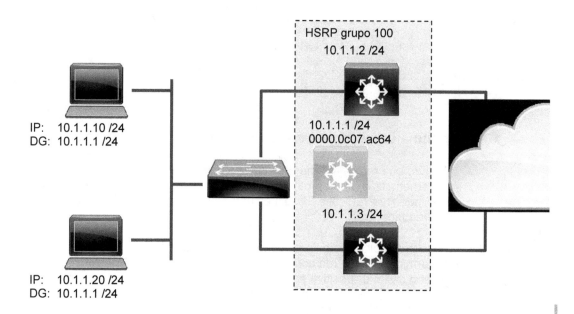

Hay 3 protocolos que desempeñan esta tarea:

Protocolo	Tipo	Redundancia	Balanceo
HSRP	Cisco / IETF RFC 2281	Activo/Standby	No
VRRP	IETF RFC 5798	Activo/Standby	No
GLBP	Cisco	Activo/Activo	Si

Cuando un dispositivo activo falla:

- El dispositivo que se encuentra como respaldo deja de recibir mensajes del dispositivo activo.

- El dispositivo de respaldo asume el rol activo y comienza a reenviar el tráfico.

- Las terminales no perciben cambio alguno en la red.

Hot Standby Router Protocol (HSRP)

Permite que 2 o más dispositivos cooperen brindando el servicio de gateway de la red, pero sólo uno está en modo activo mientras los demás permanecen en standby como respaldo en caso de que el dispositivo activo deje de operar.

Para su operación se utiliza una dirección IP virtual y una dirección MAC también virtual.

- La IP virtual es definida en la configuración, debe pertenecer a la red o subred que la IP de las interfaces, pero debe ser única.

- La MAC virtual es derivada automáticamente por el protocolo a partir de la configuración. El formato de esta dirección es 0000.0c07.acxx, donde xx es el ID de grupo HSRP en hexadecimal.

- Todos los routers asociados al proceso de HSRP conocen esta dirección virtual pero solamente el dispositivo activo utiliza esta dirección.

- Las terminales de la red utilizan la IP virtual como dirección del default gateway.

- Hay dos versiones de HSRP disponibles (1 y 2). La versión por defecto en dispositivos Cisco IOS es la versión 1.

- Los mensajes hello se envían a la IP 224.0.0.2 utilizando UDP puerto 1985 en la versión 1. La versión 2 utiliza la IP 224.0.0.102 y el mismo puerto UDP. Estos puertos UDP deben estar permitidos en el caso de utilizarse listas de acceso sobre el tráfico entrante en los puertos LAN.

Los dispositivos que brindan redundancia participan de un mismo grupo de HSRP e intercambian mensajes entre sí que les permiten:

- Negociar cuál es el dispositivo que quedará como activo y cuál como standby.

- Detectar el fallo del dispositivo activo para que el dispositivo standby cambie de estado y pase a operar como activo.

- Cuando se detecta un fallo y el dispositivo standby pasa a modo activo, entonces envía un gratuitous ARP con la MAC virtual como dirección de origen para actualizar la tabla CAM de todos los switches en la red.

El router activo:

- Responde las solicitudes ARP dirigidas a la IP virtual con la MAC virtual.

- Se ocupa de reenviar los paquetes enviados al router virtual.

- Envía mensajes hello HSRP.

El router standby:

- Envía mensajes hello HSRP.

- Espera mensajes periódicos del router activo.

- Asume el rol de activo si no recibe hellos del router activo.

HSRP no permite hacer balanceo de tráfico ya que inevitablemente, dentro de un grupo HSRP, sólo puede haber un dispositivo activo a la vez.

Sin embargo es posible distribuir tráfico entre diferentes dispositivos a partir del diseño. Si la red está segmentada en más de una VLAN, y cada VLAN corresponde a una subred diferente, entonces cada VLAN deberá tener un gateway diferente. De este modo se han de configurar diferentes grupos de HSRP (1 para cada VLAN), y en cada grupo es posible forzar, utilizando el parámetro de prioridad, que el dispositivo activo para cada VLAN sea diferente.

Por ejemplo:

- La red está segmentada en 2 VLANs y cada VLAN mapeada a una subred IP: VLAN 1 (10.1.1.0/24) y VLAN 2 (10.1.2.0/24).

- Hay 2 routers de borde, cada uno configurado con subinterfaces para ambas VLANs.

- Se configuran en ambos dispositivos 2 grupos HSRP: Grupo 1 para la VLAN 1 con IP virtual 10.1.1.1; Grupo 2 para la VLAN 2 con IP virtual 10.1.2.1.

- RouterA será activo para el Grupo 1, con lo que operará como default gateway para la VLAN 1; RouterB será activo para el Grupo 2, con lo que operará como default gateway para la VLAN 2.

- A su vez, cada uno será respaldo (standby) para su contraparte en la VLAN para la que no está activo.

Configuración de HSRP

La operación de HSRP requiere que todos los dispositivos que van a actuar en redundancia estén configurados con:

- El mismo número de grupo.

- La misma IP virtual.

- Opcionalmente se puede configurar un valor de prioridad para definir cuál de los dispositivos quedará como activo y cuál como standby. El dispositivo con prioridad más alta será el activo.

```
RouterA(config)#interface GigabitEthernet 0/0
```
La configuración de HSRP se realiza de modo íntegro en la interfaz que conecta a la red LAN a la que se ha de dar salida.

```
RouterA(config-if)#ip address 10.1.1.2 255.255.255.0
```
La interfaz debe tener su propia configuración IP completa.

```
RouterA(config-if)#standby 100 ip 10.1.1.1
```
Las interfaces se asocian a partir de la definición de un grupo HSRP que está identificado con un ID de grupo de 16 bits (valor 0 a 255). El ID de grupo por defecto es 0.

En el mismo comando se asocia la dirección IP virtual que ha de utilizar el grupo. ID de grupo e IP virtual deben coincidir en todos los dispositivos que forman parte del grupo.

```
RouterA(config-if)#standby 100 priority 110
```
Define un valor de prioridad para esta interfaz dentro del grupo. El valor de prioridad puede estar entre 01 y 255, por defecto es 100, y se elige como activa la interfaz con prioridad más alta. En consecuencia esta interfaz será la activa para el grupo HSRP 100.

```
RouterA(config-if)#standby 100 preempt
```
En caso de que el rol de activo pase al router standby, este no regresa automáticamente. Por este motivo es necesario forzar por configuración que cuando esta interfaz vuelva a estar disponible recupere el rol de activa.

```
RouterB(config)#interface GigabitEthernet 0/0
RouterB(config-if)#ip address 10.1.1.3 255.255.255.0
RouterB(config-if)#standby 100 ip 10.1.1.1
```

Un ejemplo en un switch capa 3:

```
SwitchA(config)#interfaz vlan 10
SwitchA(config-if)#ip address 10.1.10.2 255.255.255.0
SwitchA(config-if)#standby 10 ip 10.1.10.1
SwitchA(config-if)#standby 10 priority 110
SwitchA(config-if)#standby 10 preempt
SwitchA(config-if)#no shutdown

SwitchB(config)#interface vlan 10
SwitchB(config-if)#ip address 10.1.10.3 255.255.255.0
SwitchB(config-if)#standby 10 ip 10.1.10.1
SwitchB(config-if)#no shutdown
```

Verificación

```
Router#show standby
```
> Da información detallada de estado y operación del protocolo: router activo y router standby, IP y MAC virtuales, prioridad configurada, etc.

```
Router#show standby brief
```
> Permite verificar de modo sintético la operación del protocolo.

Entre los problemas más habituales que surgen en la configuración se destacan:

- Errores en la configuración de la dirección IP del grupo.
  Los mensajes de estado en la consola del dispositivo notifican de esta situación.

- Errores en la configuración del ID del grupo.
  En este caso los dispositivos levantarán cada uno como activo, y si la IP virtual está bien definida se manifestará en los mensajes de estado como una duplicación de IPs.

- Falta de coincidencia en la versión de HSRP utilizada.
  Esto también provocaría que ambos dispositivos aparezcan como activos y surjan mensajes de duplicación de direcciones IPs.

- Paquetes HSRP hello bloqueados.

Control de acceso a la red conmutada

Ante todo es necesario considerar algunas buenas prácticas que deben ser tenidas en cuenta para asegurar la operación de la red conmutada y evitar el acceso indebido:

- Los puertos que no se encuentran en uso deben ser inhabilitados administrativamente con el comando shutdown.

- Coloque los puertos que no están en uso en una VLAN dedicada específicamente a ese propósito (que no esté dedicada a tráfico útil en la red).

Port Security

Cisco IOS incorpora en los switches una serie de funciones de seguridad avanzada denominadas port security. Esta funcionalidad permite restringir el acceso a la red sobre la base de la dirección MAC de origen de las tramas.

Aplicado a un puerto, port security restringe el tráfico permitido aceptando solamente tramas originadas en direcciones MAC consideradas "seguras". Esto lo hace restringiendo las direcciones MAC que pueden asociarse a un puerto en la tabla de direcciones MAC. De esta manera se limita la cantidad y cuáles son las direcciones MAC que pueden conectarse efectivamente a la red a través de un puerto específico.

Las direcciones MAC que se aceptan en un puerto pueden definirse de diferentes formas:

- Estáticamente.
  Cuando se especifican por configuración la o las direcciones MAC de origen aceptable en un puerto.
  Estas direcciones permanecen documentadas en el archivo de configuración y se mantienen por lo tanto aún después de un reinicio.

- Dinámicamente.
  Una vez que se indica la cantidad de direcciones que se permite asociar a un puerto del switch estas direcciones pueden ser aprendidas dinámicamente. De esta manera se limita la cantidad de direcciones permitidas en un puerto sin especificar cuáles son. Esto permite prevenir potenciales ataques de desbordamiento de tablas MAC sin necesidad de especificar cuáles son las MAC permitidas.
  Estas direcciones no se documentan en el archivo de configuración y por lo tanto si el dispositivo se reinicia se reinicia también el proceso de aprendizaje.

- Una combinación de direcciones aprendidas estática y dinámicamente.
  En la configuración es posible especificar estáticamente solamente algunas de las direcciones aceptables y dejar el resto para que sean aprendidas dinámicamente.
  Las direcciones configuradas estáticamente se mantienen aún después de un reinicio, las aprendidas dinámicamente no perduran luego de un reinicio y deben aprenderse nuevamente.

- "Sticky".
  Esta opción permite que direcciones MAC aprendidas dinámicamente por el dispositivo se asuman como direcciones configuradas estáticamente.
  Las direcciones aprendidas de esta manera se agregan en el archivo de configuración activo (running-config) como si fueran definiciones estáticas.
  Estas direcciones de suyo no perduran luego de un reinicio ya que se almacenan en el archivo de configuración activo y por lo tanto se pierden luego de un reinicio. Pueden perdurar si antes del reinicio se guarda el archivo de configuración activo sobrescribiendo el archivo de configuración de respaldo (copy running-config startup-config).

Cuando una trama llega a un puerto del switch configurado con port security su dirección MAC de origen es verificada en la bala de direcciones "seguras" construida por port security.

- Si la dirección MAC de origen de la trama coincide con una de las incluidas como seguras en la tabla para ese puerto, la trama es procesada.

- Si la dirección MAC de origen de la trama no coincide con una de las incluidas como seguras en la tabla para ese puerto la trama no es procesada y se la considera como una violación de la política. Cuando ocurre una violación hay 3 acciones posibles:

  - Protect
    Las tramas que incurren en violación de la política son descartados.

o   Restrict
Las tramas que violan la política son descartadas y se genera una notificación de evento al mismo tiempo que incrementa el contador de violaciones de seguridad.

o   Shutdown
En este caso, ante una violación de la política la interface se coloca en estado de error (error-disabled), se genera la notificación de evento, se envía un mensaje trap de SNMP y se incrementa el contador de violaciones de seguridad. Es la acción por defecto.
Para que la interfaz sea operativa nuevamente es necesario intervenir manualmente.

 Port security se puede activar únicamente en puertos definidos estáticamente como acceso o troncales. No se puede activar interfaces en modo dinámico.

Configuración de port-security

```
Switch(config)#interface FastEthernet 0/1
Switch(config-if)#switchport mode access
```
Port-security sólo se pueden aplicar a interfaces que se establecen estáticamente como acceso o troncales.

```
Switch(config-if)#switchport port-security
```
Habilita port-security en el puerto con sus opciones por defecto.

```
Switch(config-if)#switchport port-security maximum 2
```
Establece el número máximo de direcciones MAC que se permitirán como asociadas al puerto en la tabla de direcciones MAC. Por defecto se permite solo una.

```
Switch(config-if)#switchport port-security mac-address 0000.0ab1.23cd
```
Indica estáticamente las direcciones MAC que estarán permitidas en ese puerto.

```
Switch(config-if)#switchport port-security mac-address sticky
```
Habilita el aprendizaje dinámico de direcciones MAC que luego se asocian estáticamente al puerto.

Convierte la dirección MAC aprendida dinámicamente en una entrada estática en la configuración activa.

```
Switch(config-if)#switchport port-security violation shutdown
```
Define la acción que se tomará en este puerto en caso de que se reciba tráfico desde una dirección MAC no permitida. En este caso se ha optado por el bloqueo del puerto, que es la acción por defecto.

Comandos de verificación:

```
Swtich#show port-security status
```
> Muestra el estado de cada una de las interfaces del switch. Esto incluye mostrar qué interfaces se encuentra en estado err-disabled.

```
Switch#show port-security
```
> Muestra las interfaces en las que se ha habilitado port-security. Adicionalmente presenta un contador de violaciones a la política y las acciones que se toman por interfaz.

```
Switch#show port-security interface FastEthernet 0/1
```
> Muestra la configuración de port-security en un puerto específico. Permite verificar también la cantidad de violaciones registradas.

```
Switch#show port-security address
```
> Permite verificar las direcciones MAC que están asociadas a cada puerto como resultado de la utilización de port-security.

Recuperación de puertos en error

Cuando un puerto queda en estado de err-disabled (por ejemplo por una violación de port security) es necesario intervenir de alguna forma para que recupere su estado operativo. La forma más frecuente es acceder manualmente a la configuración de la interfaz, desactivarla (shutdown) para eliminar el estado de error, y luego activarla nuevamente (no shutdwon).

Pero es posible reducir la carga administrativa rehabilitando automáticamente los puertos en este estado, una vez que la situación que provocó el estado de error termina. Si el problema no se resuelve el puerto permanecerá en estado de error.

```
Switch(config)#errdisable recovery cause psecure-violation
```
> Especifica cuál es la situación que causa el estado de error en los puertos cuya rehabilitación se desea automatizar.

```
Switch(config)#errdisable recovery interval 60
```
> Define un intervalo de tiempo de espera, en segundos, después de resuelto el problema, para la rehabilitación del puerto.
>
> En este caso el puerto permanecerá 60 segundos en estado de error y luego automáticamente entrará en estado operativo. El intervalo por defecto es de 300 segundos, el mínimo permitido es 30 segundos.

```
Switch(config)#exit
Switch#show errdisable recovery
```
> Permite verificar la configuración de autorecovery.

2.5. Enrutamiento IP

 Las abreviaturas y siglas utilizadas en este manual se encuentran desarrolladas en el Glosario de Siglas y Términos de Networking que está disponible en la Librería en Línea de EduBooks:
https://es.scribd.com/document/292165924/Glosario-de-Siglas-y-Terminos-de-Networking-version-1-2

Principios del enrutamiento IP

Para establecer comunicación entre dispositivos alojados en redes diferentes es necesario acudir a un dispositivo de capa 3, típicamente un router. Cada interfaz del router pertenece a una red diferente y está en capacidad de conmutar tráfico entre redes sobre la base de la información contenida en la tabla de enrutamiento.

Los procesos de enrutamiento IP permiten descubrir la ruta que ha de utilizar un paquete IP para recorrer el camino entre origen y destino a través de la red y almacenar esa información en una base de datos que denominamos tabla de enrutamiento.

La tabla de enrutamiento contiene la información correspondiente a todos los destinos posibles conocidos, e incluye como mínimo:

- Identificador de la red de destino.

- Dispositivo vecino a partir del cual se puede acceder a la red destino.

- Forma en que se mantiene y verifica la información de enrutamiento.

- La mejor ruta a cada red remota.

El router aprende acerca de las redes remotas:

- Dinámicamente, de los demás dispositivos de capa 3 de la red.

- Estáticamente, a partir de la información ingresada por un Administrador

Con esta información el router construye las tablas de enrutamiento.

El router tiene cumple 2 funciones básicas:

- Determinación de las rutas.
  El router utiliza su tabla de enrutamiento para determinar dónde debe reenviar el tráfico que recibe.
  Cuando se recibe un paquete el dispositivo verifica la dirección IP de destino y busca la mejor coincidencia en la tabla de enrutamiento.

- Reenvío de paquetes.
  Utilizando la información de la tabla de enrutamiento y la dirección IP de

destino del paquete, se determina hacia dónde se debe reenviar el tráfico.
Si el dispositivo no tiene una entrada en la tabla de enrutamiento para el
destino que se busca, el paquete es descartado.

El proceso de enrutamiento que se corre en el router debe estar en capacidad de
evaluar la información de enrutamiento que recibe y seleccionar la ruta a utilizar en
base a criterios específicos.

Hay 3 mecanismos de reenvío de paquetes en los routers Cisco:

- Process switching
  Es el mecanismo diseñado originalmente para el enrutamiento IP. Para
  cada paquete que llega a una de las interfaces del router se realiza una
  revisión completa de la tabla de enrutamiento (full lookup).
  Es un mecanismo lento y poco utilizado en las redes actuales.

- Fast switching
  Mecanismo que utiliza una porción de memoria (caché) para almacenar las
  decisiones de reenvío realizadas en función de los destinos más recientes.
  De esta manera el primer paquete a un destino es procesado con una
  revisión completa de la tabla de enrutamiento y los paquetes siguientes se
  reenvían en base a lo almacenado en la memoria.

- Cisco Express Forwarding
  Es el mecanismo más rápido, más reciente y el preferido en dispositivos
  Cisco.
  Cada vez que se registran cambios en la topología de la red, esos cambios
  generan una modificación en el caché de memoria para reflejar la
  modificación de las rutas.

La tabla de enrutamiento

Es un conjunto ordenado de información referida al modo de alcanzar diferentes
redes de destino.

La información puede ser obtenida estática o dinámicamente. Todas las redes
directamente conectadas se agregan automáticamente a la tabla de enrutamiento
en el momento en que la interfaz asociada a esa red alcanza estado operativo.

Cuando la red de destino no está directamente conectada, la tabla de enrutamiento
indica a cuál de los dispositivos directamente conectados (próximo salto) se debe
enviar el paquete para que alcance el destino final.

Si la tabla de enrutamiento no cuenta con una ruta a la red de destino, el paquete
es descartado y se envía un mensaje ICMP al origen.

Generación de la tabla de enrutamiento

En Cisco IOS hay 3 métodos para ingresar información en la tabla de
enrutamiento:

- Redes directamente conectadas.
  El origen de la información es el segmento de red directamente conectado
  a las interfaces del dispositivo.

Si la interfaz deja de ser operativa, la red es removida de la tabla de enrutamiento. Su distancia administrativa es 0 y son preferidas a cualquier otra ruta.
En la tabla de enrutamiento estas redes están identificadas con la letra "C".
Asociadas a estas redes, en la tabla de enrutamiento encontramos "rutas locales" que indican a las interfaces locales y se identifican con la letra "L".

- Rutas estáticas.
  Son ingresadas manualmente por el Administrador de la red.
  Su distancia administrativa por defecto es 1.
  Son un método efectivo de adquisición de información de enrutamiento para redes pequeñas y simples que no experimentan cambios frecuentes.
  En la tabla de enrutamiento se identifican con la letra "S".

- Rutas dinámicas.
  Son rutas aprendidas automáticamente a través de la operación del intercambio de protocolos de enrutamiento con dispositivos vecinos.
  Estas pueden modificarse automáticamente en respuesta a cambios en la red.
  En la tabla de enrutamiento se identifican con diferentes letras, según el protocolo de enrutamiento utilizado.

- Ruta por defecto.
  Es una entrada opcional en la tabla de enrutamiento que se utiliza cuando no hay una ruta explícita hacia la red de destino.
  Se identifica en la tabla de enrutamiento con "(*)".

La tabla de enrutamiento se construye utilizando un algoritmo para seleccionar la mejor ruta a cada destino a partir de los siguientes parámetros:

Cuando el dispositivo encuentra varias rutas a la misma red de destino con igual distancia administrativa e igual métrica, las conserva en la tabla de enrutamiento y realiza balanceo de tráfico entre esas rutas de igual costo.

C	Redes directamente conectadas
L	Rutas locales: interfaces del dispositivo
S	Rutas estáticas
(*)	Identifica la ruta por defecto
R	Rutas aprendidas a través del protocolo RIP
O	Rutas aprendidas a través del protocolo OSPF
D	Rutas aprendidas a través del protocolo EIGRP

Protocolos de enrutamiento

Hay disponibles diferentes protocolos de enrutamiento dinámico para operar en redes IP. Estos protocolos pueden clasificarse, en primera instancia, en función de su diseño para operar mejor en el enrutamiento interno de un sistema autónomo (protocolos de enrutamiento interior) o entre sistemas autónomos (protocolos de enrutamiento exterior).

Un sistema autónomo o dominio de enrutamiento es un conjunto de dispositivos bajo una administración única.

Los protocolos utilizados para el intercambio de información de enrutamiento dentro de un sistema autónomo reciben la denominación de Protocolos de Enrutamiento Interior:

- RIP

- EIGRP

- OSPF

- IS-IS

En cambio, los protocolos que se utilizan para intercambiar rutas entre diferentes sistemas autónomos se denominan Protocolos de Enrutamiento Exterior:

- BGPv4

Todos los protocolos de enrutamiento cubren básicamente 3 propósitos:

- Descubrir la existencia de redes remotas.
  Para esto los diferentes protocolos deben generar tráfico que utiliza parte de la capacidad de transporte (ancho de banda) de la red.

- Mantener la información de enrutamiento actualizada.
  Esta operación demanda recursos de procesamiento y memoria adicionales.

- Seleccionar la mejor ruta hacia la red destino

Comparación entre enrutamiento vector distancia y estado de enlace

Los protocolos de enrutamiento interior también se diferencian en función del algoritmo que utilizan para procesar la información de enrutamiento que intercambian y definir cuál es la mejor ruta a un destino posible.

Cada protocolo define un conjunto de reglas para el intercambio de información de enrutamiento entre dispositivos vecinos, lo que les permite mantener actualizadas sus tablas de enrutamiento. Esto permite a cada dispositivo obtener información sobre redes remotas y adaptarse a los cambios en la estructura de la red.

Hay 2 tipos de protocolos de enrutamiento interior:

- Protocolos de vector distancia.
  Determina básicamente la dirección y distancia a la que se encuentra la red de destino.
  Estos protocolos envían actualizaciones periódicamente, en las que

incluyen toda la información contenida en la tabla de enrutamiento, esto puede ser una limitante en redes con una cantidad importante de rutas.

- Protocolos de estado de enlace.
  Cada router construye su propio mapa interno de la topología de la red. Para esto utiliza el algoritmo SPF con el que se genera una visión completa de la topología de la red y se utiliza esta visión para elegir la mejor ruta a cada red de destino existente en la red.

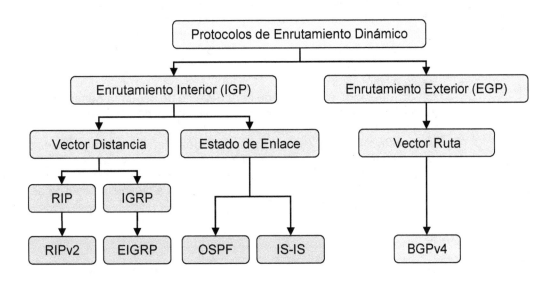

Protocolos por vector distancia	Protocolos por estado de enlace
Implementan el algoritmo Bellman-Ford.	Implementan el algoritmo de Dijkstra.
Visualiza la red sólo desde la perspectiva de los vecinos.	Buscan una visión común de la topología de la red íntegra.
Realizan actualizaciones periódicas, por lo que son de convergencia lenta.	Los eventos activan la actualización lo que posibilita una convergencia más rápida.
Transmiten copias completas o parciales de la tabla de enrutamiento a los dispositivos vecinos.	Transmiten básicamente solo actualizaciones del estado de los enlaces a los otros dispositivos.
Requieren menor procesamiento y disponibilidad de memoria RAM en el dispositivo; pero utilizan mayor ancho de banda.	Requieren mayor procesamiento y cantidad de memoria RAM en el dispositivo, pero utilizan menor ancho de banda.
RIP EIGRP	OSPF IS-IS

Protocolos classful y classless

Hay otra visión diferente entre protocolos de enrutamiento según el modo en que se publican las redes de destino:

- Enrutamiento classful.
  Estos protocolos no incluyen la información de la máscara de enrutamiento correspondiente en las rutas publicadas.
  Cuando se utilizan estos protocolos todas las subredes pertenecientes a una misma red (clase A, B o C) deben utilizar la misma máscara de subred. En este caso los routers aplican sumarización automática de rutas cuando se publican rutas más allá de las fronteras de la red. Estos protocolos son considerados obsoletos hoy.

- Enrutamiento classless.
  Son considerados protocolos de enrutamiento de segunda generación ya que están diseñados para superar las limitaciones de los protocolos de enrutamiento classful iniciales.
  Estos protocolos incluyen la máscara de subred en las actualizaciones de las rutas publicadas, lo que posibilita en consecuencia variar la máscara de subred en las diferentes subredes que componen una red (VLSM) y controlar manualmente la sumarización de rutas a cualquier posición de bit dentro de la dirección (CIDR).

La métrica

Es el parámetro generado por el algoritmo de enrutamiento para cada ruta hacia una red de destino y que refleja la "distancia" existente entre el dispositivo y la red de destino. Es una de las bases para la selección de la mejor ruta.

La métrica es el resultado de la operación del algoritmo del protocolo de enrutamiento a partir de uno o varios parámetros combinados. La menor métrica es la que corresponde a la mejor ruta.

Cada protocolo de enrutamiento utiliza diferentes métricas que se pueden basar en una o más características de la ruta:

- Ancho de banda.

- Delay.

- Cantidad de saltos.

- Costo.
  Valor arbitrario que puede ser asignado por el Administrador.

La Distancia Administrativa

Es el valor que permite clasificar las diferentes rutas que se aprenden a un mismo destino de acuerdo a la confiabilidad de la fuente de información de enrutamiento.

Cisco IOS utiliza este parámetro para seleccionar la mejor ruta cuando hay rutas al mismo destino de diferente origen.

Es un valor entero entre 0 y 255, que a menor valor denota mayor confiabilidad. Cada fuente de información tiene un valor asignado por defecto, que puede ser luego modificado por configuración.

Fuente de información de ruteo	Valor
Ruta a una red directamente conectada	0
Ruta estática (por defecto)	1
Ruta eBGP	20
Ruta EIGRP interna	90
Ruta OSPF	110
Ruta IS-IS	115
Ruta RIP	120
Ruta EIGRP externa	170
Ruta iBGP	200
Ruta inalcanzable	255

Determinación de la ruta

La tabla de enrutamiento recibe información de 3 fuentes: las redes directamente conectadas, las rutas estáticas y las descubiertas utilizando un protocolo de enrutamiento. Esta información debe ser evaluada por el dispositivo y seleccionar la mejor ruta que será la que luego se colocará en la tabla de enrutamiento.

Cuando hay información referida a una misma red destino, de diferente origen, el router utiliza la distancia administrativa para definir cuál es la mejor ruta hacia ese destino.

Cuando al seleccionar una ruta para alcanzar el destino se encuentran varias rutas posibles, se selecciona aquella de prefijo de mayor longitud (aquella en la que mayor cantidad de bits coinciden con la dirección IP de destino). Por ejemplo, en la tabla de enrutamiento puede encontrarse una ruta a la red 172.16.0.0/16 y otra a la red 172.16.1.0/24. Si la dirección IP destino es 172.16.1.50, entonces se utilizará la segunda ruta que es la de prefijo más largo (24 bits).

De esta manera, en la decisión de reenvío del paquete intervienen 3 procesos diferentes:

- Los diferentes protocolos de enrutamiento que recogen información de enrutamiento y que eligen la mejor ruta que han encontrado a cada destino posible.

- La tabla de enrutamiento misma, en la cual confluyen las redes directamente conectadas, la mejor ruta propuesta por cada protocolo y las rutas estáticas, y que es en base a la cual se define el proceso de reenvío.

- El proceso de reenvío que tomando la información de la tabla de enrutamiento reenvío el tráfico hacia la red destino.

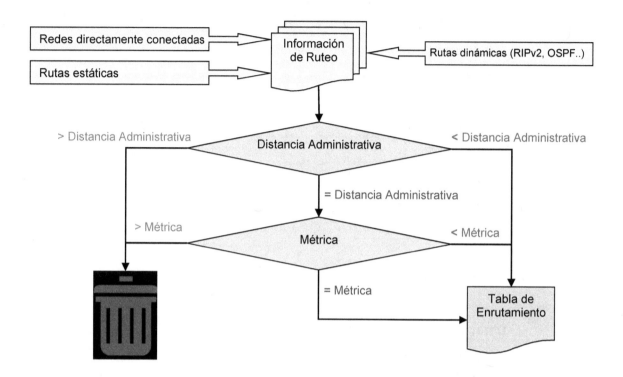

Selección de una ruta para un paquete

Cuando se procesa un paquete para definir el reenvío del mismo hacia su destino:

- Si la dirección de destino coincide con una única entrada en la tabla de enrutamiento, se reenvía el paquete a través de la interfaz que está definida en el route.

- Si la dirección de destino coincide con más de una entrada en la tabla de enrutamiento, y esas entradas tienen el mismo prefijo, los paquetes a ese destino se distribuyen entre las múltiples rutas que estén contenidas en la tabla de enrutamiento.

- Si la dirección de destino coincide con más de una entrada en la tabla de enrutamiento, pero esas entradas tienen diferente prefijo, el paquete se reenviará a través de la interfaz indicada por la ruta de prefijo más largo.

- Si la dirección de destino del paquete no coindice con ninguna entrada en la tabla de enrutamiento, se utiliza la ruta por defecto.
  Si no hay una ruta por defecto, se descarta el paquete.

Configuración de las interfaces del router

Un elemento clave en la operación de los routers son sus interfaces. Son su punto de conexión con las diferentes redes y por lo tanto es esencial la correcta configuración de cada una de ellas ya que es a través de ellas que se reciben y envían paquetes.

Los routers Cisco presentan 2 tipos básicos de interfaces físicas:

- Interfaces Ethernet o LAN
  Se trata de interfaces de tecnología Ethernet que permiten la conexión con tramos de red de 10 / 100 / 1000 Mbps.

- Interfaces Seriales o WAN
  Son interfaces que soportan la conexión de diferentes tecnologías WAN: líneas punto a punto, líneas Frame Relay, etc. Estas líneas soportan diferentes protocolos de capa de enlace de datos tales como HDLC o PPP.

Una mención aparte merecen las interfaces loopback. Se trata de interfaces puramente virtuales que operan a nivel de la lógica del dispositivo y que no están conectadas a ningún dispositivo. Son generalmente utilizadas para facilitar tareas de gestión y operación de diferentes protocolos.

Configuración de interfaces loopback

```
Router#configure terminal
Router(config)#interface loopback 0
```

Este comando permite crear una interfaz loopback o ingresar a la configuración de la misma. Es posible crear múltiples interfaces loopback en un mismo dispositivo.

```
Router(config-if)#ip address 192.168.100.1 255.255.255.255
```

Asigna una dirección IP a la interfaz.

En interfaces loopback es frecuente utilizar máscaras de subred de 32 bits de longitud ya que se trata de redes de un único host.

```
Router(config-if)#exit
```

Estas interfaces no requieres habilitación administrativa ya que por defecto están siempre activas salvo que sean desactivadas manualmente por el Administrador.

```
Router(config)#
```

Configuración de interfaces Ethernet

```
Router(config)#interface GigabitEthernet0/0
```

Accede al modo de configuración de la interfaz

```
Router(config-if)#ip address 172.16.1.1 255.255.255.0
```

```
Router(config-if)#no shutdown
```

Las interfaces del router requieren activación por parte del Administrador ya que por defecto no se encuentran activas y por lo tanto no participarán del proceso de enrutamiento.

```
Router(config-if)#exit
```

Configuración de interfaces Seriales

```
Router(config)#interface Serial0/0/0
Router(config-if)#encapsulation [ppp|hdlc|frame]
```

En el caso de interfaces seriales se pueden implementar diferentes formatos de encapsulación de capa 2. La opción por defecto es HDLC (propietario de Cisco).

```
Router(config-if)#ip address 172.16.20.1 255.255.255.0
Router(config-if)#no shutdown
Router(config-if)#exit
```

Verificación de la configuración y estado de las interfaces

```
Router#show ip interface brief
```

Permite verificar una lista de las interfaces, su estado y parte de su configuración.

```
Router#show protocols Serial0/0/0
```

Permite ver una síntesis de los detalles de una interfaz en particular.

```
Router#show interfaces
```

Muestra los detalles de cada interfaz y sus estadísticas de operación.

Enrutamiento estático

Una ruta estática es una ruta manualmente ingresada en la tabla de enrutamiento del dispositivo. Esta información de enrutamiento requiere ser mantenida manualmente por el Administrador de la red.

Ventajas	Desventajas
No genera carga de procesamiento.	El Administrador debe tener una comprensión amplia de la red.
No utiliza ancho de banda.	El Administrador debe agregar manualmente la ruta hacia cada red.
Son más seguras.	La actualización de rutas puede convertirse en un trabajo full-time.
Fácil diagnóstico.	Requiere alto mantenimiento y no tiene adaptabilidad a los cambios.

Puede ser conveniente utilizar rutas estáticas cuando:

- La red es pequeña y está constituida por unas pocas rutas.

- La red está conectada a Internet a través de un único service provider.

- La red está configurada sobre un modelo hub-and-spoke.

- Es necesario implementar rápidamente una ruta con un propósito específico.

Comparación enrutamiento estático vs. Dinámico

Enrutamiento Estático	Enrutamiento Dinámico
Las rutas son ingresadas manualmente por el Administrador.	Las rutas se aprenden automáticamente a partir de los protocolos de enrutamiento.
Los cambios de topología requieren intervención manual del Administrador	Los cambios de topología se detectan automáticamente.
El enrutamiento se puede controlar con precisión.	El enrutamiento depende de la operación del protocolo.
No utiliza recursos (memoria o CPU) para el mantenimiento de la información de enrutamiento.	Requiere memoria, CPU y ancho de banda para mantener la información de enrutamiento. El volumen depende del protocolo que se implementa.

Configuración de una ruta estática

Ruta estática IPv4:

```
Router(config)#ip route [red destino] [máscara] [próximo salto]
[distancia administrativa]
```

Un ejemplo:

```
Router(config)#ip route 201.15.14.0 255.255.255.0 191.35.152.17 10
Router(config)#ip route 201.15.10.0 255.255.255.0 Serial0/0/0 10
```

En la definición de la ruta estática se puede utilizar tanto la dirección IP del próximo salto como la interfaz a través de la cual se debe reenviar el tráfico.

Ruta estática IPv6:

```
Router#configure terminal
Router(config)#ipv6 unicast-routing
```

El enrutamiento IPv6 no se encuentra habilitado por defecto en IOS, por lo que es necesario habilitarlo explícitamente.

```
Router(config)#ipv6 route 2001:DB8:0:1::/64 Serial0/0/0 10
```

Rutas por Defecto

Las rutas por defecto son rutas utilizada para enrutar paquetes que tienen como destino una dirección perteneciente a una red para la cual no hay una ruta específica en la tabla de enrutamiento.

Es una ruta que puede ser utilizada por cualquier dirección IP de destino y con la cual coinciden todos los paquetes sin importar su dirección de destino.

Se utilizan rutas por defecto se utilizan:

- Cuando en función de la dirección IP de destino no se encuentra en la tabla de enrutamiento una ruta más específica. Se suele utilizar en redes corporativas en la conexión a Internet.

- Cuando se trata de una red stub. Es decir, una red que tiene un solo enlace de entrada y de salida.

Configuración de una ruta por defecto

```
Router(config)#ip route 0.0.0.0 0.0.0.0 191.35.152.17
```

Para identificar "cualquier destino" se utiliza como ruta de destino y máscara de subred 0.0.0.0 0.0.0.0 (llamada ruta "quad-zero").

```
Router(config)#ip route 0.0.0.0 0.0.0.0 Serial 0/0/0
```

En la ruta por defecto también puede utilizarse tanto la dirección IP del próximo salto como la interfaz de salida.

Para configurar una ruta por defecto para enrutamiento IPv6:

```
Router(config)#ipv6 route ::/0 Serial 0/0/0
```

Enrutamiento Dinámico

Un protocolo de enrutamiento dinámico es un conjunto de procesos, algoritmos y formatos de mensajes que permiten intercambiar información de enrutamiento entre dispositivos con el propósito de construir las tablas de enrutamiento.

De esta manera, y a partir del intercambio de información actualizada, cada dispositivo puede construir una tabla de enrutamiento ajustada que se actualiza dinámicamente y puede aprender respecto de redes remotas y cómo llegar hasta ellas.

Ventajas	Desventajas
Alto grado de adaptabilidad a los cambios.	Requieren cantidades significativas de procesamiento y memoria RAM.
Requiere muy poco mantenimiento.	Eleva el uso de ancho de banda.

La operación de los protocolos de enrutamiento, de modo genérico, puede describirse así:

- Los dispositivos envían y reciben mensajes con información de enrutamiento a través de sus interfaces.

- El dispositivo comparte su información de enrutamiento con otros dispositivos utilizando el mismo protocolo de enrutamiento.

- A través del intercambio de información los dispositivos aprende respecto de la existencia y la forma de llegar a redes remotas.

- Cuando se detecta un cambio de topología se utiliza el protocolo de enrutamiento para notificar de este cambio a los otros dispositivos en el dominio de enrutamiento.

Protocolos de enrutamiento por vector distancia

Estos protocolos se basan en el envío a cada uno de los dispositivos vecinos la información contenida en la tabla de enrutamiento. El envío se repite utilizando intervalos fijos de tiempo.

Cuando se recibe una actualización se compara la información recibida con la contenida en la propia tabla de enrutamiento:

- Para establecer la métrica se toma la métrica recibida en la actualización y se le agrega la del propio enlace.

- Si la ruta aprendida es mejor (menor métrica) que la contenida en la tabla de enrutamiento, se actualiza la tabla de enrutamiento con la nueva información.

Los eventos que pueden provocar una actualización son varios:

- La falla de un enlace.

- La activación de un nuevo enlace.

- La falla de un dispositivo.

- El cambio de los parámetros de un enlace.

Estos protocolos son sensibles a la posibilidad de generación de bucles de enrutamiento. Denominamos bucle de enrutamiento a la condición por la cual un paquete se reenvía indefinidamente a través de una serie de dispositivos sin que alcance nunca la red de destino.

Para prevenir o solucionar este inconveniente los protocolos de vector distancia implementan varios recursos:

- Cuenta al infinito.
  Es una contramedida que soluciona un posible bucle de enrutamiento.
  Para esto se define "infinito" como una cantidad máxima de saltos (dispositivos de capa 3) que puede contener una ruta para alcanzar un destino.
  Cuando la ruta se propaga a través de la cantidad de saltos máxima definida por el protocolo se considera que la red de destino está a una distancia infinita y por lo tanto es inalcanzable.

 Número máximo de saltos RIP = 15
Número máximo de saltos EIGRP=224

- Horizonte dividido (Split horizon).
  Técnica para prevenir la formación de bucles.
  La regla indica que nunca es útil reenviar información sobre una ruta a través de la misma interfaz a través de la cual se recibió esa información.

- Ruta envenenada (Route poisoning).
  Mecanismo para prevenir la formación de bucles.
  Permite marcar una ruta como inalcanzable y enviarla utilizando una actualización de enrutamiento de manera tal que se evita que los dispositivos vecinos reciban actualizaciones incorrectas respecto de una nueva ruta hacia la red que ha salido de operación.

- Temporizadores de espera (Hold-down timers).
  Se utilizan para evitar que las actualizaciones regulares reinstalen una ruta inapropiada en la tabla de enrutamiento.
  Fuerzan a que el dispositivo retenga algunos cambios, por un período de tiempo determinado, antes de incorporarlos en la tabla de enrutamiento.
  Habitualmente es un período de tiempo equivalente a tres veces el intervalo de actualización utilizado por el protocolo.

- Actualizaciones desencadenadas.
  Es un mecanismo diseñado para acelerar la convergencia en caso de cambios en la red.
  Para esto se utilizan actualizaciones desencadenadas que se envían inmediatamente en respuesta a un cambio, sin esperar el período de actualización regular.

Protocolos de enrutamiento por estado de enlace

Los protocolos por estado de enlace son mecanismos de mantenimiento de información de enrutamiento de convergencia rápida, escalables y no propietarios de modo que aseguran interoperabilidad ente diferentes fabricantes.

Tienen algunas ventajas respecto de los protocolos de vector distancia:

- Son más escalables.
  Se basan en un diseño jerárquico con lo que pueden escalar bien en redes muy grandes (cuando están adecuadamente diseñadas).

- Cada dispositivo tiene la información completa de la topología de la red.
  Esto permite que cada dispositivo pueda definir una ruta completa libre de bucles basado en el costo para alcanzar cada vecino.

- Las actualizaciones se envían cuando se produce un cambio en la topología, y se inundan periódicamente (por defecto cada 30 minutos).

- Responde rápidamente a los cambios en la topología.

- Hay mayor intercambio de información entre los dispositivos.
  Cada dispositivo tiene toda la información referida a otros dispositivos y los enlaces que los conectan.

Estructura de la información

Para su operación estos protocolos mantienen varias tablas o bases de datos:

- Base de datos de adyacencias.
  Utilizando paquetes hello detecta y negocia relaciones de vecindad con dispositivos adyacentes. A partir de esta negociación recaba información con la que mantiene una base de datos de los dispositivos OSPF directamente conectados con los que mantiene intercambio de información.

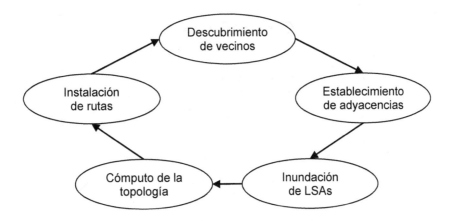

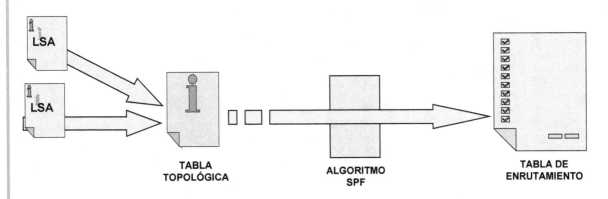

TABLA TOPOLÓGICA   **ALGORITMO SPF**   **TABLA DE ENRUTAMIENTO**

- Base de datos topológica.
  Una vez establecida la relación de vecindad los dispositivos sincronizan su base de datos topológica (LSDB) intercambiando LSAs. Esto es el fundamento para mantener una base de datos con la información completa del estado de todos los enlaces que componen la red.
  Todos los dispositivos de un área tienen la misma base de datos topológica.

La unidad básica para el intercambio de información son los LSAs. Un LSA describe un dispositivo y la red que está conectada a ese dispositivo. Cada vez que se produce un cambio en la topología se generan nuevos LSAs que se propagan a través de la red.

La descripción de un enlace incluye:

- Interfaz del dispositivo.

- Dirección IP y máscara de subred.

- Tipo de red.

- Dispositivos conectados a ese segmento de red.

Como resultado final, luego de aplicar el algoritmo de Dijkstra a la base de datos topológica se determina la ruta más corta a cada destino que se propone a la tabla de enrutamiento.

RIP versión 2

- Es un protocolo de enrutamiento por vector distancia classless: soporta VLSM y CIDR.

- Es muy popular por su sencillez, robustez y características estándar que permiten operar en redes de múltiples fabricantes.

- Protocolo de enrutamiento de vector distancia estándar.

- RFC 2453.

- Métrica: número de saltos

- Métrica máxima: 15 saltos – 16 saltos = inalcanzable

- Algoritmo Bellman-Ford

- ID en la tabla de enrutamiento: R

- Distancia Administrativa: 120

- Temporizadores:

  o Período de actualización: 30 segundos

- o Período de invalidación de ruta: 90 segundos

- o Período de renovación de rutas: 240 segundos

- o La implementación de Cisco agrega a la actualización por temporizadores actualizaciones disparadas por eventos mejorando los tiempos de convergencia. Estos envíos se hacen con independencia de las actualizaciones por intervalos regulares.

- Propagación por multicast: 224.0.0.9

- Balancea carga hasta entre 6 rutas de igual métrica – 4 por defecto. La distribución de la carga se realiza utilizando una lógica de "round robin" (por turnos).

- Admite autenticación para sus actualizaciones: texto plano (por defecto) o cifrado utilizando MD5.

- Sumariza rutas por defecto automáticamente al límite de la clase.

Solo cuenta "saltos" (routers o dispositivos de capa 3 que debe atravesar en la ruta hasta el destino) para determinar la mejor ruta. Si encuentra más de un enlace a la misma red de destino con la misma métrica, automáticamente realiza balanceo de carga. RIP puede realizar balanceo de carga en hasta 6 enlaces de igual métrica.

La limitación de este protocolo se presenta cuando la red cuenta con enlaces de igual métrica en saltos pero diferente ancho de banda. El protocolo balanceará tráfico por igual entre ambos enlaces, tendiendo a provocar la congestión del enlace de menor ancho de banda (pinhole congestion).

Configuración

```
Router(config)#router rip
```

Activa el protocolo de enrutamiento e ingresa al modo de configuración correspondiente.

Atención: En entornos Cisco IOS, por defecto se escuchan actualizaciones versión 1 y 2; y solo se envían actualizaciones versión 1.

El proceso del protocolo no se iniciará hasta tanto se asocie la primer interfaz utilizando el comando network.

```
Router(config-router)#version 2
```

Desactiva la versión 1 y activa la versión 2. Por defecto se utiliza la versión 1.

```
Router(config-router)#network 172.16.0.0
```

El primer comando network que se ingresa inicia el proceso del protocolo.

Asocia interfaces al proceso de enrutamiento RIP, lo que determina cuáles son las interfaces que participan en el envío y recepción de actualizaciones de enrutamiento. Además permite que el router publique esa red.

Se ingresa exclusivamente el número de red, no las subredes. Cuando hay varias subredes de la misma red, se ingresa únicamente la red.
Esto aun cuando se trate de RIP versión 2.

`Router(config-router)#timers basic 60 180 180 240`

Modifica los timers de operación del protocolo. En este caso coloca en 60 segundos el período de actualización mientras deja los demás timers con sus valores por defecto.

`Router(config-router)#no auto-summary`

Desactiva la sumarización automática de rutas que se encuentra activa por defecto.

`Router(config-router)#passive-interface GigabitEthernet0/0`

Desactiva el envío y recepción de actualizaciones de RIP a través de la interfaz que se especifica.

`Router(config-router)#passive-interface default`

Cambia el comportamiento por defecto del protocolo desactivando el envío y recepción de actualizaciones de RIP en todas las interfaces del dispositivo. Para que se negocie el protocolo sobre una interfaz será necesario negar esta opción para esa interfaz en particular.

`Router(config-router)#no passive-interface Serial0/0`

En routers en los que por defecto no se envían ni reciben actualizaciones de RIP en ninguna interfaz, habilita la interfaz indicada (y solamente a ella) para enviar y recibir información del protocolo.

`Router(config-router)#default-information originate`

Hace que el protocolo de enrutamiento propague una ruta por defecto hacia los dispositivos vecinos.

Monitoreo

`Router#show ip protocol`

Verifica la configuración de todos los protocolos de enrutamiento, brindando información sobre los temporizadores y las estadísticas de intercambio de información.

`Router#show ip route`

Muestra la tabla de enrutamiento. Las rutas identificadas en la columna del extremo izquierdo con la letra "R" son las aprendidas utilizando RIP.

```
Router#show ip route rip
```
Muestra solamente las rutas aprendidas por RIP que han ingresado en la tabla de enrutamiento.

```
Router#show ip rip database
```
Muestra la base da información de enrutamiento del protocolo, incluyendo aquellas rutas que no se han incorporado en la tabla de enrutamiento.

Enrutamiento IPv6

IPv6 es un protocolo enrutado completamente diferente de IPv4. En consecuencia, los protocolos de enrutamiento IP que se utilizan en el entorno tradicional no son aplicables en redes IPv6. Por esto son necesarios protocolos de enrutamiento específicos que respondan a la nueva arquitectura de IPv6.

Además del enrutamiento estático es posible utilizar alguno de los protocolos de enrutamiento actualmente disponibles en Cisco IOS para redes IPv6:

- RIPng.

- OSPFv3.

- IS-IS.

- EIGRP.

- MP-BGP.

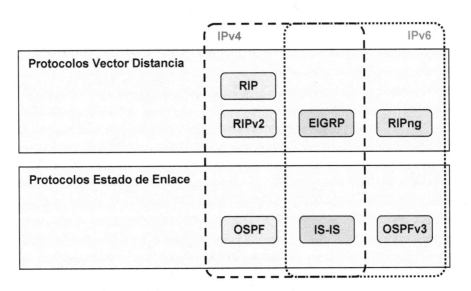

En dispositivos Cisco IOS el enrutamiento IPv6 se encuentra inactivo por defecto, por lo cual es necesario activarlo al iniciar las tareas de configuración de enrutamiento IPv6.

```
Router#configure terminal
Router(config)#ipv6 unicast-routing
```

Configuración de enrutamiento estático IPv6

La implementación de enrutamiento estático en entornos IPv6 es semejante a la que se realiza en entornos IPv4.

La distancia administrativa por defecto de estas rutas es 1 y su ID en la tabla de enrutamiento es "S".

```
Router#configure terminal
Router(config)#ipv6 route 2001:db8:0:1::/64 Serial0/1
```
> La sintaxis de la ruta estática es la que se utiliza en rutas IPv4: se indica la red destino utilizando dirección de red y longitud de prefijo, y dirección del próximo salto o interfaz de salida.

```
Router(config)#ipv6 route ::/0 Serial0/0
```
> Genera una ruta IPv6 por defecto.

Verificación del enrutamiento IPv6

```
Router#show ipv6 route
```
> Muestra la tabla de enrutamiento IPv6.

```
Router#show ipv6 route static
```
> Muestra las rutas IPv6 estáticas que se incorporan en la tabla de enrutamiento IPv6.

```
Router#traceroute 2001:db8:0:1::10
```
> Permite descubrir la ruta utilizada para alcanzar un destino específico.

Enhanced Interior Gateway Routing Protocol (EIGRP)

Se trata de un protocolo de vector distancia avanzado desarrollado por Cisco y convertido en un estándar abierto en el año 2013.

Sus principales características son:

- Protocolo de enrutamiento por vector distancia avanzado.

- Protocolo propietario de Cisco.

 Atención:
Si bien a efectos del examen de certificación EIGRP sigue siendo un protocolo propietario de Cisco, en enero de 2013 Cisco Systems anunció su apertura, y ha pasado a ser un protocolo de tipo abierto detallado en un conjunto de RFCs de la IETF.

- Mantiene una tabla de vecindades y una tabla topológica.

- Algoritmo de selección de mejor ruta: DUAL
  Utiliza la Máquina de Estado Finito DUAL (FSM).
  Calcula las rutas con la información que le proveen la tabla de vecindades

y la tabla topológica asegurando de esta manera rutas libres de bucles y rutas de respaldo a lo largo de todo el dominio de enrutamiento.

- Implementa el concepto de "rutas sucesoras".

- Si una ruta deja de estar disponible inmediatamente propone a la tabla de enrutamiento la ruta sucesora; si no existe una ruta sucesora se inicia un requerimiento a los vecinos para descubrir la posibilidad de una ruta alternativa.

- No realiza actualizaciones periódicas.
  Sólo se envían actualizaciones cuando una ruta cambia (actualizaciones incrementales). Estas actualizaciones se envían solamente a los dispositivos que son afectados por los cambios.
  De esta forma se minimizan los requerimientos de ancho de banda.

- Envía paquetes hello utilizando multicast: 224.0.0.10 o FF02::A.
  Cuando se trata de comunicarse con un vecino específico, utiliza unicast.

- En los paquetes hello se incluyen los temporizadores, si no se recibe un hello de un vecino dentro del intervalo de tiempo definido como hold time DUAL informará de un cambio topológico.

- Soporta VLSM, enrutamiento de redes discontiguas y sumarización de rutas.

- Por defecto NO sumariza rutas.
  Se puede activar sumarización automática, al límite de la clase; o se puede realizar sumarización manual de rutas.

En versiones anteriores de IOS la sumarización automática de rutas se encontraba habilitada por defecto.

- Soporta autenticación con intercambio de claves predefinidas y cifradas con MD5.
  Se autentica el origen de cada actualización de enrutamiento.

- Diseño modular utilizando PDM.
  Soporta múltiples protocolos enrutados: IPv4, IPv6, IPX y AppleTalk

- Utiliza RTP (protocolo propietario de capa de transporte) para asegurar una comunicación confiable.

- Métrica de 32 bits compuesta: ancho de banda, retraso, confiabilidad y carga.
  Métrica por defecto = ancho de banda + retardo.

- Balancea tráfico entre rutas de igual métrica. 4 por defecto, máximo 32 (depende de la plataforma).
  Es posible definir balanceo de tráfico entre rutas de diferente métrica.

- Cantidad máxima de saltos: 224.

- ID en la tabla de enrutamiento: D (para rutas externas D EX).
  La letra "D" está tomada del algoritmo que utiliza para la evaluación de la información: DUAL.

- Distancia Administrativa: 90 (170 para rutas externas).

- Su configuración requiere que se defina un número de Sistema Autónomo (AS).

Los routers EIGRP mantienen tablas de información interna del protocolo:

- Una Tabla de vecinos.
  Es un registro de los vecinos que descubre a través del intercambio de paquetes de hello y con los que establece adyacencias.
  Se utiliza para hacer seguimiento de cada uno de los vecinos utilizando paquetes hello.

- Una tabla topológica.
  Contiene todas las rutas a cada destino posible descubiertas por el protocolo a través de los dispositivos vecinos

Selección de rutas EIGRP

La selección de la mejor ruta es realizada por el protocolo a partir de la información contenida en la tabla topológica; en dicha tabla se mantiene para cada una de las redes destino posibles:

- La métrica con la que cada vecino publica cada una de las diferentes rutas a esa red destino (AD).

- La métrica que el dispositivo calcula para alcanzar esa red destino a través de ese dispositivo sucesor utilizando esa ruta (FD – Feasible Distance).
  FD = AD + Métrica para alcanzar el vecino
  La feasible distance será la métrica de enrutamiento que se asignará a esa ruta si es colocada en la tabla de enrutamiento.

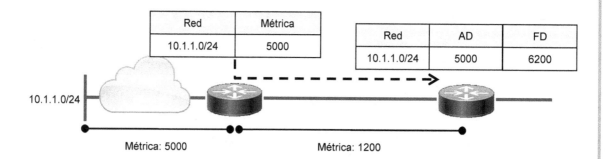

Como resultado del análisis de estas métricas, la ruta con menor métrica (successor route) es propuesta a la tabla de enrutamiento como la mejor ruta; y se elige una ruta de respaldo o feasible successor route.

Para esto el algoritmo de EIGRP compara las FDs de todas las rutas al mismo destino y selecciona la ruta con menor FD; esta será la ruta propuesta para la tabla de enrutamiento del dispositivo.

Si por cualquier motivo la ruta seleccionada (successor route) deja de estar disponible o ser válida el algoritmo DUAL:

1. Verifica si se ha seleccionado un feasible sucesor a la red destino; si hay un feasible sucesor se lo utiliza como ruta de respaldo evitando así la necesidad de procesar nuevamente la información de enrutamiento.

2. Si no hay un feasible successor la ruta cambia a estado activo e inicia un proceso de re cómputo para obtener una nueva successor route. Este proceso es intensivo en requerimiento de procesador, por lo que se intenta evitar todo lo posible esta situación previendo la presencia de un feasible successor en la tabla topológica.

Métrica

EIGRP implementa una métrica compuesta calculada a partir de 4 parámetros; 2 por defecto y 2 opcionales.

Componentes por defecto:

- Ancho de banda.
  El menor ancho de banda de todas las interfaces salientes en la ruta entre origen y destino expresado en kilobits por segundo. No es un valor acumulativo.

- Delay.
  Suma acumulada del delay que se acumula a lo largo de la ruta al destino, expresada en decenas de microsegundos.

Adicionalmente puede considerar:

- Confiabilidad.
  Representa el tramo menos confiable en la ruta entre origen y destino, tomando como base los keepalives.

- Carga.
  Representa el enlace con mayor carga en la ruta entre origen y destino, tomando como base la tasa de paquetes y el ancho de banda configurado en las interfaces.

  📝 Estos dos parámetros no suelen utilizarse ya que suelen generar un frecuente recálculo de la topología de la red.

  📝 En las actualizaciones se incluye el valor de MTU de los enlaces pero no es considerado en el cálculo de la métrica.

El valor de cada uno de estos parámetros en las diferentes interfaces puede revisarse utilizando el comando show interface.

Los valores de ancho de banda y delay pueden ser establecidos en cada interfaz por configuración.

```
Router#show interface Serial0/0/0
Router#configure terminal
Router(config)#interface Serial0/0/0
Router(config-if)#bandwidth 4000
```

> Establece un valor de referencia para el ancho de banda, expresado en Kbps.

```
Router(config-if)#delay 10000
```

> Define un valor de delay, expresado en microsegundos, para la interfaz.

Estos 4 parámetros se integran en una fórmula de cálculo en la que son modificados utilizando valores constantes (K1, K2, K3, K4 y K5) que pueden ser modificados por configuración y que reciben la denominación de "pesos".

Por defecto K1=1 y K3=1; K2=0, K4=0 y K5=0. Esto resulta en que solamente se utilizan en el cálculo el ancho de banda y el delay.

 El valor de los "pesos" de cada constante se incluye en los mensajes hello y debe ser igual en los dispositivos que componen el mismo sistema autónomo. De lo contrario no se establece relación de vecindad.

Balanceo de carga

Es la capacidad del dispositivo de distribuir el tráfico entre múltiples rutas de igual métrica; esto permite aumentar la utilización de los diferentes segmentos de red.

EIGRP tiene la posibilidad de distribuir carga entre enlaces de igual o desigual métrica.

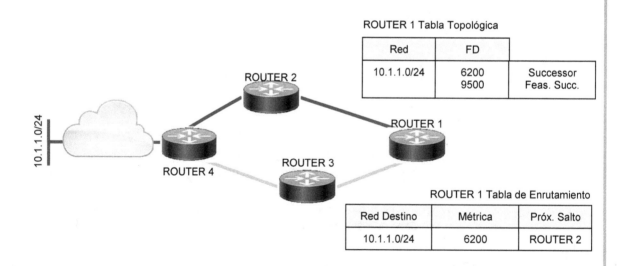

ROUTER 1 Tabla Topológica

Red	FD	
10.1.1.0/24	6200 9500	Successor Feas. Succ.

ROUTER 1 Tabla de Enrutamiento

Red Destino	Métrica	Próx. Salto
10.1.1.0/24	6200	ROUTER 2

Balanceo de carga entre rutas de igual métrica

- Es el modo de operación por defecto.

- Por defecto balancea carga en hasta 4 rutas de igual métrica a través de la instalación de hasta 4 rutas de igual métrica en la tabla de enrutamiento.

- La cantidad máxima de rutas posibles para el balanceo depende de la plataforma.

Balanceo de carga entre rutas de diferente métrica

- Se puede balancear tráfico entre rutas que tengan una métrica hasta 128 veces peor que la métrica de la successor route elegida.

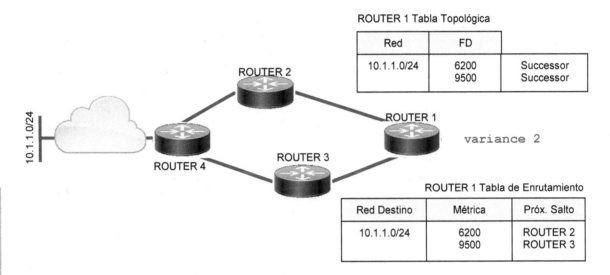

ROUTER 1 Tabla Topológica

Red	FD	
10.1.1.0/24	6200 9500	Successor Successor

`variance 2`

ROUTER 1 Tabla de Enrutamiento

Red Destino	Métrica	Próx. Salto
10.1.1.0/24	6200 9500	ROUTER 2 ROUTER 3

Configuración de EIGRP en redes IPv4

`Router(config)#router eigrp 1`

> Selecciona el protocolo de enrutamiento e ingresa al submodo de configuración del mismo.

> Requiere la asignación de un ID de sistema autónomo (1 a 65535), que debe ser igual en todos los dispositivos que participan del mismo dominio de enrutamiento. En este caso se utiliza el ID de sistema autónomo 1. En el caso de EIGRP el ID de sistema autónomo es elegido por el Administrador de la red.

`Router(config-router)#network 172.16.1.0 0.0.0.255`

> Declara las interfaces que participan del intercambio de información de enrutamiento enunciando las redes a las que pertenecen esas interfaces. Se puede utilizar máscara de wildcard para especificar una subred o un conjunto de subredes en particular.

Si no se utiliza la máscara de wildcard se asuma la red al límite de la clase con lo que incluye todas las interfaces que pertenecen a diferentes subredes de la misma red.

 IOS 15 permite utilizar también la máscara de subred. En este caso IOS convertirá automáticamente la máscara de subred a máscara de wildcard.

`Router(config-router)#maximum-paths 2`

Ajusta el balanceo de tráfico entre hasta 2 rutas con igual métrica. El máximo posibles es 32.

Si se define el valor 1, se suprime el balanceo de tráfico.

`Router(config-router)#shutdown`

EIGRP incluye la posibilidad de apagar el proceso del protocolo de enrutamiento utilizando el comando shutdown.

El comportamiento por defecto es diferente en distintas versiones de IOS, por lo que en algunos casos puede ser necesario ejecutar el comando no shutdown.

`Router(config-router)#eigrp router-id 1.1.1.1`

Permite definir un router ID manualmente. Cada dispositivo debe tener un router ID único dentro del dominio de enrutamiento.

Si no se configura un router ID el proceso selecciona la dirección IP más alta de las interfaces de loopback; si no hay interfaces de loopbak se asume la dirección IP más alta de las interfaces activas. El router ID no cambia a menos que se reinicie el proceso.

El router ID se utiliza para validar el origen de las comunicaciones EIGRP.

`Router(config-router)#passive-interface GigabitEthernet0/0`

Interrumpe el envío de paquetes EIGRP hello sobre una interfaz específica, con lo que no se establecerá una relación de vecindad a través de ella. También se suprime el envío y recepción de actualizaciones de enrutamiento EIGRP.

 No se forman adyacencias a través de interfaces que han sido pasivadas.

`Router(config-router)#passive-interface default`

Todas las interfaces en las que se ha activado el protocolo de enrutamiento se asumen como pasivas por defecto. Este comando impide el establecimiento de adyacencias con cualquier dispositivo vecino, por lo tanto para que el protocolo realmente opere es necesario complementarlo con la indicación de cuáles son las interfaces a través de las cuáles se debe establecer adyacencias.

```
Router(config-router)#no passive-interface Serial 0/0/0
```

Cuando la opción por defecto es que las interfaces son pasivas para el intercambio de información, elimina esa restricción en una interfaz específica.

Verificación

```
Router(config-router)#exit
Router#show ip route eigrp
```

Muestra las rutas aprendidas utilizando EIGRP que se han ingresado en la tabla de enrutamiento.

```
Router#show ip protocols
```

Permite verificar cuáles son las interfaces que han sido pasivadas en la configuración.

```
Router#show ip eigrp interfaces
```

Visualiza las interfaces sobre las cuáles EIGRP se encuentra activo.

Indica cuántos vecinos se han encontrado a través de cada interfaz, la cantidad de paquetes EIGRP en cola de espera, etc.

```
Router#show ip eigrp interfaces GigabitEthernet 0/0
```

Muestra la información pertinente para una interfaz en particular.

```
Router#show ip eigrp neighbors
```

Muestra los dispositivos vecinos que EIGRP ha descubierto y con los cuales intercambia información de enrutamiento.

Indica si el intercambio con ese vecino se encuentra activo o inactivo.

```
Router#show ip eigrp topology
```

Muestra la tabla topológica de EIGRP, el estado de las rutas (activa o pasiva), el número de successors router encontradas, y la métrica al destino.

```
Router#show ip eigrp topology all-links
```

Muestra en el resultado todas las rutas aprendidas, aún aquellas que no alcanzan la categoría de feasible route.

Balanceo de carga

```
Router#configure terminal
Router(config)#router eigrp 1
Router(config-router)#maximum-paths 3
```

Especifica el número de rutas a un mismo destino que EIGRP puede incorporar en la tabla de enrutamiento.

El valor por defecto es 4, un valor de 1 suprime el balanceo de carga. El valor máximo depende de la plataforma.

Por defecto se trata de rutas de igual métrica.

```
Router(config-router)#variance 2
```

Habilita la posibilidad del balanceo de carga entre rutas de diferente métrica. El valor por defecto es 1 (utiliza solo rutas de igual métrica).

Define un valor ente 1 y 128 para ser utilizado como múltiplo de los valores de métrica de la mejor ruta que son aceptables para realizar balanceo de tráfico entre rutas de diferente métrica.

EIGRP en redes IPv6

La operación de EIGRP en redes IPv6 es semejante a la operación en redes IPv4, pero exige una configuración y gestión diferenciadas. En el protocolo original se ha incorporado en enrutamiento de IPv6 en un módulo separado.

- Es fácil de configurar.

- Mantiene sus características de protocolo de vector distancia avanzado (en definitiva, es el mismo protocolo).

- El soporte de múltiples protocolos se realiza a través de módulos.

- Soporta IPv6 como un contexto de enrutamiento separado.

- Utiliza direcciones link-local para la definición de adyacencias y el atributo de próximo salto.

- Se configura en las interfaces (no utiliza comandos network).

- Se mantienen tablas de vecinos independientes para IPv4 e IPv6.

- En los demás aspectos operativos del protocolo y el algoritmo permanece igual que en IPv4.

Configuración de EIGRP en redes IPv6

```
Router(config)#ipv6 unicast routing
```

Activa el enrutamiento IPv6.

Este debiera ser el primer comando IPv6 ejecutado en el router.

```
Router(config)#ipv6 router eigrp 1
```

Crea una instancia de enrutamiento EIGRP para IPv6 e ingresa al submodo de configuración del protocolo.

El número de sistema autónomo debe ser el mismo en todos los dispositivos que conforman un dominio de enrutamiento.

```
Router(config-rtr)#no shutdown
```

Como ocurre en IPv4, es posible que el proceso de EIGRP se encuentre apagado, con lo que puede ser necesario activarlo.

```
Router(config-rtr)#exit
Router(config)#interface GigabitEthernet 0/0
Router(config-if)#ipv6 enable
Router(config-if)#ipv6 address FC00:1:1:1::/64 eui-64
Router(config-if)#ipv6 eigrp 1
```

Inicia la operación de la instancia de EIGRP previamente creada, en la interfaz.

```
Router(config-if)#Ctrl-Z
```

Verificación

```
Router#show ipv6 router eigrp
```

Muestra las rutas IPv6 aprendidas utilizando el protocolo EIGRP que se han ingresado en la tabla de enrutamiento IPv6.

```
Router#show ipv6 eigrp 1 interfaces
Router#show ipv6 eigrp 1 neighbors
```

Muestra los vecinos IPv6 descubiertos por el proceso de EIGRP.

```
Router#show ipv6 eigrp 1 topology
```

Muestra la composición de la tabla topológica IPv6 de EIGRP.

Open Shortest Path First (OSPF)

Las principales características de OSPF son las siguientes:

- Protocolo de enrutamiento abierto por estado de enlace.
  Cada uno de los dispositivos tiene una visión completa de la topología de la red.

- Protocolo de enrutamiento classless.
  Soporta VLSM y CIDR.

- Métrica: costo.
  El costo es un valor arbitrario que califica el enlace. Puede ser configurado por el Administrador; Cisco IOS utiliza por defecto el ancho de banda declarado en el comando bandwidth para hacer el cálculo utilizando la fórmula 108 / ancho de banda en bps.

- Balancea tráfico entre rutas de igual métrica.
  4 rutas de igual métrica por defecto, máximo 16.

- Algoritmo de cálculo de la mejor ruta: Dijkstra, también llamado SPF (Shortest Path First).

- ID en la tabla de enrutamiento: O.

- Distancia Administrativa: 110.

- Utiliza paquetes hello para descubrir dispositivos OSPF vecinos y mantener la relación de vecindad.
  El período de actualización de paquetes hello depende del tipo de red:

  - 10 segundos en redes multiacceso y punto a punto.

  - 30 segundos en redes NBMA.

- Además del intercambio de hellos, cuando se produce un evento en la red se desencadena el intercambio de LSAs para actualizar información.

- Permite realizar sumarización manual de rutas.

- Soporta autenticación con intercambio de claves en texto plano o cifradas con MD5.

Establecimiento de adyacencias

La operación del algoritmo de selección de la mejor ruta que es la base de la operación del protocolo se realiza sobre una base de datos de estado de los enlaces compuesta con información recogida de los dispositivos vecinos a partir del intercambio de LSAs.

Los LSAs se intercambian con los dispositivos vecinos con los que se ha establecido relación de adyacencia a partir de una negociación realizada utilizando paquetes hello. No se intercambia información con dispositivos con los que no se ha establecido una relación de adyacencia.

- Los paquetes hello establecen y mantienen la relación de adyacencia.

- Aseguran la comunicación bidireccional entre vecinos.

- Utilizan la dirección de multicast 224.0.0.5.

- Transportan un paquete de información:

  - Router ID.
    Identificador único de 32 bits de longitud.

  - Intervalo de hello y dead.
    Son los temporizadores que definen la periodicidad con la cual se envían paquetes hello y el tiempo durante el cual se mantiene una vecindad sin recibir mensajes hello del vecino. Por defecto el temporizador de dead es cuatro veces el de hello.

- o Vecinos.
  Lista de dispositivos con los que el dispositivo que genera el mensaje tiene intercambio bidireccional de LSAs.

- o ID de área.

- o Prioridad.
  Valor de 8 bits que se utiliza durante la selección de DR y BDR en algunos tipos de red.

- o Dirección IP del router DR.

- o Dirección IP del router BDR.

- o Información de autenticación.
  Si se ha definido utilizar autenticación es necesario que los dispositivos adyacentes compartan la misma clave.

- o Etiqueta de área stub.
  Un área stub es un tipo especial de área que permite reducir las actualizaciones de enrutamiento que se intercambian. Es necesario que los dispositivos vecinos acuerden también en este modo de operación.

- Para que se pueda establecer una adyacencia es necesario que los dispositivos concuerden en los siguientes elementos:

  - o Intervalos de hello y dead.

  - o ID de área.

  - o Información de autenticación.

  - o Etiqueta de área stub.

  - o Ambos dispositivos deben estar en la misma subred.
    Los dispositivos que forman vecindad deben pertenecer al mismo segmento de red y utilizar la misma máscara de subred.

Definición del router ID

OSPF utiliza un Router ID para identificar el dispositivo que genera un LSAs. Ese router ID:

- Puede ser configurado manualmente por el Administrador.

- Si el Administrador no configura un RID se utiliza la IP de la interfaz lógica (loopback) más alta.

- Si no hay interfaz de loopback configurada se utiliza la IP de la interfaz física con IP más alta que esté activa al momento de levantar el proceso de OSPF.

Este proceso considera únicamente las interfaces activas (up/up) en el momento de iniciarse el proceso OSPF.

El RID se define en el momento en que levanta el proceso OSPF y una vez definido se mantiene estable aunque se realicen modificaciones en la configuración del protocolo. Si se realizan modificaciones que afectan el RID y es necesario actualizarlo se deberá reiniciar el proceso del protocolo.

Estados en la negociación de los vecinos

En el establecimiento de una relación de adyacencia los dispositivos vecinos pasan por una serie de estados:

- Mientras no se ha iniciado el intercambio de mensajes hello la relación entre los dispositivos se encuentra en estado DOWN.

- Uno de los dispositivos (a partir de ahora lo llamaré UNO) comienza a enviar mensajes hello a través de todas las interfaces que participan del proceso de OSPF. En este momento UNO no conoce la existencia o identidad de ningún otro dispositivo OSPF.

- Alguno de los dispositivos adyacentes (a partir de ahora lo llamaré DOS) recibe el mensaje hello de UNO que está conectado al mismo segmento y agrega el RID de UNO a la lista de vecinos. Una vez agregado el ID a la lista de vecinos esa relación pasa a estado INIT.

- DOS envía un hello en respuesta al mensaje hello recibido, este en formato unicast, con la información correspondiente. En este mensaje se incluye la lista de todos los vecinos ya establecidos incluyendo a UNO.

- Cuando UNO recibe las respuestas hello agrega en su tabla de vecinos a todos los dispositivos que han incluido su RID en la lista de vecinos. Terminada esta tarea la relación queda en estado TWO-WAY.

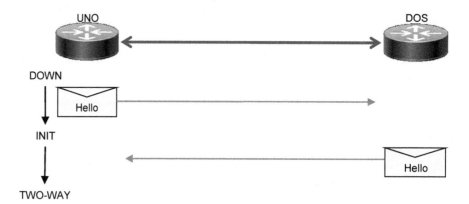

Tipos de red OSPF

La operación del protocolo es diferente en distintos tipos de red:

- Redes multiacceso de broadcast.

- Redes multiacceso sin broadcast (NBMA).

- Redes punto a punto. No elige DR.

- Redes punto a multipunto. No elige DR.

Cuando se corre OSPD en redes multiacceso se elige:

- Router designado (DR).

- Router designado de respaldo (BDR).

Esto permite reducir La cantidad de procesamiento necesario en las redes multiacceso para procesar los LSAs que notifican cambios en la red ya que el DR actúa como un punto central de intercambio de información de enrutamiento. De esta manera solamente el DR procesa las actualizaciones y si esto significa un cambio en la tabla topológica se comunica el cambio a los demás vecinos en la red multiacceso.

La elección de DR y BDR se realiza luego de que los dispositivos alcanzan el estado two-way. El criterio de elección es el siguiente:

- Se elige como DR el dispositivo con prioridad más alta.

- A igual valor de prioridad se elige el dispositivo con RID más alto.

Aquellos dispositivos que en una red multiacceso no son elegidos como DR o BDR quedan en estado two-way y a partir de este punto sólo intercambian información con DR y BDR utilizando la dirección multicast 224.0.0.6. DR y BDR siguen utilizando la dirección 224.0.0.5 para sus comunicaciones.

Continuación de la negociación

- Una vez concluida la elección de DR y BDR (cuando corresponde) los dispositivos se encuentran en estado EXSTART y por lo tanto ya están en condiciones de comenzar a procesar información de enrutamiento para poder generar la propia LSDB.

- En este estado, DR y BDR establecen adyacencia con cada uno de los dispositivos en la red. El dispositivo con mayor RID actúa como primario en el proceso de intercambio.

- Los dispositivos pasan a estado EXCHANGE e intercambian paquetes DBD con la información de sus respectivas bases de datos topológicas.

- La recepción de los paquetes DBDs se notifica utilizando paquetes LSAck.

- El dispositivo compara la información de los LSAs recibidos en los DBDs con los LSAs que ya tiene. Si verifica que la información recibida está más actualizada pasa al estado LOADING y envía un paquete LSR para requerir la información específica que necesita.

- El dispositivo vecino responde la solicitud realizada con el LSR enviando paquetes LSU.

- Cuando se completa el suministro de la información que sea necesaria entre ambos dispositivos, pasan al estado FULL.

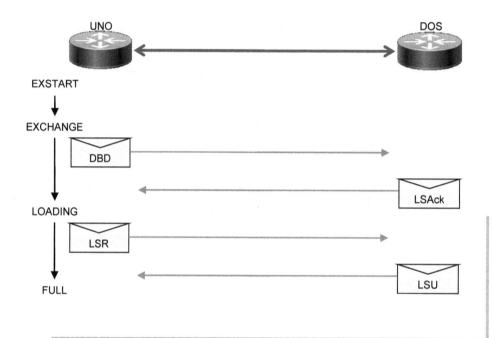

Todos los estados descriptos son transitorios por lo que ningún dispositivo queda de modo permanente en ninguno de ellos, salvo los estados TWO-WAY en los dispositivos no DR y BDR, y FULL.

Sintetizando

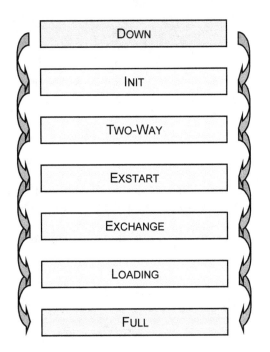

Tipos de paquetes OSPF

OSPF utiliza para el intercambio de información de enrutamiento 5 tipos de paquetes diferentes que comparten el mismo formato.

- Estos paquetes se identifican en el encabezado IP por el ID de protocolo 89.

Diferentes tipos

- Paquetes hello.
  Utilizados para descubrir vecinos y mantener activa la relación con cada uno de ellos.

- Paquete DBD.
  DataBase Description.
  Contienen la información de los encabezados de los LSAs contenidos en la LSDB de un dispositivo de modo que permiten a los dispositivos vecinos construir su LSDB. Describe las rutas que posee en dispositivo.
  Incluye el número de secuencia del LSA, lo que es utilizado por el dispositivo que lo recibe pata determinar cuál es la información más actualizada.

- Paquete LSR.
  Link State Request.
  Paquete utilizado para requerir información de un LSA específico a los vecinos.

- Paquete LSU
  Link State Update.
  Contiene la lista de LSAs cuya actualización se ha requerido, con su
  información completa.

- Paquete LSAck.
  Es la base del intercambio confiable de información de LSAs. Se envía un
  LSAck por cada paquete recibido.

Formato de los paquetes

Los paquetes OSPF se envían directamente como contenido de paquetes IP sin
utilizar ningún protocolo de capa de transporte.

Todos los paquetes comienzan con el mismo formato, diferenciándose en el
contenido de la porción de datos.

Encabezado de la Trama	Encabezado del Paquete	Paquete OSPF	FCS

Paquete OSPF								
Versión	Tipo	Long.	RID	Área ID	Check	Tipo de Autentic	Autentic	Datos

- Versión: Indica si se trata de un paquete OSPF versión 2 (IPv4) o versión 3
  (IPv6).

- Tipo: Identifica el típo de paquete OSPF.

- Longitud: Longitud del paquete OSPF expresada en bytes.

- Router ID: RID del dispositivo origen del paquete.

- Área ID: Área en la que se ha originado el paquete.

- Checksum: Permite detectar errores en el paquete OSPF que pudieran
  generarse durante la transmisión.

- Tipo de autenticación: Indica si se utiliza o no autenticación, y en caso de
  autenticarse, el tipo de la misma (texto plano o MD5).

- Autenticación: Utilizado solo cuando hay autenticación, para enviar la
  información correspondiente.

- Datos: Contiene la información dependiendo del tipo de paquete del que
  se trate. En el caso de paquete LSAck este campo va vacío.

El algoritmo SPF

El algoritmo "Primero la Ruta Más Corta" (SPF) asume a cada dispositivo como la raíz de un árbol de rutas que representa la topología de la red para luego calcular cuál es la ruta más corta a cada punto de esa red.

- El cálculo de cada ruta se basa en la acumulación del costo que se requiere para alcanzar cada red.

- Supone que todos los dispositivos en un área cuentan con la misma base de datos topológica para elaborar su árbol de rutas.

- Cada dispositivo calcula su propio árbol de rutas utilizando su base de datos topológica.

Métrica

OSPF utiliza el costo como métrica para evaluar las rutas:

- Una menor métrica indica una mejor ruta.

- Por defecto, en dispositivos Cisco IOS, el costo es inversamente proporcional al ancho de banda de la interfaz (considerando el valor de bandwidth declarado para esa interfaz).

- Fórmula de cálculo:
$$\text{Costo} = \frac{\text{Ancho de banda de referencia}}{\text{Ancho de banda de la interfaz}}$$

- El ancho de banda de referencia por defecto es 10^8 = 100.000.000 bits (100 Mbps).

- El costo de una ruta es la acumulación del costo de los enlaces que componen la ruta hacia el destino.

- El valor de costo es un número entero. En consecuencia el problema aparece cuando la red cuenta con enlaces con un ancho de banda superior al de una interfaz FastEthernet ya que todos los enlaces tendrían un costo de 1 sin poder diferenciar entre enlaces FastEthernet, GigabitEthernet, etc.

- Se puede influir en el costo de los enlaces de diferentes formas:

  o Modificando el valor de ancho de banda de referencia por configuración.

  o Definiendo manualmente un valor de costo para la interfaz.

  o Definiendo manualmente el ancho de banda de la interfaz.

Estructura jerárquica de OSPF

En redes grandes, donde la cantidad de caminos posibles a un destino se multiplican, el cálculo del algoritmo de selección de la ruta puede volverse complejo y por este motivo comenzar a requerir tiempos significativos.

Con el objeto de optimizar la operación del algoritmo OSPF y reducir la amplitud de los cálculos de Dijkstra OSPF permite dividir el dominio de enrutamiento (o sistema autónomo) en áreas más pequeñas.

- Un sistema autónomo (AS) es un conjunto de redes bajo con una estrategia de enrutamiento común que puede dividirse en múltiples áreas.

- Reduce la cantidad de LSAs que se inundan y los requerimientos de procesamiento.

- Todos los dispositivos que forman parte un área mantienen la misma información de enrutamiento (LSDB): información detallada de todos los enlaces del área e información general o sumarizada de las redes fuera del área.

- Los cambios topológicos en el área solo se propagan dentro de la misma área, con lo que los re-cálculos de topología sólo se realizan dentro del área.

- Un área es un conjunto de redes contiguas identificadas con un ID de área que es un valor entero entre 0 y 4.294.967.295

Las áreas conforman una estructura jerárquica de 2 niveles:

- El Área 0 o área de backbone.
  Es el área responsable de interconectar las demás áreas del dominio. La jerarquía OSPF requiere que todas las áreas conecten directamente con el área de backbone.

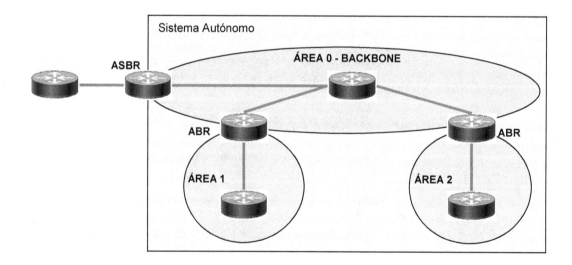

- Las demás áreas operan como áreas regulares o áreas no-backbone. Estas son las áreas destinadas a conectar usuarios y recursos. Hay diferentes tipos de áreas regulares, cada uno de los cuales maneja diferente cantidad de información de enrutamiento.

La división en áreas limita la propagación de los LSAs. Es importante en el caso de redes muy extensas.

Roles de los dispositivos

- Routers de backbone.
  Son los que integran el área 0.
  Todas sus interfaces están en el área 0.

- Routers internos.
  Tienen todas sus interfaces en un área que no es el área 0.
  Mantiene la LSDB propia del área.

- ABR – Router de frontera de área
  Dispositivo que conecta el área de backbone con otra área.
  Tiene alguna de sus interfaces en el área 0 y otra u otras en un área diferente. Es el punto primario para la sumarización de rutas y regularmente es el origen de las rutas por defecto.
  Mantienen una LSDB para cada área a la que está conectado.
  La interconexión de 3 áreas (el área 0 y otras 2 áreas) es el límite.

- ASBR – Router de frontera del sistema autónomo.
  Conecta un área OSPF cualquiera con un dominio de enrutamiento diferente.
  Es el punto de redistribución donde las rutas externas se introducen en el dominio de OSPF.

Identificador de área

Cada área OSPF está identificada por un ID de 32 bits de longitud.

Se puede expresar como un número decimal entero o con una notación de punto semejante a la utilizada en las direcciones IPv4 (4 octetos separados por puntos).

Por ejemplo, área 0 es lo mismo que área 0.0.0.0; área 417 es lo mismo que área 0.0.1.161.

Configuración de OSPF

```
Router(config)#interface loopback 0
```
Es conveniente crear una interfaz loopback de modo tal que al iniciarse el proceso de OSPF se asuma esa dirección IP como RID.

```
Router(config-if)#ip address 10.10.100.1 255.255.255.255
Router(config-if)#exit
Router(config)#router ospf 1
```
Inicia el proceso de OSPF.

Requiere la asignación de un ID de proceso. Es un número entero y arbitrario que identifica el proceso de enrutamiento. Es de relevancia exclusivamente local y no es necesario que sea el mismo en los diferentes dispositivos del dominio de enrutamiento.

```
Router(config-router)#router-id 1.1.1.1
```

Define un RID que tiene preeminencia sobre cualquier otro criterio.

Aunque tiene el formato de una dirección IPv4, no lo es, y por lo tanto no puede ser empleado como tal.

```
Router(config-router)#network 172.16.1.0 0.0.0.255 area 0
```

Identifica las redes conectadas al dispositivo que han de ser parte del proceso de OSPF, y con esto las interfaces que participan del proceso.

Es obligatorio identificar en el mismo comando el área a la que pertenece la red declarada.

```
Router(config-router)#passive-interface Serial0/0/1
```

Suprime el tráfico de paquetes OSPF entrantes y salientes sobre la interfaz que se especifica.

Como consecuencia de este comando no se levantará vecindad con dispositivos adyacentes a través de esta interfaz.

```
Router(config-router)#passive-interface default
Router(config-router)#no passive-interface GigabitEthernet0/0
```

En este caso se cambia la opción por defecto: todas las interfaces serán pasivas para el protocolo. Para que se levanten adyacencias con dispositivos vecinos es necesario negar esta opción indicando la interfaz específica a través de la cual se desea negociar el protocolo.

Alternativa de configuración

En el caso de OSPF en lugar de identificar las redes conectadas que han de participar del proceso es posible asociar individualmente las interfaces al proceso:

```
Router(config)#interface GigabitEthernet0/0
Router(config-if)#ip ospf 1 area 0
```

Asocia esta interfaz al proceso OSPF identificado con el ID "1" y la coloca en el área 0.

Alternativas para modificación del costo de los enlaces

1. Modificar el ancho de banda de referencia.

```
Router#configure terminal
Router(config)#router ospf 1
Router(config-router)#ospf auto-cost reference bandwidth 10000
```

Modifica el valor del ancho de banda de referencia para el cálculo del costo de los enlaces indicando un valor expresado en Mbps. En este caso se establece un nuevo ancho de banda de referencia en 10 Gbps.

2. Definir manualmente el costo de la interfaz

```
Router#configure terminal
Router(config)#interface Serial0/0/0
Router(config-if)#ip ospf cost 10
```

Define un valor arbitrario de costo para la interfaz. Se puede asignar cualquier valor entero entre 1 y 65535.

3. Definir manualmente el ancho de banda de la interfaz.

```
Router#configure terminal
Router(config)#interface Serial0/0/0
Router(config-if)#bandwidth 1000
```

Define manualmente un valor de ancho de banda de la interfaz expresado en Kbps. En este caso fija un valor equivalente a 1 Mbps.

Por defecto IOS asume en los puertos Ethernet el valor de speed en el que opera la interfaz, en los puertos seriales 1,544 Mbps.

Verificación

```
Router#show ip protocols
```

Muestra la información de configuración y operación de todos los protocolos de enrutamiento operativos en el dispositivo, entre ellos OSPF.

Permite verificar qué protocolos se encuentran operando y cuáles son las redes asociadas a cada uno de ellos.

```
Router#show ip ospf interface brief
```

Muestra de modo sintético las interfaces que participan de la operación de OSPF.

Es sumamente útil para verificar si se han configurado correctamente las interfaces que deben participar del proceso.

```
Router#show ip ospf interface GigabitEthernet0/0
```

Permite verificar la información de operación de OSPF en una interfaz específica.

```
Router#show ip ospf neighbor
```

Muestra los vecinos OSPF con los cuales se ha establecido intercambio de paquetes OSPF y la interfaz a través de la cual se los alcanza.

```
Router#show ip ospf database
```

```
Router#debug ip ospf events
```

OSPFv3 para IPv6

OSPF es un protocolo de enrutamiento exclusivamente IP. En la actualidad utilizamos 2 versiones de OSPF:

- OSPFv2 para redes IPv4.

- OSPFv3 para redes IPV6.

Son 2 protocolos diferentes que corren de modo completamente independiente uno del otro.

En términos generales las características de OSPFv3 son las mismas que las de su predecesor, OSPFv2: algoritmos, métricas, métrica por defecto, mecanismo de descubrimiento de vecinos, etc.

Sus principales características son:

- Utiliza un router ID de 32 bits.
  Si en el dispositivo hay interfaces IPv4, entonces puede asumir una dirección IPv4 como RID. Si no hay interfaces IPv4 entonces es necesario configurarlo.

- La adyacencia entre vecinos y el próximo salto se definen utilizando direcciones IPv6 link-local.
  Dado que todas las direcciones link-local utilizan el mismo prefijo OSPF almacena junto con la dirección la interfaz de salida.

- Se utiliza IPv6 como protocolo de transporte de los SLAs. Se identifican los paquetes con el valor 89 en el campo próximo encabezado.

- No se define por red sino que se habilita por interfaz.

- Los paquetes utilizan direcciones multicast IPv6:

    o FF02::5 para todos los dispositivos OSPFv3.

    o FF02::6 para todos los dispositivos DR y BDR.

Configuración de OSPFv3

```
Router(config)#ipv6 unicast-routing
Router(config)#ipv6 router ospf 1
```
Como en OSPFv2, aquí también se requiere un ID de proceso para activar el protocolo

```
Router(config-router)#router-id 1.1.1.1
```
El router ID es un identificador de 32 bits que se expresa en formato de 4 octetos decimales.

NO es una dirección IP. Tiene el mismo formato.

Es independiente del RID que utiliza OPSFv2.

```
Router(config-router)#passive-interface Serial0/0/1
Router(config-router)#passive-interface default
Router(config-router)#no passive-interface GigabitEthernet0/0
Router(config-router)#exit
Router(config)#interface serial 0/0/0
Router(config-if)#bandwith 2000000
Router(config-if)#ipv6 enable
Router(config-if)#ipv6 address FC00:1:1:2::/64 eui-64
Router(config-if)#ipv6 ospf 1 area 0
```

Inicia la operación del proceso OSPF previamente creado en la interfaz. En el mismo comando se indica el área a la cual pertenece el enlace asociado.

Monitoreo

```
Router#show ipv6 protocols
Router#show ipv6 ospf
```

Muestra la información correspondiente al protocolo: ID de proceso, RID, temporizadores, áreas configuradas, ancho de banda de referencia.

```
Router#show ipv6 ospf database
Router#show ipv6 ospf neighbor
```

Muestra los vecinos descubiertos a través de cada interfaz del dispositivo.

```
Router#show ipv6 ospf interface brief
```

Muestra las interfaces asociadas al proceso OSPFv3 y la información relacionada.

```
Router#show ipv6 ospf interface Serial0/0/0
```

Muestra la información detallada de la operación de OSPFv3 vinculada a la interfaz.

Border Gateway Protocol

Internet es un conjunto de diferentes sistemas autónomos interconectados de modo tal que permiten la comunicación entre terminales conectados a ellos.

- Sistema autónomo – AS.
  Conjunto de redes bajo un mismo dominio de administración técnica.
  Se identifica con un ID de sistema autónomo de 16 o 32 bits.

- Protocolo de Enrutamiento Interior – IGP.
  Protocolos de enrutamiento diseñados para intercambiar información de enrutamiento interna al AS.

- Protocolo de Enrutamiento Exterior – EGP.
  Protocolo de enrutamiento diseñado para intercambiar información de enrutamiento entre diferentes sistemas autónomos.

- Single-Homed.
  Un único enlace de acceso a través de un único service provider.
  Es el modelo de acceso adoptado en implementaciones en las que una posible pérdida del acceso a Internet no es un factor crítico para la operación de la organización.

- Dual-Homed.
  Implementa redundancia en los enlaces con un único service provider.
  Este modelo brinda mayor estabilidad considerando que el fallo más frecuente es la caída de enlaces o de puertos; sin embargo, se mantiene la dependencia de un único service provider.

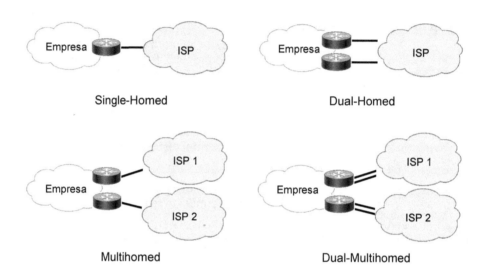

Single-Homed   Dual-Homed

Multihomed   Dual-Multihomed

- Multihomed.
  Se presenta diversidad de enlaces de acceso con diversidad de proveedores de servicios.
  Asegura redundancia real de enlaces y proveedores a la vez que permite distribuir tránsito entre diferentes service providers. En este caso además, la empresa debe publicar su propio espacio de direccionamiento público hacia Internet y cuidar de no convertirse en sistema de tránsito entre los service providers.

- Dual-Multihomed.
  Permite tener no sólo redundancia de service provider sino también de enlaces hacia cada service provider.
  Este es el modelo que mayor resistencia a fallos proporciona.

Border Gateway Protocol

BGP es un protocolo de enrutamiento robusto y escalable diseñado para responder a las necesidades complejas del enrutamiento de Internet (entre sistemas autónomos). Es el protocolo de enrutamiento actualmente implementado en Internet.

El protocolo utiliza un paradigma de enrutamiento salto por salto. Cada router BGP solamente puede publicar a los sistemas autónomos vecinos solamente aquellas rutas que él mismo utiliza.

Sus características más destacadas son:

- Actualizaciones utilizando TCP puerto 179.

- Luego de negociar la sesión TCP 2 dispositivos se denominan peer routers o vecinos.

- Una vez negociada la sesión ambos vecinos intercambian su tabla de enrutamiento completa.

- Luego del intercambio inicial las actualizaciones son incrementales, solamente cuando hay cambios.

- Los vecinos intercambian mensajes keepalive periódicos para mantener activas las sesiones.

- Métrica compleja basada en atributos.

- Pensado para el intercambio de rutas entre redes muy grandes.

- ID en la tabla de enrutamiento: B

- Recibe la denominación de eBGP al intercambio de información de enrutamiento entre dispositivos peer que pertenecen a diferente sistema autónomo.

- La denominación de iBGP corresponde al intercambio de rutas entre dispositivos peer que pertenecen al mismo sistema autónomo.

- Distancia Administrativa por defecto:

  o Rutas eBGP   20

  o Rutas iBGP   200

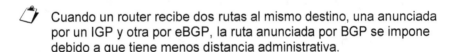 Cuando un router recibe dos rutas al mismo destino, una anunciada por un IGP y otra por eBGP, la ruta anunciada por BGP se impone debido a que tiene menos distancia administrativa.

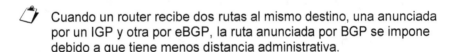 Cuando un route recibe dos rutas al mismo destino, una anunciada por un IGP y otra por iBGP, la ruta anunciada por el IGP se impone debido a que tendrá menor distancia administrativa, esto asegura que el tráfico interno se reenvíe de acuerdo a lo indicado por el protocolo de enrutamiento interior.

- BGP Router ID: 32 bits (4 bytes).

- Es un protocolo de vector ruta: Su paradigma de enrutamiento se basa en la distancia entre origen y destino ponderada salto por salto.

- Cada dispositivo establece y mantiene adyacencia con sus vecinos BGP.

  - No hay un mecanismo de descubrimiento de vecinos.

  - Los vecinos deben ser declarados explícitamente por configuración.

  - Antes de establecer una relación de vecindad se negocia un circuito TCP sobre el puerto 179.

  - Para mantener la relación de vecindad es necesario mantener activo el circuito TCP.

  - Para detectar una relación de vecindad activa se envían keepalives periódicos.

En este contexto debemos tener presente que IANA es el organismo responsable de la coordinación global y la asignación del número de sistema autónomo que identifica a cada service provider así como la asignación del espacio de direccionamiento IP público que utiliza cada proveedor. Si una red corporativa necesita para su conexión a Internet de direccionamiento IP público o un ID de sistema autónomo deberá realizar la gestión ante IANA.

Configuración de eBGP en un acceso single homed

 Dentro de la amplitud de la temática que ofrece GBP, el examen de certificación CCNA 200-125 se centra exclusivamente en la implementación de eBGP en conexiones a Internet single homed. Dado que este manual se centra en esta implementación, a partir de este punto se desarrollarán exclusivamente los aspectos requeridos por el examen de referencia.

Para configurar eBGP en el acceso a Internet se requieren 3 piezas de información básicas:

- Los números de sistema autónomo (de la organización y del service provider al que se conecta).

- Los vecinos o peers eBGP, con el direccionamiento necesario para alcanzarlos.

 Dado que no se corre un IGP entre la red corporativa y la del ISP, el direccionamiento utilizado para identificar los vecinos BGP debe ser alcanzable sin la necesidad de un protocolo de enrutamiento que lo descubra.

- Las redes que se desea publicar hacia Internet.

Esta configuración es un proceso de varios pasos:

Definición del proceso de BGP

```
Router(config)#router bgp 64935
```

Crea el proceso de BGP en el dispositivo y lo asocia al número de sistema autónomo que ha sido asignado. Al mismo tiempo abre el acceso al submodo de configuración del protocolo

Sólo es posible montar un proceso de BGP en cada dispositivo (cada router puede pertenecer a un solo sistema autónomo).

Establecimiento de la relación con el vecino

```
Router(config-router)#neighbor 201.100.15.130 remote-as 36504
```

Define el vecino con el cual se desea establecer relación de intercambio de información BGP. Dado que no hay un mecanismo de descubrimiento de vecinos esta es la única forma de establecer estas relaciones.

Se debe indicar la dirección IP del vecino (que debe ser alcanzable) y el ID del sistema al que pertenece.

Dado que el ID de sistema autónomo del vecino es diferente del que identifica el proceso de BGP, esta es una relación eBGP.

Publicación de redes en BGP

```
Router(config-router)#network 215.39.0.16 mask 255.255.255.240
```

Indica que se desea publicar hacia los vecinos definidos antes la red 215.39.0.16/28.

Requiere de una coincidencia en la tabla de enrutamiento. No se puede publicar una ruta a un destino que no está antes presente en la tabla de enrutamiento sea aprendido por un IGP o por una ruta estática.

El keyword "mask" es opcional. Si no se especifica, entonces se publica la red de clase correspondiente. Si se especifica, se busca una coincidencia exacta en la tabla de enrutamiento para publicar ese prefijo exacto.

Verificación de eBGP

Se cuenta con un set de comandos específicos para verificar la operación de BGP en dispositivos IOS.

```
Router#show ip bgp summary
```

Muestra la configuración y situación general de operación del protocolo. Incluye a cada vecino definido en la configuración y el estado de cada una de las sesiones.

```
Router#show ip bgp neighbors
```

Da la información detallada de cada conexión BGP con los vecinos. Permite verificar la sesión TCP y la sesión BGP que se ha establecido con cada vecino.

Identifica si se trata de una sesión eBGP o iBGP.

```
Router#show ip bgp
```

Muestra la tabla de prefijos IP mantenida por el protocolo. Contiene toda la información de enrutamiento recibida de cada vecino.

2.6. Servicios IP

📝 Las abreviaturas y siglas utilizadas en este manual se encuentran desarrolladas en el Glosario de Siglas y Términos de Networking que está disponible en la Librería en Línea de EduBooks: https://es.scribd.com/document/292165924/Glosario-de-Siglas-y-Terminos-de-Networking-version-1-2

Asignación automática de direcciones IP

Todo dispositivo que opera en una red IP necesita contar con una configuración IP básica (dirección IP, máscara de subred, default gateway, servidor DNS, etc.). Esta configuración puede lograrse a partir de diferentes mecanismos.

Los dispositivos IPv4 prevén en la actualidad varios mecanismos diferentes para obtener una configuración IP, los más frecuentemente utilizados son:

- Configuración estática.

- Asignación automática utilizando DHCP.

IPv6, por su parte, introduce junto a estos mecanismos ya en uso, nuevas modalidades de realizar esta tarea:

- Asignación estática definiendo manualmente el ID de interfaz.

- Asignación estática definiendo el ID de interfaz por EUI-64.

- Asignación dinámica utilizando autoconfiguración stateless.

- Asignación dinámica utilizando DHCPv6.

La amplitud del espacio de direccionamiento ofrecido por IPv6 ha permitido la implementación de sistemas de asignación automática de la porción del ID del puerto tales como EUI-64 y la configuración stateless.

Dynamic Host Configuration Protocol – DHCPv4

La introducción de servidores DHCP en la red simplifica enormemente las tareas de asignación de configuración IP de las terminales facilitando las tareas de administración y reduciendo la posibilidad de errores.

Este servicio permite asignar de modo automatizado y dinámico configuración IP a los dispositivos de uno o más segmentos de red. Una implementación centralizada de DHCP permite disponer de un único punto para gestionar la asignación de configuraciones IP a múltiples segmentos diferentes. Esto asegura consistencia en la configuración IP a través de toda la red.

Opera sobre los puertos UDP 67 y 68.

Los parámetros de configuración que pueden ser suministrados a través de DHCP son:

- Dirección IP / Máscara de Subred.

- Default Gateway.

- Nombre de dominio.

- Servidor de nombres de dominio (DNS).

- Time Servers.

- WINS Server.

- Duración de la asignación.

- Información opcional.

Hay 3 modalidades de asignación de las direcciones IP por este medio:

- Asignación dinámica.
  Realiza una asignación dinámica de una dirección comprendida en un rango definido en el servidor, por un tiempo determinado.
  El cliente deberá volver a solicitar una asignación antes de que expire el tiempo especificado.

- Asignación automática.
  El servidor realiza una asignación dinámica de una dirección comprendida en el rango definido en el servidor, de modo permanente.

- Asignación estática.
  El servidor realiza la asignación de direcciones en base a una tabla que mapea direcciones MAC a direcciones IP. Sólo reciben dirección los clientes que están enlistados en esta tabla.

El procedimiento para obtener la configuración IP es el siguiente:

1. DHCP Discovery.

    El cliente DHCP envía una solicitud con su propia dirección MAC en formato de broadcast para descubrir un servicio disponible.

2. DHCP Offer.

    El servidor DHCP reserva una dirección IP para el cliente y responde enviando una propuesta de configuración en formato de broadcast que contiene la dirección IP del servidor.

3. DHCP Request.
    El cliente responde en formato broadcast realizando una solicitud explícita de la configuración ofrecida por el servidor.
    Los clientes DHCP pueden recibirse múltiples ofertas, pero sólo una es aceptada. Cuando deba renovar su configuración enviará un nuevo request en formato unicast al servidor.

4.   DHCP Acknowledgement.
      Se envía un paquete en formato broadcast al cliente, incluyendo la
      información de configuración que el cliente ha aceptado.
      Esto completa el proceso.

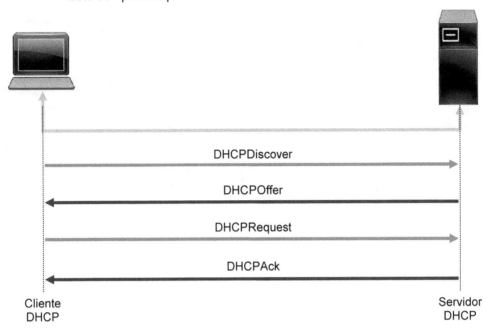

Cliente   Servidor
DHCP   DHCP

> Para referir el proceso completo se utiliza el acrónimo DORA:
> Discover Offer Request Ack.

Configuración de servicios DHCP en IOS

El procedimiento para esto, es el siguiente:

- Crear un pool DHCP.

- Asignar los parámetros de DHCP correspondientes al pool.

- Excluir las direcciones IP que no deben ser asignadas por DHCP.

```
Router#configure terminal
Router(config)#ip dhcp pool CCNA
```
                        Crea un pool DHCP, le asigna un nombre (en este
                        caso CCNA) e ingresa al modo de configuración de
                        ese pool.
```
Router(dhcp-config)#network 172.16.1.0/24
```
                        Define el conjunto de direcciones IP que utilizará el
                        servicio de DHCP para realizar la asignación.
```
Router(dhcp-config)#default-router 172.16.1.1
```
                        Define la dirección del default gateway a asignar.

```
Router(dhcp-config)#domain-name prueba.com
```
Especifica un nombre de dominio para entregar al cliente.

```
Router(dhcp-config)#dns-server 172.16.1.3
```
Especifica la dirección de un servidor DNS para asignar con la configuración IP.

```
Router(dhcp-config)#lease 12 30
```
Define un tiempo de asignación de la configuración para el cliente. En este caso la asignación tiene una duración de 12 horas y 30 minutos.

```
Router(dhcp-config)#exit
Router(config)#ip dhcp excluded-address 172.16.1.1 172.16.1.3
```
Excluye una o un rango de direcciones IP del conjunto que se definió para el pool DHCP previo. En este caso se excluyen 3 direcciones IP del pool.

 La exclusión de direcciones del pool se debe realizar en modo configuración global.

Comandos para verificar el servicio DHCP

```
Router#debug ip dhcp server packet
```
Publica los eventos del proceso DHCP en el servidor DHCP.

```
Router#show ip dhcp pool
```
Permite verificar los parámetros asignados a un pool DHCP.

Muestra el número total de direcciones que componen el pool (no se toman en cuenta las direcciones excluidas ya que eso se realiza fuera del pool), el rango configurado y el número de direcciones asignadas al momento.

```
Router#show ip dhcp binding
```
Muestra la asignación de direcciones IP realizadas en función de la dirección MAC de los clientes. También muestra el tiempo de asignación de cada cliente.

DHCP Relay

Dado que el inicio de la operación del protocolo se realiza sin contar una dirección de origen y utilizando broadcast como destino, las solicitudes (discovery) no son de suyo ruteables hacia otras redes o subredes. De aquí que en principio el protocolo supone que el servidor y el cliente DHCP están conectados a la misma red o subred.

Cuando se desea utilizar servidores DHCP que se encuentran alojados en una red o subred diferente (p.e. para hacer una implementación de DHCP centralizada para varias VLANs o redes) se puede utilizar un agente DHCP relay. Un DHCP relay es un dispositivo que recibe las solicitudes de los clientes en formato de broadcast y las reenvía como unicast a la dirección del servidor DHCP.

1. DHCP Discovery.

   El cliente DHCP envía una solicitud regular en formato de broadcast.

2. DHCP Relay.

   El agente DHCP relay que recibe el broadcast lo retransmite a uno o más servidores DHCP remotos utilizando unicast e incluyendo la dirección de la interfaz en la cual recibió la solicitud como dirección de gateway.

3. DHCP Offer.

   El servidor utiliza la dirección de gateway que recibe en la solicitud para determinar a qué subred pertenece el host solicitante y asigna entonces una configuración que corresponda esa subred.

   El servidor DHCP reserva una dirección IP para el cliente y envía la respuesta en un unicast a la dirección del gateway.

4. El DHCP relay recibe la respuesta del servidor y la reenvía al cliente.

5. DHCP Request.
   El cliente responde en formato broadcast realizando la solicitud explícita de la configuración ofrecida por el servidor.

6. El agente DHCP relay interviene nuevamente reenviando la solicitud al servidor DHCP en formato unicast.

7. DHCP Acknowledgement.
   El servidor marca la dirección como utilizada y envía un paquete en formato unicast al DHCP relay confirmando los parámetros.

8. El router reenvía la confirmación al cliente.
   Esto completa el proceso.

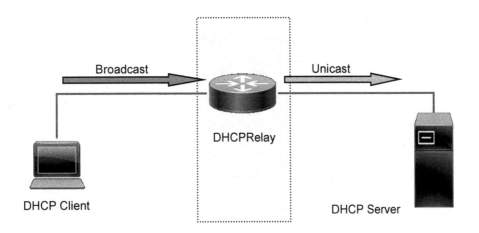

En estos casos el servidor DHCP responde siempre en formato unicast al DHCP relay y este se ocupa de la comunicación directa con el cliente DHCP.

Configuración de un router como DHCP relay

En dispositivos Cisco IOS el servicio de DHCP relay se habilita en la interfaz de capa 3 más cercana al cliente DHCP (usualmente, la que opera como default-gateway de la red o subred).

En la configuración es necesario especificar la dirección IP de uno o más servidores DHCP que han de responder las solicitudes. Si hay varios servidores DHCP en una misma subred se puede especificar directamente la dirección reservada de subred, de este modo responderá cualquiera de los servidores DHCP de esa subred.

```
Router#configure terminal
Router(config)#interface GigabitEthernet 0/0
Router(config-if)#ip helper-address 172.16.100.50
```

El comando permite a la interfaz actuar como proxy para reenviar solicitudes de servicio realizadas sobre UDP. Por defecto reenvía solicitudes DHCP, Time, TACACS, DNS, TFTP y NetBios.

Las solicitudes son reenviadas en formato unicast a la (o las) dirección IP especificada en el comando.

Domain Name System - DNS

Protocolo que permite reemplazar el uso por parte del usuario final de direcciones IP por nombres para identificar los nodos.

Se trata de un protocolo de capa de aplicación que utiliza el puerto 53 tanto TCP como UDP en la capa de transporte. Las consultas estándar utilizan el puerto 53 de UDP.

Para dar soporte a esta tarea, en Internet, DNS utiliza una base de datos distribuida que está alojada en múltiples servidores alojados en diferentes puntos del planeta.

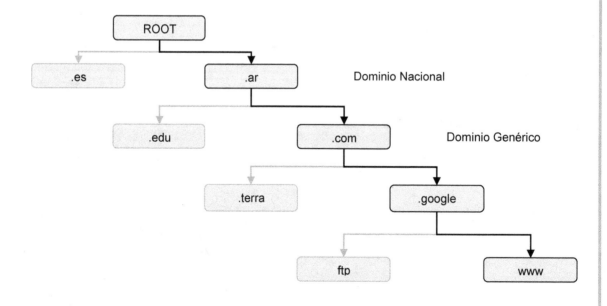

DNS utiliza una estructura jerárquica de dominios de red, completamente independiente de la estructura propia del direccionamiento IP. En esta estructura existen dominios y subdominios.

Para verificar los nombres que se traducen con este servicio en un terminal Microsoft o MacOS X, puede utilizarse el siguiente comando:

```
C:\>nslookup
Servidor predeterminado:  google-public-dns-a.google.com
Address:  8.8.8.8

> cisco.com
Servidor:  google-public-dns-a.google.com
Address:  8.8.8.8

Respuesta no autoritativa:
Nombre:  cisco.com
Addresses:  2001:420:1101:1::a
            72.163.4.161
```

El protocolo DNS define cómo se ejecuta un servicio automatizado que permite resolver el nombre de un recurso a una dirección IP

¿Cómo se realiza una consulta DNS no autoritativa o interna (dentro de la red corporativa?

- La terminal que requiere la traducción de un nombre realiza una consulta al servidor DNS que tiene en su configuración IP, utilizando un query de DNS.

- El servidor DNS local recibe la consulta y busca en su tabla de resolución de nombres hasta encontrar una coincidencia.
Esta coincidencia le indicará cuál es la dirección IP que corresponde al nombre consultado.

- El servidor DNS encapsula la información en un paquete IP y lo envía de regreso a la terminal que dio origen a la consulta.

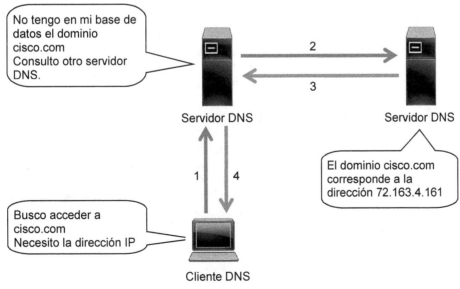

Sin embargo, el servidor DNS local o corporativo usualmente no tiene en su tabla de nombres todos los nombres que pueden ser consultados, particularmente la multiplicidad de dominios de Internet. Es entonces cuando entra en juego la estructura autoritativa del sistema de dominios de nombre de modo que la consulta se encadena hasta obtener la respuesta que requiere el cliente DNS:

- La terminal que requiere traducir un nombre por una dirección IP realiza una consulta al servidor DNS que tiene en su configuración IP. Supongamos a los fines de este análisis que deseamos acceder a www.google.com.ar

- Si el servidor DNS local tiene esta búsqueda en su tabla de resolución de nombre, responderá directamente la consulta.

- Si el servidor DNS local no tiene una entrada para este dominio puede realizar a un servidor regional que tenga en su configuración para ser resuelta por el servidor regional. Si no cuenta con un servidor regional, o si la consulta llega al servidor regional y este no tiene la información, la misma se reenvía al servidor raíz.

- Si el servidor raíz no tiene este dominio en su caché, reenvía a su vez la consulta al servidor que tiene la delegación .ar

- El servidor del domino .ar, si no tiene este dominio en su caché, reenvía la consulta al servidor que tiene la delegación .com.

- El proceso continúa de esta manera hasta que el cliente recibe la respuesta solicitada.

Listas de Control de Acceso

Las listas de control de acceso (ACL – Access Control List) son una herramienta que permiten identificar tráfico en función de la información contenida en los diferentes encabezados (capa 2, 3 o 4) de una trama. A partir de esta identificación es entonces posible aplicar reglas para tomar acciones sobre ese tráfico.

Formalmente una ACL es una lista de sentencias que permiten o deniegan determinado tipo de tráfico.

Se suelen utilizar ACLs para:

- Limitar el tráfico de la red por seguridad o para mejorar su performance.

- Implementar controles para el flujo de tráfico.

- Brindar un nivel de seguridad básico.

- Especificar que determinado tipo de tráfico (aplicación o protocolo) sea reenviado o bloqueado en una interfaz de un dispositivo.

- Definir el rango de direcciones IP privadas que deben ser traducidas a IP públicas por un servicio de NAT.

- Definir flujos de tráfico a los que se han de aplicar políticas de calidad de servicio (QoS) o seguridad.

Reglas de funcionamiento de las ACL

En IOS las ACLs están sometidas a un conjunto de reglas básicas de operación:

- Cada lista de acceso es identificada por un ID único localmente (numérico o alfanumérico).

- La lista de acceso está compuesta por una serie de sentencias que permiten o deniegan un tipo de tráfico específico.

- Cada paquete que ingresa o sale a través de una interfaz que tiene asociada una lista de acceso es comparado con cada sentencia de la ACL secuencialmente, en el mismo orden en que las sentencias fueron ingresadas, comenzando por la primera y hasta lograr una coincidencia.

- La comparación se sigue realizando hasta tanto se encuentre una coincidencia. Una vez que el paquete cumple la condición de una sentencia (la primera coincidencia), se ejecuta la acción indicada y no se sigue comparando.

- Hay un `deny any any` (denegación de todo tráfico) implícito al final de cada lista de acceso, que no es visible.

- Los filtros que se aplican sobre el tráfico saliente no afectan el tráfico originado en el mismo router.

- Sólo se puede aplicar una única ACL en cada interfaz, por sentido del tráfico (entrante / saliente), por protocolo (IPv4, IPv6, etc.).

Tipos de listas de acceso IP

- Listas de acceso estándar.
  Permiten filtrar únicamente verificando la dirección IP de origen.

- Listas de acceso extendidas.
  Verifican múltiples elementos del encabezado tales como: direcciones IP de origen y destino, protocolo de capa 3 o 4 y puerto de capa 4. Permiten un control más flexible.

Paralelamente, hay 2 métodos diferentes para identificar las listas de acceso sean estándar o extendidas:

- Listas de acceso IP numeradas.
  Se identifican con un ID numérico.
  En este caso, el ID numérico identifica simultáneamente el tipo de lista de acceso de que se trata:

  - ACL estándar numeradas   1 a 99 y 1300 a 1999

  - ACL extendidas numeradas   100 a 199 y 2000 a 2699

- Listas de acceso IP nombradas.
  Se identifican con una cadena de caracteres alfanuméricos.

El ID de las listas de acceso numeradas

En el caso de las listas de acceso numeradas es el ID el que indica el tipo de ACL de que se trata:

```
Router(config)#access-list ?

1-99          IP standard
100-199       IP extended
700-799       48 bit MAC address standard
1100-1199     48 bit MAC address extendida
1300 - 1999   IP estándar (a partir de IOS 12.0.1)
2000 - 2699   IP extendida (a partir de IOS 12.0.1)
```

Aplicación de la ACL a la interfaz

Un uso primario de las ACLs es su implementación como filtros de tráfico en la red. En las interfaces las listas de acceso pueden implementarse para filtrar tanto tráfico entrante como saliente:

- ACLs salientes
  El tráfico ingresa al dispositivo, es reenviado hacia la interfaz de salida y antes de ser copiado al medio se procesa a través de la lista de acceso para definir si es tráfico permitido o no.
  Si el paquete coincide con una sentencia de permiso, entonces es copiada al medio; si coincide con una sentencia de denegación es descartado.

- ACLs entrantes
  El tráfico que ingresa al dispositivo es procesado a través de la lista de acceso en la interfaz de entrada antes de ser reenviado hacia la interfaz de salida.
  Son consideradas como más eficientes dado que evitan la carga de procesamiento que significa el enrutamiento de paquetes que luego pueden ser descartados. Solo son procesados los paquetes que están permitidos por la ACL.

La máscara de wildcard

Las máscaras de wildcard son secuencias de 32 bits divididas en 4 octetos de 8 bits cada uno (el mismo formato que una dirección IP o máscara de subred) utilizadas para generar filtros de direcciones IP. Se utilizan en combinación con una dirección IP.

En las máscaras de wildcard los unos y ceros de la máscara indican cómo se deben tratar los bits de la dirección IP correspondiente. El dígito en 0 (cero) indica una posición que debe ser comprobada, mientras que el dígito 1 (uno) indica una posición que carece de importancia.

Las máscaras de wildcard no tienen ninguna relación funcional con las máscaras de subred, son dos entidades absolutamente independientes entre sí.

Algunos ejemplos:

IP: 172.16.14.33   wildcard: 0.0.0.0

Indica que se debe seleccionar únicamente la dirección IP declarada. Todos los bits de la dirección referenciada son significativos.

IP: 172.16.14.44   wildcard: 0.0.0.255

Selecciona todas las direcciones IP comprendidas entre 172.16.14.0 y 172.16.14.255 (no discrimina respecto del cuarto octeto). Los tres primeros octetos de la dirección son significativos, el cuarto no lo es.

IP: 172.16.14.44   wildcard: 0.0.255.255

Selecciona todas las direcciones IP de la red 172.16.0.0 (clase B) comprendidas entre 172.16.0.0 y 172.16.255.255 (no discrimina respecto de los dos últimos octetos).

Algunas reglas prácticas de cálculo

Cuando contamos con una máscara de subred como punto de partida (porque deseamos filtrar una red o subred completa), la máscara de wildcard es el "complemento" de esa máscara de subred. Al decir complemento me refiero al valor necesario para obtener una dirección IP de broadcast:

IP de Broadcast: 255.255.255.255
Máscara de subred: 255.255.224.000
Máscara de wildcard: 000.000.031.255

Cuando se desea filtrar una red completa, la máscara de wildcard es el complemento de la máscara de subred por defecto:

Dirección de red: 172.016.000.000 /16

Máscara de subred: 255.255.000.000

Máscara de wildcard: 000.000.255.255

Cuando se desea filtrar una subred completa, la máscara de wildcard es el complemento de la máscara de subred que se esté aplicando:

Dirección de subred: 172.016.030.000 /24

Máscara de subred: 255.255.255.000

Máscara de wildcard: 000.000.000.255

Dirección de subred:	172.016.032.000 /20
Máscara de subred:	255.255.240.000
Máscara de wildcard:	000.000.015.255

Cuando se desea filtrar un conjunto de direcciones de nodo o subredes, tenga en cuenta las siguientes pautas:

- La amplitud del rango de direcciones a filtrar, expresado en valores decimales, es siempre una potencia de 2.

- El valor inicial del rango decimal a filtrar es un múltiplo de la potencia de 2 utilizada como amplitud del rango.

- En este caso el valor del octeto crítico de la máscara de wildcard será igual a la amplitud del rango menos uno.

Un ejemplo

Filtrar las direcciones de nodo desde la 192.168.1.32 a la 192.168.1.47
Se trata de un grupo de 16 direcciones IP de la red 192.168.1.0/24

- Amplitud del rango: $16 = 2^4$

- Valor del inicio del rango: $32 = 2 \times 16$

- Valor del octeto crítico de la máscara de wildcard: $16 - 1 = 15$

- Solución: 192.168.1.32 0.0.0.15

Casos especiales

xxx.xxx.xxx.xxx 0.0.0.0 = host xxx.xxx.xxx.xxx

0.0.0.0 255.255.255.255 = any

Configuración de las listas de acceso

Listas de acceso IP estándar numeradas.

Router(config)#access-list [ID] [permit/deny] [IP origen]
> Crea una sentencia que compone la lista de acceso identificada con el ID que se referencia.

Router(config)#no access-list [ID]
> Elimina una lista de acceso estándar completa.

```
Router(config)#interface serial 0/0/1
Router(config-if)#ip access-group [ID] [in/out]
```
Aplica la lista de acceso a una interfaz para filtrar el tráfico en sentido entrante o saliente.

 La lista de acceso ya creada no es operativa hasta tanto sea aplicada a una interfaz o utilizada en otro elemento.

Un ejemplo:

```
Router#configure terminal
Router(config)#access-list 1 permit 192.168.1.0 0.0.0.255
Router(config)#access-list 1 deny 172.16.1.0 0.0.0.255
Router(config)#access-list 1 permit 172.16.0.0 0.0.255.255
Router(config)#interface GigabitEthernet 0/0
Router(config-if)#ip access group 1 in
```

Aplicación de filtros de tráfico a puertos virtuales.

Se pueden utilizar ACLs para filtrar cuáles son las direcciones IP de origen que tienen permitido acceder por Telnet o SSH a los dispositivos.

```
Router(config)#access-list 10 permit host 172.16.10.3
```

 ¡Atención!: Sólo se pueden utilizar listas de acceso numeradas.

```
Router(config)#line vty 0 4
Router(config-line)#access-class 10 in
```

Listas de acceso extendidas

Las listas de acceso estándar tienen limitaciones para el filtrado de tráfico ya que solo analizan la dirección IP de origen de los paquetes. Para un filtrado de tráfico más específico pueden utilizarse las listas de acceso extendidas.

Tipo ACL	Filtra por...
Estándar	Dirección IP de origen
Extendidas	Dirección IP de origen
	Dirección IP de destino
	Protocolo (ip, icmp, ospf, tcp, udp, etc.)
	Puerto de origen (tcp, udp)
	Puerto de destino (tcp, udp)

Como ocurre con las listas de acceso estándar, aquí también es posible contar con listas de acceso numerados (100 a 199 y 2000 a 2699) o nombradas.

Configuración ACL extendidas

```
Router(config)#access-list [ID] [permit/deny] [protocolo] [IP
origen] [pto. origen] [IP destino] [pto. destino]
Router(config)#no access-list [ID]
Router(config)#interface serial 0/0/1
Router(config-if)#ip access-group [ID] [in/out]
```

Un ejemplo:

```
Router#configure terminal
Router(config)#access-list 100 deny tcp any host 172.16.100.5 80
Router(config)#access-list 100 permit tcp any any 80
Router(config)#access-list 100 deny udp any any
Router(config)#access-list 100 permit icmp any any echo
Router(config)#interface GigabitEthernet 0/0
Router(config-if)#ip access-group 100 in
```

Listas de acceso IP nombradas.

Las listas de acceso nombradas son esencialmente iguales a las numeradas, aunque su configuración tiene algunas ligeras diferencias.

```
Router(config)#ip access-list [standard/extended] [nombre]
```

Este comando crea la lista de acceso e ingresa al modo de configuración de la ACL que se referencia.

El comando define si se tratará de una lista de acceso estándar o extendida.

El nombre es una cadena alfanumérica a elección, que debe ser única en este dispositivo. También es posible utilizar un número como nombre.

```
Router(config-xxx-nacl)#[permit/deny] [protocolo][IP origen] [pto.
origen] [IP destino] [pto. destino]
```

Ya dentro del modo de configuración de la ACL se crean las sentencias de modo directo.

Opcionalmente se puede iniciar la sentencia indicando el número de secuencia. Luego, las sentencias pueden ser removidas de a una identificándolas por el número de secuencia.

```
Router(config)#interface serial 0/0/1
Router(config-if)#ip access-group [nombre] [in/out]
```

Para aplicar la lista de acceso a un puerto se utiliza el mismo comando que en el caso de las listas de acceso numeradas, salvo que en este caso se utiliza el nombre para referenciarla.

Un ejemplo:

```
Router#configure terminal
Router(config)#ip access list standard Prueba
Router(config-std-nacl)#10 permit 192.168.1.0 0.0.0.255
```

```
Router(config-std-nacl)#20 deny 172.16.1.0 0.0.0.255
Router(config-std-nacl)#30 permit 172.16.0.0 0.0.255.255
Router(config-std-nacl)#exit
Router(config)#interface GigabitEthernet 0/0
Router(config-if)#ip access group Prueba in
```

Un ejemplo de ACL extendida:

```
Router#configure terminal
Router(config)#ip access-list extended Prueba2
Router(config-ext-nacl)#deny tcp any host 172.16.100.5 80
Router(config-ext-nacl)#permit tcp any any 80
Router(config-ext-nacl)#deny udp any any
Router(config-ext-nacl)#permit icmp any any echo
Router(config-ext-nacl)#exit
Router(config)#interface GigabitEthernet 0/0
Router(config-if)#ip access-group Prueba2 in
```

Edición de una lista de acceso

Las listas de acceso nombradas permiten agregar, modificar o borrar sentencias individuales dentro de la lista de acceso. El número de secuencia nos permite insertar las nuevas sentencias en el punto que sea más conveniente.

```
Router#show access lists
Standard IP access list Prueba
   10 permit 192.168.1.0 0.0.0.255 (10 matches)
   20 deny 172.16.1.0 0.0.0.255
   30 permit 172.16.0.0 0.0.255.255
Router#configure terminal
Router(config)#ip access list standard Prueba
Router(config-std-nacl)#5 deny host 192.168.1.100
```

La utilización del número de secuencia nos permite agregar una sentencia en el orden en el que sea necesario.

```
Router(config-std-nacl)#no 20
```

Elimina la sentencia identificada con el número de secuencia que se referencia.

```
Router(config-std-nacl)#end
Router#show access lists
Standard IP access list Prueba
    5 deny host 192.168.1.100
   10 permit 192.168.1.0 0.0.0.255 (10 matches)
   30 permit 172.16.0.0 0.0.255.255
```

Monitoreo de las listas de acceso

```
Router#show access lists
Standard IP access list 1
   10 permit 192.168.1.0, wildcard bits 0.0.0.255 (10 matches)
   20 deny 172.16.1.0, wildcard bits 0.0.0.255
```

```
30 permit 172.16.0.0, wildcard 0.0.255.255
```

A las sentencias configuradas agrega al inicio un
número de secuencia (por defecto numera de 10 en
10). Esto permite luego editar la ACL borrando
selectivamente las sentencias o insertando nuevas
sentencias entre las existentes.

La mención entre paréntesis al final de la sentencia
indica la cantidad de paquetes que han coincidido con
el criterio de selección de la sentencia.

```
Router#show ip access-lists
Extended IP access list 100
    10 deny tcp any host 172.16.100.5 www
    20 permit tcp any any www
    30 deny udp any any
    40 permit icmp any any echo

Router#show ip interfaces serial 0/0/0
  Serial0/0/0 is up, line protocol is up
  Internet address is 172.16.10.2
  Broadcast address is 255.255.255.255
  Address determined by non-volatile memory
  MTU is 1500 bytes
  Helper address is not set
  Directed broadcast forwarding is disabled
  Outgoing access list is not set
  Inbound  access list is 100
  Proxy ARP is enabled
  Security level is default
  Split horizon is enabled
  ICMP redirects are always sent
  ICMP unreachables are always sent
  ICMP mask replies are never sent
  IP fast switching is enabled
  IP fast switching on the same interface is disabled
  IP Fast switching turbo vector
  IP multicast fast switching is enabled
  IP multicast distributed fast switching is disabled
  IP route-cache flags are Fast
  Router Discovery is disabled
  IP output packet accounting is disabled
  IP access violation accounting is disabled
  TCP/IP header compression is disabled
  RTP/IP header compression is disabled
  Probe proxy name replies are disabled
  Policy routing is disabled
  Network address translation is disabled
  Web Cache Redirect is disabled
  BGP Policy Mapping is disabled

Router#show running-config
```

	ACL	Interfaz
show access-list	Si	No
show ip interfaces	No	Si
show running-config	Si	Si

Listas de acceso IPv6

En IOS para IPv6 utilizamos listas de acceso extendidas. Su estructura, configuración y principios básicos son semejantes a las listas de acceso nombradas extendidas IPv4.

```
Router(config)#ipv6 access-list [nombre]
```
Este comando crea la lista de acceso e ingresa al modo de configuración de la ACL que se referencia.

El nombre es una cadena alfanumérica a elección, que debe ser única en este dispositivo. También es posible utilizar un número como nombre.

```
Router(config-ipv6-acl)#[permit/deny] [protocolo][IPv6 origen]
[pto. origen] [IPv6 destino] [pto. destino]
```
Ya dentro del modo de configuración de la ACL se crean las sentencias de modo directo.

Opcionalmente se puede iniciar la sentencia indicando el número de secuencia. Luego, las sentencias pueden ser removidas de a una identificándolas por el número de secuencia.

```
Router(config)#interface serial 0/0/1
Router(config-if)#ip traffic-filter [nombre] [in/out]
```
Aplica la lista de acceso a un puerto para filtrar el tráfico entrante o saliente según se indique.

 En el caso de las listas de acceso IPv6 las reglas implícitas que se agregan al final son más complejas ya que se incluyen permisos de algunos procesos ICMP:
permit icmp any any nd-na
permit icmp any any nd-ns
deny ipv6 any any

Un ejemplo:

```
Router#configure terminal
Router(config)#ipv6 access-list Prueba3
Router(config-ipv6-acl)#deny tcp any host 2001:db8:0:1::5 80
Router(config-ipv6-acl)#permit tcp 2001:db8:100.5::/64 any 80
Router(config-ipv6-acl)#deny udp any any
Router(config-ipv6-acl)#permit icmp any any echo
```

```
Router(config-ipv6-acl)#exit
Router(config)#interface GigabitEthernet 0/0
Router(config-if)#ipv6 traffic-filter Prueba3 in
```

Verificación

```
Router#show ipv6 access-list
IPv6 access list Prueba3
    deny tcp any host 2001:db8:0:1::5 80 (2 matches) sequence 10
    permit tcp 2001:db8:100.5::/64 any 80 sequence 20
    deny udp any any sequence 30
    permit icmp any any echo sequence 40

Router#show ipv6 interface GigabitEthernet 0/0
```

A diferencia del comando semejante de IPv4, la sección referida a las listas de acceso aparece únicamente cuando hay listas de acceso IPv6 aplicadas a la interfaz.

Verificación de ACLs utilizando APIC-EM

En redes con una capa de control centralizada que implementan APIC-EM como controlador es posible utilizar la herramienta Path Trace para verificar la operación de las ACLs.

Path Trace permite verificar la ruta que sigue un paquete atravesando la red y, si en algún punto de esa ruta hay una ACL aplicada, monitorear el punto de aplicación de la ACL y el resultado de la misma para un destino y origen específicos.

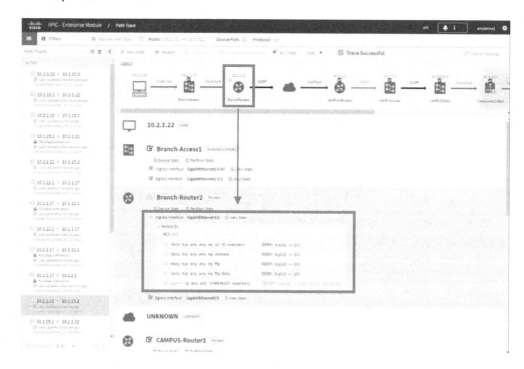

Network Address Translation (NAT)

Procedimiento estándar que modifica la dirección IP de origen de los paquetes IP, traduciéndola por otra dirección IP compatible con la red de destino. Definido, entre otros, en el RFC 2633.

Esta traducción se realiza en un dispositivo NAT, también denominado NAT box, que opera típicamente en el borde de un área stub y es el responsable de traducir las direcciones IP y mantener las tablas respectivas. Un dispositivo NAT puede ser:

- Un router Cisco.

- Un firewall ASA.

- Un sistema UNIX.

- Otro tipo de dispositivo.

Entre otras utilidades, permite que terminales con direccionamiento privado puedan acceder a Internet utilizando direccionamiento público o global. Sin embargo NAT es indiferente a la convención de direcciones públicas/privadas por lo que es necesario, al configurar, indicar cuáles son las direcciones que deben ser traducidas.

Ventajas de NAT

- Elimina la necesidad de reconfigurar terminales con direccionamiento privado cuando necesitan conectarse a Internet.

- Permite reducir la cantidad de direcciones IP públicas necesarias para dar conectividad de Internet.

- Se constituye en un nivel adicional de seguridad ya que permite mantener oculta a Internet la estructura de direccionamiento utilizada en la LAN.

Desventajas de NAT

- Algunas aplicaciones dependen de poder establecer una comunicación extremo a extremo.

- Se pierde la posibilidad de trazabilidad extremo a extremo de las rutas, lo que hace más complejo el diagnóstico de problemas

- Se complica la operación de protocolos de tunelizado como IPsec.

- Algunos protocolos de aplicación que desdoblan su operación en múltiples sesiones pueden ver interrumpida su operación.

- Se incrementa el delay en el reenvío de los paquetes ya que es preciso traducir paquete por paquete.

Terminología NAT

Al implementar y analizar NAT es fundamental tener presente una terminología propia.

- Red inside.
  Red que se encuentra del lado "interno" del dispositivo NAT, y cuyas direcciones requieren traducción.
  Habitualmente coincide con la red LAN.

- Red outside.
  Red del lado "externo" del dispositivo NAT que requiere direcciones IP válidas.
  Habitualmente coincide con la red WAN o Internet.

Se distinguen 4 tipos de direcciones IP:

- Inside Local Address.
  Direcciones que tienen configuradas los dispositivos que se encuentran conectados a la red Inside y que utilizan para sus comunicaciones locales.

- Inside Global Address.
  Direcciones válidas en la red Outside que han de utilizar los dispositivos de la red Inside para establecer comunicaciones con dispositivos que se encuentran en la red Outside.
  Es la dirección que representa a una terminal de la red Inside en la red Outside.

- Outside Local Address.
  Dirección configurada en los dispositivos que se encuentran conectados a la red Outside.

- Outside Global Address.
  Dirección que representa a un dispositivo de la red Outside en la red Inside.
  Si el dispositivo de la red Outside también atraviesa un sistema NAT, entonces la dirección Outside Global y la Outside Local serán diferentes, aunque el dispositivo de la red Inside no podrá diferenciarlo.

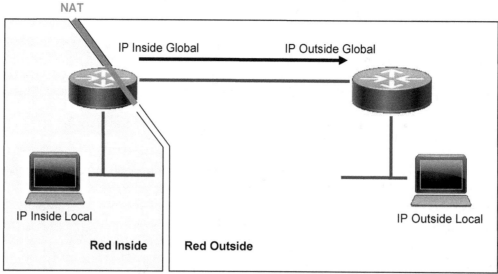

Además, hay diferentes modalidades de NAT:

- NAT estático
  La traducción se define manualmente de IP local a IP global.
  Se asegura de este modo que un nodo de la red Inside esté siempre representado por la misma dirección global en la red Outside.
  Generalmente utilizado para habilitar desde la red Global el acceso a un servidor alojado en la red Inside.

- NAT dinámico
  No hay una asignación uno a uno de IP local a IP global, sino que se define un conjunto de direcciones locales de origen que se traducen dinámicamente utilizando un conjunto de direcciones globales.
  Se asigna una IP global por cada IP local que atraviesa el dispositivo NAT.

- NAT overload o PAT
  La asignación dinámica se realiza ahora por conversación, no por IP. El origen de cada conversación generada en la red Inside (IP local : puerto origen) se traduce por una IP y puerto aptos en la red Outside (IP global : puerto).
  La combinación IP:puerto es única para cada conversación, de manera que se puede distinguir cada traducción realizada.

En la definición de un dispositivo de NAT se pueden aplicar una o más de estas modalidades

Configuración de NAT:

Procedimiento para la configuración de NAT en IOS:

1. Definición de la interfaz que conecta a la red Inside para NAT.

2. Definición de la interfaz que conecta a la red Outside de NAT.

3. Definición de los parámetros de traducción.

```
Router#configure terminal
Router(config)#interface GigabitEthernet 0/0
Router(config-if)#ip nat inside
```
                              Define la interfaz que conecta a la red Inside.
```
Router(config-if)#interface serial 0/0/0
Router(config-if)#ip nat outside
Router(config-if)#exit
Router(config)#
```
                              Define la interfaz que conecta a la red Outside.

Definición de traducción de NAT estática

Los paquetes que llegan a la interfaz inside y cuya dirección IP origen coincide con la definida como IP local serán traducidos.

```
Router(config)#ip nat inside source static [ip local] [ip global]
```

Un ejemplo:

```
Router(config)#ip nat inside source static 172.16.1.10 25.1.1.16
```

Definición de la traducción de NAT dinámica

En este caso es necesario agregar 2 definiciones:

- Cuáles son las direcciones locales a traducir (las direcciones locales que no se incluyan en esta definición no serán traducidas).

- Cuál es el conjunto de direcciones globales que se han de utilizar para esa traducción.

Estas 2 definiciones deben ser luego asociadas en el comando que implementa el protocolo de traducción.

```
Router(config)#access-list [1-99] permit [ip local]
```

Para definir cuáles son las direcciones locales a traducir se utiliza una lista de acceso estándar. Puede ser nombrada o numerada.

```
Router(config)#ip nat pool [name] [ip inicial] [ip final] netmask
X.X.X.X
```

El conjunto de direcciones globales a utilizar en el proceso de traducción requiere especificar cuál es la IP de inicio del conjunto, cuál es la IP final y la máscara de subred correspondiente.

```
Router(config)#ip nat inside source list [X] pool [name]
```

Un ejemplo:

```
Router(config)#access list 10 permit 172.16.1.64 0.0.0.15
Router(config)#ip nat pool CCNA 25.1.1.17 25.1.1.32 netmask
255.255.0.0
Router(config)#ip nat inside source list 10 pool CCNA
```

Definición de traducción PAT utilizando una sola dirección IP pública

En este caso cada conversación iniciada en la red interna o local (IP local:puerto) es traducida por un puerto de la IP global asignada a la interfaz de salida (IP global:puerto). Esto permite utilizar una misma dirección IP para múltiples conversaciones iniciadas localmente.

En principio el proceso intenta preservar el puerto de origen que utilizó originalmente la conversación; si ese puerto ya está siendo ocupado por otra conversación entonces busca asignar el primer puerto disponible del mismo grupo de puertos. Si no hay puerto disponible y hay más de una dirección IP global asignada para la traducción, se pasa a la siguiente IP y nuevamente se intenta utilizar el mismo ID de puerto que con la IP local.

```
Router(config)#access-list [1-99] permit [ip local]
```

```
Router(config)#ip nat inside source list [X] interface [int]
overload
```

En IOS el keyword "overload" indica que se desea implementar PAT, en este caso sobre la interfaz que se especifica.

Un ejemplo:

```
Router(config)#access list 10 permit 172.16.1.64 0.0.0.15
Router(config)#ip nat inside source list 10 interface S0/0 overload
```

Definición de traducción PAT utilizando más de una dirección IP pública.

```
Router(config)#access-list [1-99] permit [ip local]
Router(config)#ip nat pool [name] [ip] [ip] netmask X.X.X.X
Router(config)#ip nat inside source list [X] pool [name] overload
```

Un ejemplo:

```
Router(config)#access list 10 permit 172.16.1.64 0.0.0.15
Router(config)#ip nat pool CCNA 25.1.1.17 25.1.1.32 netmask
255.255.0.0
Router(config)#ip nat inside source list 10 pool CCNA overload
```

Comandos adicionales

```
Router#clear ip nat translation *
```

Borra las entradas generadas dinámicamente en la tabla de NAT. Por defecto se borran automáticamente después de 24 hs. de inactividad.

```
Router(config)#ip nat translation timeout [segundos]
```

Comandos de monitoreo de NAT

```
Router#show ip nat translations
```

Muestra la tabla de traducción generada y utilizada por el proceso de NAT.

```
Pro   Inside global    Inside local    Outside local     Outside global
---   25.1.1.16        172.16.1.10     ---               ---
icmp  25.1.1.15:4      172.16.1.65:4   201.100.1.15:4    201.100.1.15:4
```

```
Router#show ip nat statistics
```

Muestra la información referida al número de traducciones activas en el momento, los parámetros configurados, la cantidad de direcciones contenidas en el pool y el número de direcciones utilizadas.

```
Router#debug ip nat
```

Muestra la información correspondiente a cada paquete que se traduce.

```
Router#debug ip nat detailed
```

Genera una descripción de cada paquete que se evalúa para la traducción.

Diagnóstico de fallos de NAT

Cuando se trabaja en un entorno de implementación de NAT es particularmente complicado el diagnóstico de problemas. Por eso es importante en primer lugar eliminar el proceso de NAT como el origen del inconveniente.

1. Verifique que se esté realizando la traducción IP.

    o   Verifique que la traducción está incluida en la tabla de traducciones de NAT: `show ip nat translations`.

    o   Verifique que se esté traduciendo en este momento, utilizando `show ip nat statistics` y `debug ip nat`.

    o   Verifique que la ACL asociada esté permitiendo las direcciones locales que deben traducirse: `show access-list`.

    o   Verifique que las interfaces inside y outside están correctamente definidas.

2. Si la traducción se está realizando pero aún no hay conectividad, verifique que haya una ruta de regreso hacia la dirección traducida.

Mitigación de amenazas en el acceso

Los riesgos potenciales a los que están sometidas las redes de datos han experimentado en los últimos años una complejidad y sofisticación crecientes. La red está expuesta no sólo a amenazas externas (un atacante ajeno a la propia empresa u organización), sino también internas. Por esto la preocupación por la seguridad debe estar presente aún en el caso de redes que no tienen conexión con redes externas o con Internet.

*   Amenazas Internas.
    Amenazas a la seguridad de la red originadas al interior de la organización. Son las más serias.
    La principal contramedida para responder a este tipo de amenazas son las políticas de seguridad.
    Son particularmente importantes porque:

    o   El usuario de la red tiene conocimientos de la red y los recursos disponibles.

    o   El usuario típicamente tiene algún nivel de acceso relacionado con la naturaleza de su tarea.

    o   Los mecanismos de seguridad tradicionales suelen no ser efectivos contra el potencial uso abusivo de un permiso de acceso legítimo.

*   Amenazas Externas.
    Son ataques de naturaleza más técnica, que se inician con menor conocimiento del interior de la red.

A estas amenazas se responde principalmente implementando defensas técnicas.

La protección del acceso a los recursos de red es de un rol fundamental para proteger a otros usuarios, las aplicaciones y la red misma de posibles errores humanos o ataques maliciosos.

Hay diferentes mecanismos de seguridad que se pueden implementar en el acceso para mitigar las principales amenazas:

- DHCP Snooping.
  Previene la implementación de servidores DHCP intrusos dentro de la red.

- DAI
  Dynamic ARP Inspection.
  Previene la posibilidad de ataques basados en ARP.

- Port Security.
  Para restringir el número de MACs asociadas a un puerto.

- Identity-Based Networking
  Permite proteger recursos y dejar movilidad a los usuarios.

DHCP Snooping

Feature de seguridad de capa 2 que restringe la circulación de respuestas a solicitudes DHCP generadas por dispositivos no autorizados. De esta manera se constituye en una barrera para la introducción de servidores DHCP por parte de un atacante.

Identifica los puertos del switch como:

- Trusted.
  Los dispositivos conectados a estos puertos pueden enviar todo tipo de tráfico DHCP.
  Es típicamente el puerto que permite establecer conexión con los servidores DHCP (troncales o puertos de acceso a los que se encuentran conectados los servidores).

- Untrusted.
  Los dispositivos conectados a estos puertos sólo pueden enviar paquetes DHCP Discovery.

Una vez activada esta función todos los puertos del switch son untrusted salvo aquellos que sean explícitamente declarados como trusted.

Como consecuencia de la activación de esta prestación el switch confecciona una tabla en la que se mantienen registros que asocian MAC address del cliente | tiempo de cesión | tipo de asignación | VLAN | ID del puerto. Esta información es utilizada como base para otros features de seguridad.

Dynamic ARP Inspection

Permite validar las respuestas de ARP:

- Verifica la valides de la asociación MAC-IP de cada respuesta ARP antes de reenviarla.

- Para esta validación utiliza la tabla de información generada por DHCP snooping.

- Las respuestas ARP inválidas son descartadas.

Las acciones básicas son:

- Los paquetes ARP recibidos en interfaces trusted, no son verificados.

- Se interceptan todos los paquetes ARP de interfaces untrusted.

- Cada paquete ARP interceptado es verificado antes de ser reenviado.

- Se eliminan y/o registran los paquetes que presentan asociaciones IP-MAC inválidas.

Identity-Based Networking

Concepto que reúne un conjunto de mecanismos de autenticación, control de acceso y políticas de usuario para proveer a los usuarios acceso a los recursos de red que corresponden.

- Permite brindar al usuario independencia respecto del punto físico de conexión a la red.

- Verifica la identidad del usuario cuando se conecta al puerto del switch y lo coloca en la red (VLAN) correcta.

- Si un usuario falla al identificarse el acceso puede ser rechazado o el usuario puede ser colocado en una VLAN para invitados.

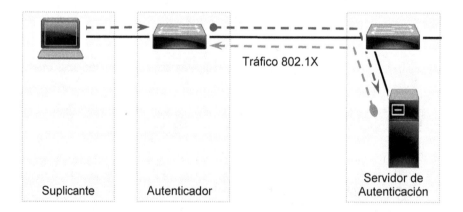

Tráfico 802.1X

| Suplicante | Autenticador | Servidor de Autenticación |

De esta manera la política de seguridad en el acceso que se aplica ya no depende de dónde se conecta el usuario sino de quién es el usuario que se conecta independientemente de dónde lo haga. Cuando un usuario se conecta a la red se le requiere que se autentique y en función de su identidad se lo coloca en la VLAN correcta; si la autenticación falla por el motivo que sea el usuario puede ser rechazado o simplemente colocado en una VLAN para invitados.

La clave para esta implementación es el protocolo IEEE 802.1x que define 3 roles en el proceso:

- Cliente o suplicante.
  Una estación terminal con un cliente de software 802.1x.

- Autenticador.
  Es el dispositivo que controla el acceso físico a la red

- Servidor de autenticación.
  Servidor responsable de verificar las credenciales de cada cliente que se conecta a la red.

Opciones de autenticación externa

La verificación de credenciales puede realizarse sobre una base de datos local en los dispositivos de red. Pero este tipo de implementación no es escalable en redes con múltiples dispositivos, en este caso se puede implementar un servidor de autenticación externo en el que se centralice la gestión de credenciales de usuarios y que brinde servicios de verificación de credenciales centralizado en toda la red. Esto recibe la denominación de AAA.

 AAA es el acrónimo de Authentication, Authorization and Accounting, una arquitectura de seguridad con sistemas distribuidos que permite controlar el acceso de los usuarios.

Cuando se implementan servidores de autenticación externos, los 2 servicios más implementados son:

- RADIUS
  Protocolo estándar que combina servicios de autenticación y autorización en un único proceso.
  Utiliza UDP para el intercambio de información.

- TACACS+
  Mecanismo propietario de Cisco que separa los diferentes servicios (autenticación, autorización y registro) en diferentes procesos.
  Utiliza TCP para el intercambio de información.

Cuando se implementa un servidor de autenticación externo es este servidor el que acepta o rechaza la conexión de un usuario en función de la información con la que cuenta.

El proceso de autenticación:

- Una terminal se conecta a la red y se le requiere el ingreso de usuario y clave.

- El dispositivo autenticador hace una solicitud de validación de las credenciales al servidor de autenticación utilizando el protocolo elegido (RADIUS o TACACS+).

- El servidor de autenticación utiliza la información que posee para validar las credenciales del usuario.

- El servidor de autenticación le envía su respuesta (aceptación o rechazo) al autenticador para que aplique la decisión.

Configuración de autenticación en el acceso con RADIUS

```
Router(config)#username Admin password C1sc0123
```
Crea un usuario en una base de datos local (en el dispositivo) para poder utilizarlo cuando el método de autenticación es local.

```
Router(config)#aaa new-model
```
Habilita la operación utilizando el modelo Authentication, Authorization, Accounting.

Aplica por defecto autenticación local a todas las interfaces excepto la consola

Antes de utilizar un servidor de autenticación es necesario establecer una asociación entre el servidor y el dispositivo que utilizará sus servicios.

```
Router(config)#radius-server Server1
```
Define un servidor RADIUS identificado con un nombre, en este caso "Server1", e ingresa al submodo de configuración de este servidor.

```
Router(config-radius-server)#address ipv4 192.168.100.50
```
Asocia al grupo de servidores que se ha creado un servidor RADIUS, en este caso ubicado en la dirección IP 192.168.100.50. El servidor se puede identificar por nombre (requiere DNS).

Opcionalmente se puede indicar un número de puerto UDP si no se utilizan los puertos por defecto.

```
Router(config-radius-server)#key ServerRadius1
```
Asocia la clave pre-compartida del servidor, con el que se acaba de ingresar de modo tal que el dispositivo y el servidor puedan autenticarse recíprocamente. Esta clave debe coincidir con la definida en el servidor para este dispositivo.

```
Router(config-radius-server)#exit
```

```
Router(config)#aaa group server radius RadiusGroup
```
> Para que el servidor sea operativo debe asociarse ahora a un grupo de servidores RADIUS que se utilicen para tareas de AAA. En este caso se crea un grupo de servidores RADIUS identificado con el nombre "RadiusGroup".

```
Router(config-sg-radius)#server name Server1
```
> Incorpora el servidor que se asoció antes al grupo, utilizando como identificador el nombre que se le asignó antes.
>
> A un grupo de servidores se pueden incorporar múltiples servidores que utilizan el mismo protocolo.

```
Router(config-sg-radius)#exit
```

```
Router(config)#aaa authenticat login default group RadiusGroup
local
```
> Define la utilización de autenticación AAA en el acceso al dispositivo.
>
> Para validar las credenciales de autenticación de los usuarios se utilizará una lista de métodos de autenticación identificada con el nombre "default". Esta lista está creada por defecto, el Administrador puede crear sus propias listas.
>
> La lista "default" establece que en primer lugar utilizará los servicios del grupo de servidores "RadiusGroup". Si no contesta ninguno de los servidores de ese grupo, entonces utilizará la base de datos creada localmente en el dispositivo.
>
> La política definida se aplica por defecto a todas las interfaces.

```
Router(config)#exit
```

Configuración de autenticación en el acceso con TACACS+

```
Router(config)#username Admin password C1sc0123
Router(config)#aaa new-model
```

Antes de utilizar un servidor de autenticación es necesario establecer una asociación entre el servidor y el dispositivo que utilizará sus servicios.

```
Router(config)#tacacs server ServerTac1
```
> Define un servidor TACACS+ identificado con un nombre, en este caso "ServerTac1", e ingresa al submodo de configuración de este servidor.

```
Router(config-server-tacacs)#address ipv4 192.168.100.51
Router(config-server-tacacs)#port 49
```
> Cuando el servicio de TACACS+ no utiliza el puerto TCP por defecto, la referencia del puerto utilizado se hace en un comando aparte.

En este caso se marca puerto 49, que es el puerto del servicio por defecto.

```
Router(config-server-tacacs)#key ServerTACACS1
Router(config-radius-server)#exit
Router(config)#aaa group server tacacs+ TACACSGroup
Router(config-sg-radius)#server name ServerTac1
Router(config-sg-radius)#exit


Router(config)#aaa authenticat login default group TACACSGroup
local
```

Define la utilización de autenticación AAA en el acceso al dispositivo.

Para validar las credenciales de autenticación de los usuarios se utilizará una lista de métodos de autenticación identificada con el nombre "default". Esta lista está creada por defecto, el Administrador puede crear sus propias listas.

La lista "default" establece que en primer lugar utilizará los servicios del grupo de servidores "RadiusGroup". Si no contesta ninguno de los servidores de ese grupo, entonces utilizará la base de datos creada localmente en el dispositivo.

La política definida se aplica por defecto a todas las interfaces.

```
Router(config)#exit
```

Seguridad de dispositivos Cisco IOS

Cisco IOS provee un conjunto de prestaciones que permiten asegurar los planos de control y management de los routers.

Algunas best practices a implementar en dispositivos nuevos son:

- El management out-band es más difícil de vulnerar por parte de un atacante.

- Utilice protocolos de management encriptados (SSH y HTTPS).

- Implemente múltiples cuentas de usuarios con diferentes niveles de privilegio para asignar al staff técnico solamente los privilegios que son necesarios para cumplir su tarea.

- La administración centralizada de los usuarios facilita la tarea.

- Almacenar los registros de eventos (logs) en servidores remotos para poder analizar los eventos en caso de incidentes de seguridad en la red.

- Utilizar claves protegidas por hash incrementa significativamente el tiempo necesario para romperlas por fuerza bruta.

- La implementación de SNMPv3 con cuentas de usuario y autenticación HMAC mejora significativamente la seguridad.

Bloqueo de servicios no utilizados

Una regla básica de seguridad es desactivar servicios fuera de uso. Esa regla, que se aplica a servidores y terminales puede aplicarse también a dispositivos de red los cuáles tienen múltiples servicios habilitados por defecto (Telnet, HTTP, CDP, etc.).

Desactivar servicios que no se utilizan elimina potenciales brechas de seguridad, al mismo tiempo que permite preservar recursos del sistema que pueden entonces aplicarse a funciones que sí son necesarias.

¿Cómo identificar los puertos abiertos?

```
Router#show control-plane host open-ports
```
Permite verificar los puertos UDP y TCP abiertos a nivel de la interfaz virtual que da acceso al plano de control del dispositivo.

Buenas prácticas generales

```
Router(config)#no cdp run
```
Desactiva globalmente CDP en el dispositivo, cuando este protocol no ha de emplearse en absoluto.

Cuando no se requiere CDP es recomendable desactivarlo ya que publica de modo inseguro información sensible sobre el dispositivo y el sistema operativo.

```
Router(config)#interface GigabitEthernet 0/0
Router(config-if)#no cdp enable
```
Permite desactivar CDP solamente en una interfaz mientras permanece activo globalmente y en las otras interfaces.

```
Router(config-if)#exit
Router(config)#no ip http server
```
Desactiva el servicio HTTP que está activo por defecto. Si ha de usarse una interfaz gráfica se sugiere utilizar HTTPS.

```
Router(config)#ip http secure-server
```
Habilita el servicio HTTPS en caso de que se desee utilizar interfaz gráfica.

Network Time Protocol

NTP es esencial para sincronizar los relojes de los diferentes dispositivos que operan en la red. La sincronización de los relojes se requiere para:

- Asegurar la correcta validación del período de validez de los certificados digitales.

- Lograr una correcta interpretación de los registros de eventos.

Hay diferentes alternativas para utilizar como fuente de sincronización. Puede implementarse un master clock local, o utilizar uno de los disponibles en Internet, o utilizar un cliente GPS para tomar sincronía del sistema de geoposicionamiento global. La recomendación es implementar un servidor interno NTP que permita dar sincronía a los relojes de todos los dispositivos de la red. Los routers Cisco IOS pueden actuar como clientes y servidores NTP.

Configuración de un cliente NTP

```
Router(config)#ntp server 192.168.115.20
```
Activa en el dispositivo el cliente NTP y lo asocia al servidor cuya IP se indica en el comando.

Al estar operando como cliente NTP el dispositivo puede automáticamente brindar información de fecha y hora a otros clientes NTP que se lo soliciten.

```
Router(config)#ntp master 2
```
Activa un dispositivo Cisco IOS como servidor NTP. El número al final indica el número de estrato (un valor de 1 a 15) dentro de la jerarquía de servidores NTP. Cuanto menor el ID de estrato mayor es la prioridad del servidor.

Este comando debe ser utilizado con cuidado ya que sobrescribe información de fecha y hora tomada de otro servidor que puede ser válida.

 La presencia de múltiples servidores NTP en una misma red puede provocar inestabilidad en caso de que los dispositivos no tengan sus relojes adecuadamente sincronizados.

```
Router#show ntp associations
```
Permite verificar la operación de NTP. Muestra los servidores peer con los que se encuentra asociado, si esa asociación es estática y el estrato al que pertenece el peer.

```
Router#show ntp status
```
Permite verificar el estado de operación del protocolo: si el reloj está sincronizado, en qué estrato se encuentra y la dirección IP del peer con el que ha sincronizado.

Implementación de un registro de eventos

Todos los dispositivos de red generan mensajes de evento que envían por defecto a un proceso interno llamado logging que es el responsable de distribuir esos mensajes a diferentes destinos para su visualización o almacenamiento.

En los dispositivos Cisco el sistema de mensajes de estado y eventos que genera puede ser enviado a distintas posiciones:

- A la pantalla de la consola (console), es la opción por defecto.

- A la pantalla de una sesión telnet o SSH (monitor).

- A una consola SNMP en la red (trap).

- A un buffer de memoria local (buffered).
  Esta instancia de almacenamiento está habilitada por defecto, con una capacidad de 4096 bytes y recibe mensajes hasta de nivel 7.

Los mensajes tienen un formato establecido:

```
*Dec 18 17:10:15.079: %LINEPROTO-5-UPDOWN: Line protocol on
Interface FastEthernet0/0, changed state to up
```

- El registro de fecha y hora.
  `Dec 18 17:10:15.079`

- La porción del dispositivo que genera el mensaje.
  `%LINEPROTO`

- Nivel de severidad del mensaje:
  `5`

- Clave mnemotécnica.
  `UPDOWN`

- Descripción del mensaje.
  `Line protocol on Interface FastEthernet0/0...`

Es posible también agregar un número de secuencia en el inicio del mensaje, si así se requiere.

Los mensajes de logging tienen 8 niveles de severidad:

0	Emergency	El sistema está inutilizado.
1	Alert	Requiere atención inmediata.
2	Critical	Notifica de una condición crítica.
3	Error	Notifica una condición de error.
4	Warning	
5	Notification	Condición normal pero significativa.
6	Informational	
7	Debugging	

Los niveles 0 a 4 representan eventos que pueden tener serio impacto en la operación del dispositivo. El Administrador tiene la posibilidad de definir hasta qué nivel de severidad desea recibir en cada una de las diferentes posiciones. Por ejemplo, almacenar hasta nivel 5 en el servidor de Syslog y recibir hasta nivel 7 en la terminal de consola.

Por defecto se envían todos los mensajes hasta nivel 7 al puerto de consola.

El protocolo Syslog

Syslog es un protocolo que permite enviar mensajes de notificación de eventos a través de una red IP hacia un colector o repositorio de mensajes. De esta manera es posible que múltiples dispositivos que operan en una red generen mensajes de estado y los almacenen un dispositivo (servidor) centralizado que actúa como repositorio para su posterior revisión por el Administrador.

Utiliza UDP para el transporte, por lo que no hay mecanismo para recuperar mensajes perdidos durante el transporte.

Configuración de los registros:

```
Router(config)#service timestamps
```
Implementa la inclusión de fecha y hora en el encabezado de los mensajes.

```
Router(config)#service sequence-numbers
```
Implementa la inclusión de un número de secuencia en el inicio de los mensajes.

```
Router(config)#logging buffered 200000
```
Establece el tamaño del buffer de memoria que ha de dedicarse a los mensajes de syslog. El tamaño del buffer se establece en bytes. Por defecto, el tamaño es 4096 bytes y el nivel de severidad es debugging.

```
Router(config)#logging 172.16.1.2
```
Asigna un servidor de syslog como destino para almacenar los mensajes.

El comando puede ser utilizado repetidamente para definir una lista de servidores que se utilizarán como repositorios.

```
Router(config)#logging trap warnings
```
Limita los mensajes enviados al servidor de syslog en base al nivel de severidad.

El nivel de severidad también puede expresarse en forma numérica, en este caso: 4.

```
Router(config)#logging monitor notifications
```
Limita los mensajes que se enviará a las terminales virtuales (Telnet, SSH) en base al nivel de severidad, en este caso se limita hasta mensajes de nivel 5.

```
Router#show logging
```
Muestra el estado de syslog y los mensajes almacenados en el buffer de memoria local.

Simple Network Management Protocol (SNMP)

Protocolo de capa de aplicación que proporciona un servicio de mensajería entre dispositivos (agentes SNMP) y una consola de gestión (SNMP Manager). SNMP permite desarrollar una estructura de administración (NMF) basada en estándares elaborados a partir de múltiples RFCs.

- SNMP Manager.
  Aplicación de gestión de red que proporciona funcionalidades de monitoreo y gestión al Administrador.
  También denominado NMS (Network Management Station).

- Agente SNMP.
  Software que opera en un dispositivo de red que se desea gestionar.
  Recoge información en una base de datos (MIB – Management Information Base) que contienen variables de estadística y configuración del dispositivo.

- MIB.
  Almacenamiento virtual de información de gestión del dispositivo organizada como base de datos de objetos que representan parámetros de configuración y contadores de actividad.

El SNMP Manager periódicamente consulta al Agente SNMP para recolectar información sobre la que luego realiza análisis; también puede realizar modificaciones en la configuración a través del Agente SNMP, si esto se permite.

Se utilizan diferentes tipos de mensajes:

- Mensajes GET.
  Permite que utiliza el SNMP Manager para requerir información almacenada por los Agentes SNMP en su base de datos (MIB) para luego poder analizarla o consultarla.
  La mayoría de las consolas SNMP permiten que el Administrador configure intervalos de tiempo para que la consulta se realice de modo automático.

- Mensajes GET-next.
  Utilizado para solicitar al agente SNMP el próximo objeto de la MIB.

- Mensajes GET-bulk.
  Permite al SNMP manager requerir un conjunto de objetos que componen una tabla con una sola solicitud.

- Mensajes SET.
  Mensajes SNMP que envían modificaciones en los parámetros de configuración que se almacenan en la MIB para que luego se modifique la configuración del dispositivo.

- Mensajes Trap.
  Notificaciones generadas por el mismo Agente SMNP que se envían al NMS sin que haya consulta previa para informar algún evento en particular.
  Estos mensajes pueden desencadenar algún proceso tal como mostrar una alarma en pantalla o disparar la notificación por SMS al Administrador del evento.

- Mensaje Inform.
  Mensaje semejante al mensaje trap con información adicional.

Versiones

Hay 3 versiones principales de SNMP:

- SNMPv1 con control de acceso basado en la comunidad.

  o El nombre de comunidad opera como una clave de autenticación que viaja en texto plano, por lo que su nivel de seguridad es bajo y lo hace susceptible de ataque tipo man-in-the-middle.

  o Hay 3 tipos de comunidades:
    - Read-only (RO) – Permite solamente el monitoreo del dispositivo.
    - Read-write (RW) – Permite acceso de lectura y escritura.
    - Trap.

- SNMPv2c.
  Mejoró el sistema de mensajes, lo que permite obtener mayor cantidad de información del dispositivo de modo más eficiente.

  o Utiliza el mismo sistema de autenticación basado en el nombre de comunidad que la versión 1.

- SNMPv3 con autenticación de usuario y encriptación.
  Incorpora prestaciones de seguridad: Integridad, autenticación y encriptación.

El protocolo versión 3 permite 3 variantes de seguridad:

Nivel	Keyword	Autenticación	Encriptación
NoAuthNoPriv	noaut	Username	---
AuthNoPriv	auth	MD5 o SHA	---
AuthPriv	pri	MD5 o SHA	DES o AES

Configuración de SNMP v2c

 Dada la vulnerabilidad de la versión 2c de SNMP, generalmente es implementado exclusivamente en modalidad read-only.

```
Router(config)#ip access-list standard SNMP
Router(config-std-nacl)#permit host 172.16.10.101
Router(config-std-nacl)#exit
Router(config)#ip access-list standard SNMP2
Router(config-std-nacl)#permit host 172.16.20.54
Router(config-std-nacl)#exit
Router(config)#snmp-server community LabCisco ro SNMP
```
> Define un nombre de comunidad read only (ro), y limita el acceso al host permitido en la lista de acceso SNMP.

```
Router(config)#snmp-server location BuenosAires
```
> Identifica la ubicación física del dispositivo gestionado.

```
Router(config)#snmp-server contact oscargerometta@edubooks.com
```
> Permite identificar una persona de contacto para tareas relacionadas con el dispositivo.

 Los 3 objetos básicos de información son el nombre del sistema, el contacto y la ubicación. Solamente los 2 últimos necesitan ser definidos, el primero se toma del hostname.

```
Router(config)#snmp-server community LabCisco2 rw SNMP2
```
> Define un nombre de comunidad. En este caso se trata de una comunidad read and write (RW), y limita el acceso al host permitido en la lista de acceso SNMP2.

```
Router(config)#snmp-server host 172.16.1.10 LabCisco3
```
> Define la dirección IP del host al cual se deben enviar los mensajes trap, y el nombre de la community de intercambio de traps (LabCisco3).

Verificación y monitoreo

```
Router#show snmp community
```

Permite verificar los nombres de las comunidades que se encuentran definidas en el dispositivo y el estado de cada una de ellas

Al ejecutar este comando se visualiza una community que no ha sido definida en la configuración (ILMI). Es una comunidad red-only asociada con el protocolo LMI que se utiliza con switches ATM.

```
Router#show snmp location
Router#show snmp contact
Router#show snmp host
```

Muestra los detalles correspondientes al host que recibe los mensajes trap.

```
Router(config)#end
```

Diagnóstico de conectividad en redes IPv4

No es posible generar un modelo único de diagnóstico de redes IPv4 que responda a todas las posibilidades que se pueden dar en la operación día a día de las redes IPv4.

Cuando se informa un problema de conectividad extremo a extremo, un posible flujo de análisis a realizar es el siguiente:

1. Verificar si la conectividad extremo a extremo es posible.
   - Si la respuesta es SI, entonces no hay problema por resolver.
   - Si la respuesta es NO, se debe pasar a la siguiente instancia.

2. Verificar si hay un problema de conexión física.
   - Si lo hay, entonces se debe resolver el problema físico.
   - Si no lo hay, se debe pasar a la siguiente instancia.

3. Verificar si la ruta actual es o no la ruta deseada.
   - Si no es la ruta deseada, resolver el problema de selección de la ruta.
   - Si es la ruta deseada, pasar a la siguiente instancia.

4. Verificar si el default gateway es el correcto.
   - Si no es el default gateway correcto, se debe corregir.
   - Si es el correcto, pasar a la siguiente instancia.

5. Verificar si se ha configurado correctamente el servicio DNS.

    o   Si la configuración no es correcta, corregirla.

    o   Si la configuración es correcta, pasar a la siguiente instancia.

6. Verificar si una ACL está bloqueando el tráfico.

    o   Corregir la ACL.

IP SLA como herramienta de diagnóstico

La prueba IP SLA echo es una herramienta útil para verificar la conectividad extremo a extremo entre dispositivos. Permite obtener varias mediciones sobre la operación de la red:

*   Disponibilidad del transporte extremo a extremo (a partir de la pérdida de paquetes).

*   Performance de la red (a partir de los tiempos de respuesta).

*   Conectividad extremo a extremo.

Configuración de una prueba IP SLA ICMP echo

De las varias pruebas posibles, la prueba de ICMP echo es una de las más utilizadas.

```
Router(config)#ip sla 1
```
> Crea una sonda IP SLA, a la que le asigna un ID (en este caso "1") e ingresa al modo de configuración de la sonda.

```
Router(config-ip-sla)#icmp-echo 192.168.100.50
```
> Configura la sonda. En este caso la sonda utilizará paquetes ICMP echo request dirigidos a la dirección IP que se indica.

```
Router(config-ip-sla)#frequency 30
```
> Define la frecuencia con la cual se realizará la prueba. Por defecto se realiza cada 60 segundos, en este caso se modifica el valor por segundo para ponerlo en 30 segundos.

```
Router(config-ip-sla)#exit
Router(config)#ip sla schedule 1 life forever start-time now
```
> Activa la sonda definiendo el tiempo de duración de la prueba.
>
> Identifica la sonda utilizando su ID (en este caso "1"). A continuación el parámetro "life" define la duración de la prueba (en este caso "forever" indica que no tiene pautada una finalización) y "start-time" define a partir de qué momento se desea activar la sonda (en el

ejemplo "now" hace que se active inmediatamente concluido el ingreso del comando.

Verificación de los resultados de la prueba IP SLA

```
Router#show ip sla configuration
```
Permite verificar la configuración de las diferentes sondas que se han creado en el dispositivo.

```
Router#show ip sla statistics
```
Muestra el resultado de las pruebas que se encuentran activas en el dispositivo.

Diagnóstico de las interfaces

Una herramienta esencial para el diagnóstico de las interfaces (además de los LEDs que solo pueden verificarse estando físicamente en el lugar) es el comando show interfaces.

```
Router#show interfaces  GigabitEthernet 0/1
GigabitEthernet0/1 is administratively up, line protocol is up
```
La línea de estado nos da la referencia más cierta respecto del estado operativo de la interfaz.

```
 Hardware is CN Gigabit Ethernet, address is 00d0.bcb2.c002 (bia
00d0.bcb2.c002)
 MTU 1500 bytes, BW 1000000 Kbit, DLY 10 usec,
    reliability 255/255, txload 1/255, rxload 1/255
 Encapsulation ARPA, loopback not set
 Keepalive set (10 sec)
 Full-duplex, 100Mb/s, media type is RJ45
 output flow-control is unsupported, input flow-control is
unsupported
 ARP type: ARPA, ARP Timeout 04:00:00,
 Last input 00:00:08, output 00:00:05, output hang never
 Last clearing of "show interface" counters never
 Input queue: 0/75/0 (size/max/drops); Total output drops: 0
```
Input queue drops.
Indica que en algún momento la interfaz ha recibido mayor cantidad de tráfico de la que estaba en capacidad de procesar.
Esto podría deberse sencillamente a un pico de tráfico normal, o también una indicación de que el procesador opera cerca de su límite. Por esto es importante determinar en qué momentos se produce este problema.

Output queue drops.
Indica que los paquetes se han descartado como consecuencia de una congestión de la interfaz.
Esto es común cuando la cantidad de tráfico que ingresa al dispositivo es mayor que la que puede sacar la interfaz; esto puede provocar que aplicaciones sensibles (p.e. VoIP) tengan problemas

de performance. Si el problema persiste en conveniente considerar la implementación de QoS.

```
Queueing strategy: fifo
Output queue:0/40 (size/max)
5 minute input rate 31000 bits/sec, 33 packets/sec
5 minute output rate 28000 bits/sec, 31 packets/sec
   11379 packets input, 12356882 bytes, 0 no buffer
   Received 345 broadcasts, 0 runts, 0 giants, 0 throttles
   0 input errors, 0 CRC, 0 frame, 0 overrun, 0 ignored, 0 abort
```

Indica errores que se experimentan durante la recepción de las tramas. Un valor alto de errores de CRC puede indicar problemas de cableado o de hardware, o problemas de configuración de dúplex.

```
   0 watchdog, 1017 multicast, 0 pause input
   0 input packets with dribble condition detected
   21586 packets output, 2568278 bytes, 0 underruns
   0 output errors, 0 collisions, 1 interface resets
```

Indican problemas durante la transmisión de las tramas tales como colisiones y no debieran registrarse en sistemas full dúplex. Si aparecen en ese entorno indican problemas de configuración de dúplex.

```
   0 unknown protocol drops
   0 babbles, 0 late collision, 0 deferred
   0 lost carrier, 0 no carrier
```

SPAN como herramienta de diagnóstico

En el desarrollo de tareas de monitoreo y diagnóstico de la red, una herramienta muy valiosa son los sniffers o analizadores de tráfico. Para que esta herramienta tenga impacto, su ubicación en la red es un punto esencial.

Las redes actuales son básicamente redes completamente conmutadas (utilizan switches como dispositivos de acceso). Dado que el switch reenvía tramas en función de su dirección MAC de destino, capturar tráfico con un destino específico requiere estar en la ruta directa a ese destino; y el desafío es aún mayor cuando se desea capturar el tráfico que tiene como destino un conjunto de terminales.

La utilización de puertos definidos como SPAN viene a solucionar esas situaciones.

- El puerto SPAN recibe una copia de cada trama que recibe el puerto del switch que se desea monitorear.

- El puerto SPAN se utiliza para conectar la herramienta de análisis de tráfico que se desea implementar.

- El puerto SPAN recibe una copia del tráfico que ingresa o sale de un determinado puerto, sin afectar el reenvío del tráfico de la red.

```
Switch (config)#monitor session 1 source interface Ethernet0/1 both
```

Crea una sesión SPAN identificada con un ID (en este caso "1") y define cuál es el tráfico que se desea monitorear.

En este ejemplo se define monitorear la interfaz Ethernet0/1, tanto el tráfico que ingresa como el que egresa (both). Puede especificarse únicamente el tráfico que ingresa (rx) o el que egresa (tx). Por defecto se monitorea tanto el tráfico entrante como el saliente.

```
Switch(config)#monitor session 1 destination interface Ethernet0/10
```

Define a qué Puerto ha de enviarse la copia de las tramas que atraviesan el Puerto definido como "source". En este puerto deberá colocarse el analizador de tráfico.

```
Switch(config)#exit
Switch#show monitor
Session 1
---------
Type              : Local Session
Source Ports      :
    Both          : Eth0/1
Destination Ports : Eth0/10
    Encapsulation : Native
```

- El puerto destino no puede ser un puerto origen.

- El puerto destino deja de ser un puerto de switch normal. Sólo permite monitorear tráfico que atraviesa ese puerto.

Introducción a QoS

Sobre las redes corporativas convergentes actuales se ofrecen multiplicidad de servicios y operan diferentes aplicaciones. Es por esto que en las actuales redes convergentes es posible que coexisten simultáneamente diferentes tipos de tráfico. Cada uno de esos tipos de tráfico genera flujos de información cada uno de los cuales tiene características específicas.

Es de suma importancia tener presentes estas características a fin de poder identificar los requerimientos de cada flujo de tráfico para luego realizar una definición de políticas adecuada.

Si bien la variedad de aplicaciones y protocolos es muy amplia y depende inicialmente de opciones diferentes en cada organización, hay servicios que tienden a implementarse en la mayoría de las redes corporativas y que generan patrones de tráfico específicos que vamos a encontrar en la mayoría de las redes actuales.

En una primera aproximación se pueden diferenciar 3 tipos básicos de tráfico que debemos considerar en las redes convergentes actuales:

	Voz	Video	Datos
Latencia	< 150 mseg.	< 150 mseg.	Se trata en general de un tráfico benigno e irregular (por ráfagas) a pesar de lo cual diferentes aplicaciones tienen diferentes requerimientos.
Jitter	< 30 mseg.	< 30 mseg.	
Pérdida Paquetes	< 1 %	0,1 a 1 %	
Características	Tráfico UDP-RTP de paquetes pequeños. Es un tráfico benigno para la red, previsible, que requiere asignación de ancho de banda constante. Tiene poco impacto en otras aplicaciones. Se debe considerar también el tráfico de señalización y control.	Tráfico UDP-RTP de paquetes medianos o grandes. Hay diferentes subtipos con requerimientos muy diversos. Se debe considerar también el tráfico de señalización y control.	Las aplicaciones sobre TCP son tolerantes a la pérdida de paquetes y no son sensibles al delay. Requiere clasificación según requerimientos y criticidad: * Misión crítica. * Transaccional. * Best-effort.

La respuesta: QoS

La complejidad y requerimientos de las redes actuales requieren entonces ir más allá de la simple preocupación por la conectividad con el propósito de garantizar las condiciones en que la información de las diferentes aplicaciones circulará sobre la red una vez establecida esa conexión entre origen y destino.

El objetivo de implementar calidad de servicio es garantizar condiciones específicas de disponibilidad de ancho de banda, delay y pérdida de paquetes para cada uno de esos diferentes tipos de tráfico.

Con este objetivo se utiliza una metodología que puede ser descripta en un esquema de 3 pasos:

1. Individualizar los diferentes tipos de tráfico que conviven en la red e identificar los requerimientos específicos de cada uno de ellos.

2. Agrupar los diferentes tipos de tráfico en clases considerando aquellas aplicaciones o servicios que tienen requerimientos semejantes. Esto permitirá luego aplicar a cada clase mecanismos o políticas apropiadas.

3. Definir las políticas que se aplicarán a cada clase de tráfico. Para esto se deben especificar los diferentes niveles de servicio: ancho de banda mínimo y máximo garantizado, prioridad y otros features de management de las colas de memoria para administrar la congestión.

Mecanismos de QoS

Hay diferentes categorías de herramientas que se utilizan en la implementación de QoS:

- Herramientas de clasificación y marcado.
  Son mecanismos que analizan el tráfico para clasificarlo en diferentes clases.
  La clasificación es una tarea que requiere recursos, con lo que ha de procurarse realizarla la menor cantidad de veces posible; por esto, luego de clasificar el tráfico se lo marca, lo más cerca posible del acceso a la red.

- Herramientas de policing, shaping y remarcado.
  Son herramientas que permite asignar recursos a diferentes tipos de tráfico. Cuando los requerimientos comienzan a saturar los recursos disponibles estas herramientas permiten definir qué tráfico se descarta o se demora o remarca para evitar la congestión de los enlaces.

- Herramientas de gestión de la congestión y scheduling.
  Cuando el tráfico excede la capacidad de la red el tráfico es colocado en colas de memoria a la espera de contar con suficientes recursos. Estas herramientas permiten gestionar ese tráfico según parámetros definidos.

- Herramientas específicas de los enlaces.
  Sobre enlaces WAN es posible aplicar herramientas especiales de calidad de servicio, como es el caso de la fragmentación e intercalado.

Frontera de confianza

En la definición del lugar en el que ha de realizarse la clasificación y marcado del tráfico es importante el concepto de "frontera de confianza". La frontera de confianza es el punto de la red en el que los paquetes son marcados; en este punto se puede incluir nuevas marcas, remover las existentes o cambiarlas.

Como consecuencia surgen algunos conceptos adicionales:

- Dominio no confiable (untrusted).
  Se trata de dispositivos con acceso de usuarios sobre los cuales no se tiene gestión completa.
  El tráfico generado en este dominio es reclasificado y remarcado para asegurar las políticas de la red.

- Dominio de confianza (trusted).
  Porción de la red sobre la cual se tiene control completo, integrado solamente con dispositivos gestionados por el Administrador.

- Frontera de confianza.
  Punto de la red que separa el dominio no confiable del confiable en el que los paquetes son clasificados y marcados.
  También hay una frontera de confianza en el punto de conexión de la red corporativa con la red del proveedor de servicios.

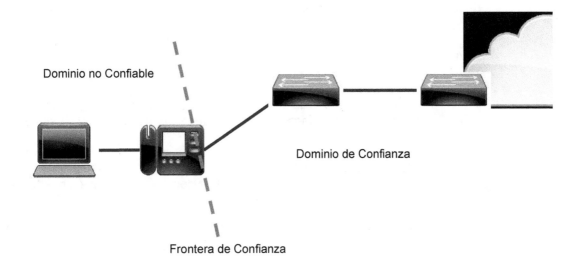

Dominio no Confiable

Dominio de Confianza

Frontera de Confianza

Herramientas de marcado

Un marcador es una herramienta que es impone (escribe) un valor específico en un campo de alguno de los encabezados con el propósito de que la clasificación realizada sea luego utilizada por todos los dispositivos del dominio de confianza.

Hay varios mecanismos de marcado posibles:

- Marcado en capa 2.

  - CoS.
    Marcado de tramas Ethernet 802.1Q.

  - TID.
    Marcado de tramas 802.11 (WiFi).

- Marcado en capa 3.

  - ToS.
    3 bits de un Campo del encabezado IPv4 aplicado a este propósito.

  - DSCP.
    Es el mismo campo del encabezado IPv4/IPv6, pero en este caso se utilizan 6 bits con este propósito.

A estos mecanismos se suman otros semejantes que permiten realizar esta tarea sobre paquetes GRE, MPLS, IPsec, etc.

Herramientas de clasificación

Un clasificador es una herramienta que inspecciona los paquetes con el propósito de determinar de qué tipo de tráfico se trata a fin de darle el tratamiento correspondiente.

La práctica recomendada es que esta tarea se realice lo más cerca posible del acceso.

Hay 3 mecanismos básicos de clasificación:

- En base a la marca.
  Si el paquete ha sido previamente marcado, el paquete se clasifica tomando como referencia la marca que se porta en capa 2 o capa 3.

- En base al direccionamiento.
  Para clasificar se toma como referencia algún elemento de direccionamiento: interfaz de origen o destino, direcciones o puertos de capa 2, 3 o 4 de origen o destino.

- En base a las aplicaciones.
  La clasificación se realiza tomando como referencia el contenido del paquete.

Una mención aparte merece NBAR. Se trata de una herramienta de clasificación que considera la información de capa 4 a 7 de cada paquete.

- Requiere más procesamiento que una clasificación realizada en base a listas de acceso.

- Reconoce los paquetes utilizando la porción de datos de los paquetes que son comparados con información contenida en los PDLM (una base de datos de firmas).

- Dos modos de operación:

  o Modo pasivo.
    Proporciona estadísticas de tráfico en tiempo real.

  o Modo activo.
    Clasifica las aplicaciones en base a las marcas.

Policing, shaping y remarcado

Una vez clasificado el tráfico se le pueden aplicar diferentes acciones:

- Los mecanismos de policing permiten descartar o remarcar paquetes que exceden un determinado ancho de banda que se define como límite.
  Se pueden aplicar tanto sobre tráfico entrante como saliente.
  No introducen delay en la comunicación sino que solo verifica que se cumpla con la política.

- Los mecanismos de shaping, en cambio, limitan las tasas de transmisión de tráfico en las interfaces salientes haciendo buffering de los paquetes que exceden el límite definido.
  Dado que opta por mantener en la cola de memoria el tráfico excedente, se introduce delay en la comunicación.

Policing	Shaping
Se puede aplicar tanto en el tráfico entrante como en el saliente.	Se aplica únicamente sobre el tráfico saliente.
Los paquetes que se encuentran fuera del perfil son descartados o remarcados.	Los paquetes que se encuentran fuera del perfil son bufferizados hasta el límite de la cola de memoria.
El descarte de paquetes provoca el reenvío en aplicaciones TCP.	La bufferización del excedente minimiza el reenvío de TCP.
Soporta el marcado o remarcado de paquetes.	No soporta marcado o remarcado de paquetes.
Utiliza menor cantidad de memoria RAM.	Permite interacción con interfaces Frame Relay para permitir control de congestión.
No introduce delay en la comunicación.	Introduce delay variable en la comunicación.

Herramientas para gestionar la congestión

Se produce congestión en una interfaz siempre que el tráfico arriba al dispositivo a una tasa superior a aquella a la cual puede enviarlo a través de la interfaz de salida.

- Mientras no hay congestión el tráfico se reenvía tan rápido como se recibe.

- Cuando se produce congestión, entonces se aplican las herramientas de gestión de esa situación.

Hay diferentes mecanismos que permiten gestionar la congestión.

- Queuing (encolado de paquetes).
  Los paquetes que se reciben y no se pueden reenviar son temporalmente almacenados en un buffer de memoria.
  Este mecanismo se activa solamente cuando ocurre una congestión.

- Scheduling.
  Proceso que define cuáles son los paquetes, almacenados en los buffers de memoria, que deben ser enviados en primer lugar.
  Los 3 básicos son:

  o Prioridad estricta.
    Las colas de memoria de menor prioridad solo podrán enviar tráfico una vez que las colas de mayor prioridad se hayan vaciado.

- Round-robin.
  Las colas de memoria son atendidas en manera secuencial una tras la otra.

- Weighted fair.
  Se asigna a cada cola un "peso" en función del cual unas colas de memoria son más atendidas que otras.

Los mecanismos de scheduling aplicados en la actualidad, en general, son el resultado de diferentes combinaciones de estos 3 mecanismos básicos. Entre los mecanismos resultado de combinar los anteriores se pueden mencionar:

- FIFO.
  Una única cola de memoria de la cual los paquetes salen en el mismo orden en que ingresan.

- PQ.
  Conjunto de 4 colas de memoria que son atendidas en un esquema de prioridad estricta.

- CQ.
  Conjunto de 16 colas de memoria que son atendidas en un esquema de round-robin.

- WFQ.
  Algoritmo que divide la capacidad de la interface sobre la base de la cantidad de flujos (comunicaciones, flows) que busca asegurar una distribución adecuada del ancho de banda a todas las aplicaciones.

En redes que transportan tráfico multimedia que opera en tiempo real, se aplican nuevos mecanismos:

- CBWFQ.
  Combinación de un mecanismo que garantiza ancho de banda con el reparto equitativo entre múltiples flujos.
  No garantiza latencia y por lo tanto es aplicable a aplicaciones que transportan datos.

- LLQ.
  Derivación de CBWFQ que incluye una cola de prioridad estricta. De esta manera se tiene un mecanismo óptimo para redes convergentes que transportan voz y datos.

Herramientas para evitar la congestión

Aún las colas de memoria de las interfaces tienen una capacidad limitada. Si una cola de memoria se completa el dispositivo comenzará a descartar paquetes indiscriminadamente. Esta acción recibe el nombre de "tail drop".

- Cuando se produce tail drop esto es un problema para las sesiones TCP que se ven interrumpidas, pudiendo provocar un desperdicio notorio de ancho de banda.

- Cuando se pierden paquetes de una sesión TCP se reduce drásticamente la tasa de transmisión de esa sesión.

- Adicionalmente se puede generar una sincronización de las sesiones TCP que atraviesan una ruta, lo cual también provoca un aprovechamiento subóptimo del ancho de banda disponible.

Las técnicas para evitar la congestión lo que implementan es un descarte selectivo de los paquetes.

- Consiste en un descarte al azar de paquetes antes de que la cola de memoria llegue a su capacidad máxima y de este modo se aprovecha el mecanismo interno de TCP que reduce la tasa de transmisión de la sesión afectada. Esto evita la sincronización de sesiones.

Los algoritmos utilizados son:

- RED.
  Descarta paquetes al azar a medida que se va completando la cola de memoria.

- WRED.
  Como RED hace un descarte temprano al azar de paquetes, pero en este caso la agresividad del descarte es en función del "peso" definido.

2.7. Tecnologías WAN

✐ Las abreviaturas y siglas utilizadas en este manual se encuentran desarrolladas en el Glosario de Siglas y Términos de Networking que está disponible en la Librería en Línea de EduBooks: https://es.scribd.com/document/292165924/Glosario-de-Siglas-y-Terminos-de-Networking-version-1-2

Una WAN es una red de comunicaciones de datos que opera cubriendo áreas geográficas extensas utilizando la infraestructura de proveedores de servicios a carriers. Permite conectar las redes LAN de diferentes instalaciones de una organización o con otras organizaciones y usuarios remotos.

Sus características principales son:

- Generalmente conectan dispositivos separados por distancias importantes.

- Utiliza los servicios de un carrier.

- Utiliza conexiones de diferente tipo.

Terminología WAN

Las redes WAN tienen una terminología específica que es necesario tener presente al momento de abordar el tema.

- Punto de demarcación.

- Bucle local o última milla.

- POP – Punto de presencia.

- CO – Central Office.

- CPE – Customer Premises Equipment.

    o Cuando se conecta a una línea digital se utiliza un CSU/DSU.

    o Cuando se conecta a una línea analógica utiliza un módem.

- DTE/DCE.

El punto de demarcación

Representa el punto en el cual terminan las responsabilidades del proveedor de servicio y empiezan las del Administrador de la red corporativa. Usualmente es el punto de conexión que entrega el proveedor que permite la conexión física con la red WAN, generalmente será un conector RJ-45 o serial.

El bucle local

También llamado "última milla". Se trata del enlace que conecta físicamente el punto de demarcación con la red del proveedor de servicio.

Este bucle local puede utilizar diferentes tecnologías, tales como DSL, DOCSIS, líneas punto a punto u otras.

Routers

Como dispositivo de acceso es el responsable de proveer interfaces de acceso que permiten la conexión a la red del proveedor de servicios. Pueden ser interfaces seriales o Ethernet. En algunos casos la interfaz requiere la implementación de un CSU/DSU o un módem para conectar al POP del proveedor.

Los routers de core son los que componen el backbone de la red WAN. Se caracterizan por brindar diversidad de interfaces para diferentes tipos de conexiones y la alta velocidad para el reenvío de tráfico.

CPE

Es el dispositivo instalado en el punto de demarcación. Es el que actúa como interfaz ente la red corporativa y la red del proveedor, y puede ser propiedad de la organización o del service provider.

CSU/DSU

Dispositivo que permite conectar un DTE a un circuito digital provisto por el proveedor de servicios. Se trata en realidad de 2 dispositivos en una caja: el CSU es el terminado de la señal digital y asegura la integridad de la conexión; el DSU convierte la línea del carrier en tramas que la red receptora puede interpretar.

En algunos casos puede encontrarse implementado como un módulo dentro del mismo router.

También es referenciado como DCE; esta es una denominación más general y que hace alusión a que provee una interfaz a la cual conectar un DTE. Cuando se trata de una línea digital el DCE es una CSU/DSU, en el caso de líneas telefónicas el DCE es en realidad un módem.

DTE

Dispositivo que es origen o destino de información en formato digital. Puede tratarse de una terminal, un servidor o un router.

Módem

Dispositivo capaz de interpretar señales digitales y analógicas lo que permite la transmisión sobre líneas telefónicas de voz convencionales. Puede tomar una señal digital y modularla sobre una línea analógica, y a la inversa, convertir una señal analógica en digital.

Hay diferentes tipos de módems según la línea de conexión hacia el service provider: módem telefónico, módem DSL, cable módem, etc. También es posible que el módem se encuentre integrado en el router como un módulo.

Conversor de fibra óptica

Es utilizado para terminar un enlace de fibra óptica y convertir las señales ópticas en eléctricas y viceversa. También es posible que el conversor esté integrado como un módulo en el router o switch.

Topologías posibles

- Estrella o hub and spoke.
  Es la forma más simple de conexión y la que requiere menor cantidad de circuitos. Permite de modo sencillo que múltiples sitios tengan acceso a un conjunto de recursos centralizados. Todas las comunicaciones WAN atraviesan el core.
  Tiene desventajas claras: el punto central representa un único punto de fallos y limita la performance del acceso a los recursos.

- Malla completa.
  En este esquema todos los puntos se conectan con todos, lo que permite que cada posición tenga conexión directa con cualquier otra. Es el diseño que proporciona mayor nivel de redundancia, sin embargo tiende a no ser posible en despliegues de envergadura ya que requiere una cantidad muy elevada de conexiones y su configuración tiende a ser compleja de modo creciente.

- Malla parcial.
  Permite reducir el número de conexiones directas que son necesarias para completar una malla. En este caso no todos los puntos se conectan contra todos sino que se elaboran esquemas de interconexión regional que reduzcan la cantidad de enlaces necesarios.

La conectividad a Internet

Hay 3 mecanismos tradicionales para conectar pequeñas redes a Internet:

- Medios de cobre.
  Usualmente se trata de par trenzado telefónico (DSL), cableado UTP o cable coaxial (DOCSIS).
  Ofrece mejor control y seguridad, es un medio confiable que permite enlaces de alta velocidad a un costo reducido.

- Medios de fibra óptica.
  Es la mejor opción para medios agresivos ya que es un medio inmune a diferentes interferencias (EMI y RFI).

- Medios inalámbricos.
  En este punto hay varias posibilidades de conexión: WiMAX, 3G, 4G, 5G e incluso el acceso satelital.
  Es ventajoso ya que ofrece la posibilidad de movilidad, no requiere de cableado previo, pero es considerado en general menos seguro.

Direccionamiento IP asignado por el proveedor de servicio

En la conexión hacia un proveedor de servicio de acceso a Internet, en redes domiciliarias o pequeñas, suele operarse utilizando direccionamiento IP asignado por el ISP.

Este direccionamiento se debe aplicar a la interfaz que conecta hacia el ISP y puede aplicarse de modo estático o automático.

Configuración de direccionamiento estático

En muchos casos el ISP provee direccionamiento estático para la conexión a Internet. Esto permite asociar esa dirección IP a un dominio para que los servidores públicos o privados puedan ser accedidos desde Internet.

Esto no requiere procedimientos especiales ni complejos. En general supone la configuración estática de la dirección IP en la interfaz y la definición de una ruta por defecto para encaminar todo el tráfico saliente hacia la red del ISP. Para esta tarea debe utilizarse la información provista por ISP con ese propósito.

```
Router(config)#interface GigabitEthernet0/0
Router(config-if)#ip address 201.170.15.17 255.255.255.252
Router(config-if)#no shutdown
Router(config-if)#exit
Router(config)#ip route 0.0.0.0 0.0.0.0 201.170.15.18
```

Configuración de direccionamiento dinámico

La implementación de DHCP permite, del lado del service provider, simplificar las tareas de gestión, a la vez que asegurar el aprovisionamiento de una configuración IP completa. Es mecanismo preferido para servicios de banda ancha.

Hay 3 modalidades básicas a considerar:

- Asignación dinámica.
  Es la modalidad más frecuente. La configuración IP se asigna por un tiempo determinado y limitado (leased time), cuando este tiempo expira el servidor puede asignar esa misma configuración a otro nodo.

- Asignación automática.
  En este caso, el tiempo de asignación de la configuración IP no tiene límite, como resultado de lo cual el nodo queda asociado siempre a la misma dirección IP.

- Asignación estática.
  Es una alternativa para aquellos dispositivos en los que la asignación de direccionamiento IP debe ser permanente y conocida. En este caso se mapea la dirección IP que se desea asignar a la dirección MAC del cliente que solicitará configuración.

Cuando el ISP utiliza DHCP no se ingresan datos manualmente (ni aún la ruta por defecto es necesaria) sino que solamente es necesario activar el cliente DHCP en la interfaz.

```
Router(config)#interface GigabitEthernet0/0
Router(config-if)#ip address dhcp
```
                                    Activa el cliente DHCP en esta interfaz.

Opciones de conexión WAN

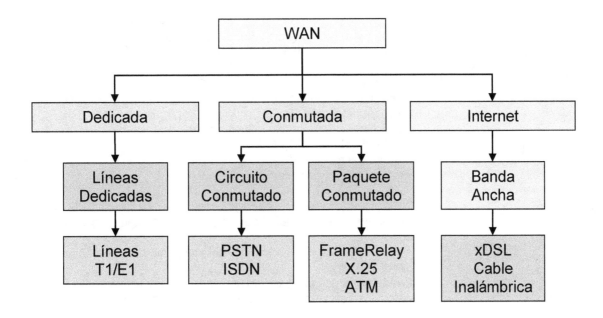

Redes WAN privadas

Líneas Dedicadas

Brindan conexión permanente punto a punto. Están limitadas únicamente por la capacidad de la capa física. Brindan mayor control, ancho de banda dedicado, aunque con un costo alto.

- No está sometida a latencia ni fluctuaciones de fase.

- Utilizan enlaces de acceso: T1/E1 y siguientes.

- Interfaz del router a conectar: Serial.

- Protocolos de encapsulación: HDLC, PPP.

- Estos servicios hoy están siendo reemplazadas por diferentes tipos de VPNs dado su alto costo.

Redes Conmutadas.

- Servicios de circuito conmutado.
  Operan sobre la base del establecimiento de circuitos virtuales que se generan dinámicamente para definir circuitos temporales dedicados ente origen y destino.

- Servicios de paquete conmutado.
  Estos servicios apuntan a un manejo más eficiente del ancho de banda disponible considerando que los flujos de datos son fluctuantes. En estas redes capa paquete se identifica como perteneciente a un cliente en particular y reenviado hacia el destino en función de esa etiqueta.

  - X.25.
    Bajo control, ancho de banda compartido, costo variable.
    Puede presentar latencia y fluctuaciones de fase. Para un uso limitado de alta confiabilidad.

  - Frame Relay.
    Control medio, ancho de banda compartido de hasta 8 Mbps, costo medio.
    Puede presentar latencia y fluctuaciones de fase.
    Enlace de acceso: T1, E1 y siguientes.
    Interfaz del router: Serial.
    Protocolo de encapsulación: Frame Relay.

  - ATM.
    Propiamente es una tecnología de celda conmutada, no paquete conmutado.
    Ancho de banda compartido, de baja latencia y ancho de banda de hasta 155 Mbps.
    Puede transmitir tanto tráfico de voz y video digitales como de datos. Presenta baja latencia y fluctuación de fase.

Redes WAN públicas y acceso a Internet

Las conexiones públicas utilizan la infraestructura global de Internet. A través de Internet es posible mantener comunicaciones privadas utilizando servicios de VPNs, sean gestionados por el proveedor de servicio o por la propia organización.

Cada tecnología WAN de las utilizadas en redes WAN privadas puede ser también utilizada para brindar acceso a Internet.

VPNs gestionadas por el proveedor

Los proveedores de servicios ofrecen conectividad VPN sobre capa 2 o capa 3 sobre redes MPLS que es una tecnología diseñada para soportar de modo eficiente el reenvío de paquetes a través del core de la red.

- VPNs MPLS capa 2.
  Son útiles para quienes corren su propia infraestructura de red capa 3 y requieren consiguientemente conectividad capa 2. De esta manera el cliente gestiona su propia información de enrutamiento y puede implementar sobre la WAN aplicaciones que requieren que los nodos se encuentren en el mismo dominio de broadcast.
  Son ejemplos de este tipo de VPNs: VPLS y VPWS.
  Desde la perspectiva del cliente la red WAN opera como un gran switch virtual.

- VPNs MPLS capa 3
  En este caso se utiliza una subred IP específicamente para asegurar la conectividad WAN sobre la red del proveedor. En este caso es necesario que el service provider participe del intercambio de información de enrutamiento con el cliente ya que la adyacencia se establece entre el CE del cliente y el PE del proveedor.
  Son una implementación adecuada para quienes desean delegar en el proveedor el enrutamiento.
  Desde la perspectiva del cliente la red WAN opera como un gran router virtual.

VPNs gestionadas por la empresa

Son un mecanismo adecuado para que la propia empresa logre una conectividad WAN segura, confiable y efectiva en costo. En este caso la VPN es un puente sobre Internet o una red WAN que permite conectar 2 redes LAN.

Tipos básicos de VPNs:

- VPN site-to-site.
  Se trata de una red privada virtual que conecta redes LAN a través de una conexión sitio a sitio. A la VPN se accede a través de un dispositivo (router o firewall) que se ocupa de encriptar el tráfico saliente y encapsularlo para que sea enviado a través de un túnel hasta el otro extremo de la VPN.
  En el otro extremo el dispositivo que recibe el tráfico lo des encapsula y lo des encripta para enviarlo hacia la terminal de destino.

- VPN de acceso remoto.
  Diseñada para responder a las necesidades del teletrabajo y los usuarios móviles.
  En este caso cada terminal tiene un cliente de software instalado que es el responsable de levantar el túnel encriptado contra un dispositivo que actúa como terminador de estos túneles.

Este tipo de VPNs proporciona múltiples ventajas a la empresa:

- Se reducen los costos de conectividad remota.

- Aseguran alta escalabilidad al poder aprovechar la capilaridad de Internet.

- Compatibilidad con las tecnologías de banda ancha.

- Un alto grado de seguridad a través de la implementación de algoritmos de cifrado y autenticación avanzados.

Hay diferentes mecanismos disponibles para el despliegue de estas VPNs.

- Túnel IPsec.
  Es el modelo básico de implementación de VPNs IPsec. Provee un túnel para la conexión directa entre punto agregando confidencialidad, control de la integridad de los datos, autenticación, protección anti-replay.

- Túnel GRE sobre IPsec
  Si bien los túneles IPsec tienen múltiples ventajas, también tienen limitaciones: no soportan broadcast ni multicast lo que complica la operación de los protocolos de enrutamiento y otros que se basan en multicast.
  GRE es un protocolo que permite transportar múltiples protocolos (aún no IP), multicast y broadcast. La combinación de túneles GRE con IPsec permite transportar entonces protocolos de enrutamiento o tráfico de múltiples protocolos a través de la red.
  Es generalmente utilizado para desplegar topologías hub and spoke empleando túneles estáticos. Una solución adecuada para redes WAN pequeñas.

- DMVPN
  Es un mecanismo propietario de Cisco que permite mejorar la escalabilidad en redes que emplean túneles IPsec. Facilita el aprovisionamiento de múltiples dispositivos peer, permitiendo incluso el uso de direccionamiento dinámico. Se sugiere utilizar PKI como mecanismo de autenticación.
  Permite configurar una única interfaz túnel mGRE y un único perfil IPsec en el dispositivo central (hub) y desde allí gestionar los múltiples dispositivos remotos (spoke).
  Presenta diversas ventajas, la más destacable es la escalabilidad ya que con una misma configuración se pueden conectar múltiples dispositivos remotos. También permite montar inmediatamente conexiones IPsec punto a punto sobre los túneles GRE multipunto sin necesidad de configurar peers IPsec.

- IPsec VTI
  Es un método para simplificar la configuración de IPsec.
  Hay 2 tipos de interfaces VTI: estáticas y dinámicas. Permiten implementar la sesión IPsec como si se tratara de una interfaz. Es de configuración muy simple. Soporta multicast y broadcast aunque sin el requerimiento de GRE y la carga de encabezados que esto supone.

Líneas punto a punto

Las líneas punto a punto proporcionan comunicaciones preestablecidas en amplias áreas geográficas. Una línea serial puede conectar 2 sitios geográficamente separados.

Cuando son contratadas a un proveedor de servicios se dedica capacidad de transporte fija y recursos de hardware para sostener esa línea de comunicación, aunque el carrier puede aún utilizar multiplexación dentro de la red.

- Alto costo.

- Muy baja latencia y jitter.

- Alta disponibilidad.

- Ancho de banda dedicado.

- Requiere un puerto serial en el router por cada línea.

- Conecta con la red del proveedor a través de un CSU/DSU.

Bases de una conexión serial

La velocidad de las líneas dedicadas sigue las definiciones que se generaron en su momento en base al estándar de las líneas telefónicas. La base de definición de velocidad de las líneas es la de una línea telefónica digital o DS0 que es de 64 Kbps. De ahí que la asignación de ancho de banda de estas líneas es siempre un múltiplo de 64:

Denominación	T-Carrier	E-Carrier
DSO	0,064 Mbps	0,064 Mbps
DS1	T1 - 1,544 Mbps	E1 – 2,048 Mbps
DS2	T2 – 6,312 Mbps	E2 – 8,448 Mbps
DS3	T3 – 44,736 Mbps	E3 – 34,368 Mbps
DS4	T4 – 274,176 Mbps	E4 – 139,264 Mbps
DS5	T5 – 400,352 Mbps	E5 – 565,148 Mbps

La línea del service provider, típicamente se conecta a un CSU/DSU, que a través de una conexión serial es conectado al router de borde de la red corporativa. Este dispositivo opera en la capa física y actúa como intermediario entre la red del service provider y el router.

La conexión entre la CSU/DSU y el router es una conexión serial sincrónica. Como toda conexión sincrónica tiene un extremo DCE (la CSU/DSU) que controla la velocidad de la conexión, y otro extremo DTE (el router) cuya sincronía es controlada desde el extremo DCE. De este modo el router envía y recibe bits solamente cuando el DCE genera el pulso eléctrico (clocking) correcto en el cable que envía señal de clock.

 El extremo DCE de la conexión es el que define la capacidad (velocidad) de la misma.

Encapsulación HDLC

- Protocolo de encapsulación de capa de enlace de datos.

- Provee servicios de encapsulación de tramas en enlaces sincrónicos punto a punto.

- La versión propietaria de Cisco agrega un campo tipo que le permite soportar múltiples protocolos de capa de red. Esto permite, por ejemplo, transportar IPv4 e IPv6 sobre el mismo enlace.

Flag	Direc	Ctrl	Tipo	Datos	FCS

- Con IOS es la opción de encapsulación por defecto en enlaces seriales.

Encapsulación PPP

PPP es un protocolo estándar de encapsulación de capa 2 que puede ser utilizado sobre diferentes tipos de enlaces. Originalmente fue desarrollado para operar en línea dedicadas punto a punto aunque hoy puede operar sobre una variedad muy amplia de tecnologías de capa física (enlaces sincrónicos y asincrónicos) y se convirtió en un estándar para la implementación de diversas prestaciones.

- Provee conexiones router a router o terminal a red.

- Sobre circuitos sincrónicos o asincrónicos.

- Es estándar.

- Incluye prestaciones importantes como gestión de calidad del enlace, detección de errores y autenticación.

- Permite transportar múltiples protocolos de capa de red.

Flag	Direc	Ctrl	Protocolo	Datos	Flag

PPP tiene 3 componentes principales:

- LCP.
  Negocia las condiciones de establecimiento y cierre del enlace. Es el responsable de configurar los enlaces, probar y terminar la conexión. Entre otras posibilidades incluye 2 opciones de autenticación.

- NCP.
  Permite detectar y operar simultáneamente con múltiples protocolos de capa 3.

- HDLC.
  Se utiliza para el transporte de datos.

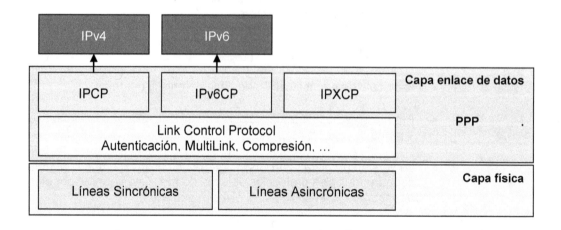

Se utiliza una instancia de LCP por cada enlace y una instancia de NCP por cada protocolo de capa 3 que se negocia en cada enlace.

El protocolo incluye varias opciones de configuración:

- Autenticación: PAP / CHAP.

- Compresión.

- Detección de errores.

- Multilink.

El establecimiento de un enlace PPP pasa por varias etapas:

1. Fase de establecimiento de la conexión.   LCP.

2. Fase de autenticación (opcional).   LCP.

3. Fase de protocolo de red.   NCP.

4. Transferencia de datos.   HDLC.

5. Fase de cierre de la sesión.   LCP.

Configuración de PPP

```
Router#configure terminal
Router(config)#interface serial 0/0/0
Router(config-if)#bandwidth 64
Router(config-if)#clock rate 64000
```

Si se trata del extremo DCE de la conexión es necesario definir la tasa de transferencia del mismo.

La tasa de transferencia del enlace se expresa ene bits por segundo. En este caso se trata de un enlace de 2 Mbps. Los valores posibles dependen del hardware de la interfaz.

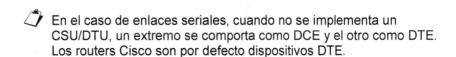 En el caso de enlaces seriales, cuando no se implementa un CSU/DTU, un extremo se comporta como DCE y el otro como DTE. Los routers Cisco son por defecto dispositivos DTE.

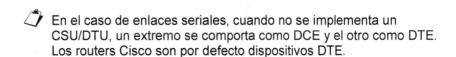 En los routers Cisco es el cable conectado a la interfaz el que define el rol DCE o DTE en la conexión.

```
Router(config-if)#encapsulation ppp
```

Define PPP como protocolo de encapsulación del enlace. Modifica la opción por defecto de la interfaz que es HDLC.

El protocolo de encapsulación debe coincidir en ambos extremos del enlace.

Verificación y monitoreo

```
Router#show controllers Serial0/0/0
```

Muestra información de la interfaz física y el tipo de cable que tiene conectado.

Es el comando que debemos utilizar para verificar si el cable conectado a la interfaz es DCE o DTE.

```
Router#show interfaces serial 0/0/0
Serial0/0/0 is up, line protocol is up
  Hardware is HD64570
Internet address is 192.168.13.1/24
MTU 1500 bytes, BW 64Kbit, DLY 20000 usec, rely 255/255, load 1/255
Encapsulation PPP, loopback not set, keepalive set (10 sec)
LCP Open
Open: IPCP, CDPCP
[Continúa...]
```

Indica la encapsulación que está utilizando actualmente el enlace y el estado de negociación de LCP (Open indica que se encuentra operativo) y las instancias de NCP que han negociado. En este caso se ha negociado IPv4 (IPCP) y CDP (CDPCP).

Autenticación con PPP

PPP ofrece una prestación opcional de autenticación que permite mejorar la seguridad de los enlaces. Cuando se encuentra activada los dispositivos que inician la sesión deben pasar el proceso de autenticación antes de que se establezca el enlace; si por algún motivo el proceso de autenticación falla el enlace no se establece.

Si la autenticación falla, la interfaz queda en estado up/down.

PPP define 2 protocolos de autenticación:

- PAP

  o Es un mecanismo de intercambio de 2 vías simple.

  o El dispositivo que inicia la conexión solicita ser autenticado enviando la clave en texto plano. El dispositivo que recibe la clave confirma que es la correcta y envía un mensaje de acknowledgment para informar que la autenticación fue exitosa.

  o El nodo remoto controla la frecuencia con la que se re-intenta el intercambio de credenciales cuando no se autentica en el intercambio inicial.

  o El intercambio se realiza solamente en el momento previo al establecimiento del enlace y sin utilizar cifrado en las credenciales. Está en desuso porque el intercambio de la clave en texto plano lo hace muy vulnerable.

- CHAP

    o Es la opción más segura, la preferida y más implementada.

    o El dispositivo que requiere autenticación inicia un intercambio de triple vía enviando un texto de desafío (challenge) solicitando respuesta. El dispositivo que recibe el desafío devuelve el texto luego de pasarlo por un algoritmo de hash (MD5). Finalmente el que inició el proceso compara el hash recibido para verificar que sea el correcto, y si la comparación es exitosa envía al otro extremo el mensaje de confirmación.

    o El valor de desafío que utiliza es único y seleccionado al azar.

    o Las credenciales nunca se envían entre los dispositivos a través del enlace.

    o Repite periódicamente el proceso de autenticación para asegurar que se mantiene la valides de la conexión. El período de tiempo para la repetición es seleccionado al azar por el autenticador.

Configuración de autenticación PAP

```
LAB_A#configure terminal
LAB_A(config)#username LAB_B password cisco
```
Define las credenciales de autenticación que es necesario que envío el dispositivo en el otro extremo del enlace para que la autenticación sea exitosa.

```
LAB_A(config)#interface serial 0/0/0
LAB_A(config-if)#encapsulation ppp
LAB_A(config-if)#ppp authentication pap
```
Indica que esta interfaz requiere autenticación PAP sobre este enlace para identificar el dispositivo en el otro extremo.

El otro extremo deberá enviar las credenciales creadas antes con el comando username.

```
LAB_A(config-if)#ppp pap sent-username LAB_A password cisco
```
Define las credenciales de autenticación que se han de enviar al dispositivo en el otro extremo del enlace.

```
LAB_A(config-if)#no shutdown

Lab_B#configure terminal
LAB_B(config)#username LAB_A password cisco
LAB_B(config)#interface serial 0/0/0
LAB_B(config-if)#encapsulation ppp
LAB_B(config-if)#ppp authentication pap
LAB_B(config-if)#ppp pap sent-username LAB_B password cisco
LAB_B(config-if)#no shutdown
```

Configuración de autenticación CHAP

```
Router#configure terminal
Router(config)#hostname LAB_A
```

En este caso es necesario configurar hostname ya que es utilizado como username para la autenticación con el peer.

```
LAB_A(config)#username LAB_B password cisco
LAB_A(config)#interface serial 0/0/0
LAB_A(config-if)#encapsulation ppp
LAB_A(config-if)#ppp authentication chap
```

La sesión PPP que se inicie a través de esta interfaz será autenticada utilizando CHAP.

```
LAB_A(config-if)#no shutdown

Router#configure terminal
Router(config)#hostname LAB_B
LAB_B(config)#username LAB_A password cisco
LAB_B(config)#interface serial 0/0/0
LAB_B(config-if)#encapsulation ppp
LAB_B(config-if)#ppp authentication chap
LAB_B(config-if)#no shutdown
```

Verificación

```
LAB_A#show ppp all
```

Verifica las sesiones PPP establecidas y muestra la información de autenticación utilizada.

```
LAB_A#debug ppp negotiation
LAB_A#debug ppp authentication
1d01h: %LINK-3-UPDOWN: Interface Serial0/0/0, changed state to up
1d01h: Se0/0/0 PPP: Testing connection as a dedicated line
1d01h: Se0/0/0 PPP: Phase is AUTHENTICATING, by both
1d01h: Se0/0/0 CHAP: O CHALLENGE id 2 len 28 from "Router"
1d01h: Se0/0/0 CHAP: I RESPONSE id 2 len 28 from "LAB_A"
1d01h: Se0/0/0 CHAP: O SUCCESS id 2 len 4
1d01h: %LINEPROTO-5-UPDOWN: Line protocol on Interface
Serial0/0/0,change state to up

LAB_A#debug ppp packet
```

Multilink PPP

Multilink PPP provee un método para distribuir el tráfico a través de múltiples conexiones PPP paralelas.

- Está descrito en el RFC 1990.

- Combina múltiples enlaces físicos en un conjunto lógico que recibe el nombre de "Multilink PPP".

- Aplicado sobre interfaces seriales provee algunas prestaciones:

  - Balanceo de carga sobre múltiples enlaces seriales.
    Idealmente los enlaces que componen el multilink debieran ser del mismo ancho de banda. Sin embargo, también es posible mezclar enlaces de diferente ancho de banda.

  - Permite interoperabilidad entre múltiples fabricantes.

  - Mejora de la redundancia.
    Ante la caída de un enlace individual el tráfico se mantiene sobre los enlaces remanentes sin afectar la conexión.

  - Posibilidad de fragmentación e intercalado (LFI).
    Este mecanismo intercala el envío de paquetes de aplicaciones de tiempo real con paquetes de aplicaciones que no operan en tiempo real para reducir el delay al que se someten los paquetes de aplicaciones de tiempo real.

- Opera tanto sobre enlaces sincrónicos como asincrónicos, utilizando enlaces seriales con encapsulación PPP.

- El conjunto lógico MLP se presenta como una única interfaz virtual que conecta con el dispositivo remoto.
  Esto proporciona un único punto para aplicar las políticas de calidad de servicio.

- Todas las estadísticas de tráfico se registran sobre la interfaz virtual.

- Se pueden asociar hasta 10 enlaces seriales y hasta 8 enlaces PPPoE en un único multilink.

Configuración de un enlace multilink

1. Creación de la interfaz virtual

`Router(config)#interface Multilink 1`

Crea la interfaz virtual multilink y le asigna un identificador (en este ejemplo es "1"). Al mismo tiempo ingresa al submodo de configuración de la interfaz.

`Router(config-if)#ip address 192.168.100.1 255.255.255.252`

Se asigna una dirección IP a la interfaz virtual. La configuración de capa 3 se hace en la interfaz virtual, no en las interfaces físicas que luego se asociarán.

`Router(config-if)#ppp multilink`

Activa multilink PPP en la interfaz virtual.

`Router(config-if)#ppp multilink group 1`

Genera un ID de grupo para identificar cuáles son los enlaces físicos que estarán asociados a la interfaz virtual que se acaba de crear.

`Router(config-if)#exit`

2. Asociación de interfaces a la interfaz virtual

```
Router(config)#interface serial0/0
Router(config-if)#no ip address
```
> Remueve una posible configuración IP en la interfaz.

```
Router(config-if)#encapsulation ppp
```
> Activa el protocol PPP en la interfaz.

```
Router(config-if)#ppp multilink
```
> Activa multilink PPP en la interfaz.

```
Router(config-if)#ppp multilink group 1
```
> Define el conjunto de interfaces multilink al que ha de asociarse la interfaz. Se utiliza el ID de grupo para asociar la interfaz física con el grupo multilink y la interfaz virtual.

```
Router(config-if)#exit
Router(config)#interface serial0/1
Router(config-if)#no ip address
Router(config-if)#encapsulation ppp
Router(config-if)#ppp multilink
Router(config-if)#ppp multilink group 1
Router(config-if)#exit
Router(config)#
```

Verificación de la operación de multilink

```
Router#show ppp multilink
```
> Permite verificar qué interfaces físicas están vinculadas a cuál interfaz virtual, y desde qué momento. También muestra si hay interfaces multilink inactivas.

```
Router#show interfaces Multilink 1
```
> Muestra el estado de la interfaz virtual que se indica, su operación, y las estadísticas de tráfico.

> La interfaz permanecerá activa (up/up) mientras al menos uno de los enlaces físicos se encuentre en ese estado.

PPPoE

PPPoE permite emular un enlace punto a punto sobre una red de medio compartido que típicamente es una red de banda ancha.

El escenario más frecuente supone correr un cliente PPPoE en el cliente que se conecta a un servidor PPPoE del lado del proveedor, del cual obtiene su configuración.

El cliente PPPoE

Cisco IOS incluye un cliente PPPoE que permite entonces implementar esta solución del lado del cliente.

Es una implementación habitual en redes DSL los ISPs de servicios DSL suelen entregar un módem DSL que utiliza ATM para conectarse con el DSLAM.

- El módem DSL actúa como un bridge y la terminal como cliente PPPoE.

- La integración de un router IOS permite que el router opere como cliente PPPoE hacia la red del ISP para luego distribuir conectividad internamente en la LAN.

- En una implementación típica el router no sólo actúa como cliente PPPoE sino también como caja NAT y servidor DHCP.

- El cliente PPPoE es el que inicia la conexión y en caso de que se interrumpa intentará el restablecimiento de la misma.

El establecimiento de la sesión PPPoE requiere completar un procedimiento de 4 pasos.

- El cliente envía un paquete PADI en formato broadcast.

- El servidor al recibir un PADI responde enviando un PADO al cliente.

- El cliente puede recibir varios PADOs. El cliente revisa los varios paquetes recibidos y elije uno de ellos. La elección puede hacerse en base al nombre del concentrador PPPoE o el servicio que ofrece.
  Como respuesta el cliente envía un paquete PADR al servidor de su elección.

- El servidor o concentrador responde enviando un paquete PADS creando una interfaz virtual para luego negociar PPP, y la sesión PPPoE corre en esta interfaz virtual.

Si el cliente PPPoE no recibe respuesta de un servidor, entonces continuará enviando paquetes PADI en intervalos de tiempo crecientes hasta alcanzar el límite definido y detenerse.

Si la negociación de PPP fracasa, la sesión PPPoE y la interfaz virtual quedan en estado "down".

Configuración

En primer lugar es necesario crear una interfaz de discado (dialer interface).

```
Router(config)#interface Dialer1
```

Crea una interfaz virtual de discado (dialer), le asigna un ID (en este caso "1") e ingresa al modo de configuración de esta interfaz.

Esta interfaz será la que utilizará la sesión PPPoE.

```
Router(config-if)#ip address negotiated
```
> Indica que la dirección IP será asignada por el servidor como resultado de la negociación de PPP IPCP.

```
Router(config-if)#encapsulation ppp
```
> Asigna encapsulación PPP para la interfaz.

```
Router(config-if)#dialer pool 1
```
> Especifica un dialing pool para que la interfaz lo utilice para conectarse a una subred de destino específica.

Una vez creada la interfaz virtual hay que asociar esa interfaz creada a la interfaz física que se utilizará para la conexión.

```
Router(config-if)#exit
Router(config)#interface GigabitEthernet0/1
Router(config-if)#no ip address
```
> La interfaz física no debe contar con direccionamiento propio. La interfaz activa a nivel de capa 3 es la interfaz virtual asociada.

```
Router(config-if)#pppoe-client dial-pool-number 1
```
> Vincula la interfaz física que se creó antes (cuyo ID es "1") con la interfaz física.

```
Router(config-if)#exit
Router(config)#
```

Verificación de la operación de PPPoE

```
Router#show ip interface brief
```
> Permite verificar el estado y la dirección IP asignada a la interfaz virtual que se crea.
>
> La interfaz física se debe ver activa pero sin dirección IP asignada.

```
Router#show pppoe session
```
> Muestra las sesiones PPPoE y el puerto físico que utilizan.

Túneles GRE

GRE es un protocolo de tunelizado que permite crear una ruta para transportar paquetes sobre una red pública encapsulando los paquetes en un protocolo de transporte.

- Se identifica con el ID 47 del campo protocolo del encabezado IP.

- Está definido en los RFCs 1701, 1702 y 2784.

- Soporta múltiples protocolos de capa 3 (IP, IPX, etc.).

- Permite el uso de multicast y broadcast sobre el túnel.

- Agrega un encabezado IP de 20 bytes y un encabezado GRE de 4 bytes (24 bytes en total agregados).

 Dado que el túnel agrega 24 bits al paquete original es preciso ajustar el MTU de las interfaces que atraviesa el túnel GRE.

Encabezado IP Transporte	GRE	Paquete Transportado

- El encabezado GRE incluye un campo protocolo para soportar el transporte de cualquier protocolo de capa 3.

- Puede incorporar un checksum del túnel, una llave y un número de secuencia.

- No encripta tráfico ni aplica otras medidas de seguridad robustas.

- GRE sobre IPsec es una implementación típica para redes hub and spoke para minimizar la cantidad de túneles que debe mantener cada router.

- No incluye ningún mecanismo de control de flujo.

La implementación de GRE requiere la creación de una interfaz de túnel, en la cual se aplican múltiples encabezados:

- El encabezado propio del "protocolo pasajero", es decir, el contenido transportado por el túnel. Por ejemplo IPv4 e IPv6.

- Un encabezado del protocolo de transporte: GRE.

- Un protocolo para la entrega del transporte, en este caso IPv4, que es el que transporta el protocolo de transporte.

Configuración de un túnel GRE

```
RouterA(config)#interface tunnel 1
```
Crea la interfaz de túnel, le asigna un ID (en este caso 1) e ingresa al modo de configuración de la interfaz túnel.

```
RouterA(config-if)#tunnel mode gre ip
```
Define que se trata de un túnel GRE. Es el modo por defecto de las interfaces túnel.

```
RouterA(config-if)#ip address 192.168.100.49 255.255.255.252
```
Asigna una dirección IP para la interfaz de túnel.

```
RouterA(config-if)#tunnel source 10.1.1.10
```
Establece la IP de origen del túnel. Es la dirección IP origen del encabezado externo o encabezado para la

entrega. Es la dirección IP de la interfaz física a través de la cual ha de salir el túnel.

```
RouterA(config-if)#tunnel destination 172.16.100.1
```

Define la dirección IP en la cual finaliza el túnel. Es la dirección IP de destino del encabezado para la entrega. Es la dirección IP de la interfaz física en la cual se ha de recibir el túnel.

```
RouterB(config)#interface tunnel 1
RouterB(config-if)#tunnel mode gre ip
RouterB(config-if)#ip address 192.168.100.50 255.255.255.252
RouterB(config-if)#tunnel source 172.16.100.1
RouterB(config-if)#tunnel destination 10.1.1.10
```

Verificación de la operación del túnel GRE

```
Router#show ip interface brief tunnel 1
```

Verifica el estado de la interfaz túnel.

```
Router#show interface tunnel 1
```

Permite verificar el estado del túnel GRE, la dirección IP asignada, las direcciones IP origen y destino definidas y el protocolo de transporte.

```
Router#show ip route
```

Permite verificar que la red del túnel aparezca como directamente conectada al dispositivo, y que se dispone de una ruta apta para alcanzar la IP de destino del túnel.

iWAN

El desarrollo de las redes actuales, entre otros elementos, está generando una mayor demanda de ancho de banda en las redes remotas. Paralelamente el acceso a Internet se ha hecho cada vez más confiable y económico. iWAN brinda una manera de tomar ventaja de estas conexiones más económicas sin comprometer la performance, disponibilidad y seguridad de las aplicaciones.

iWAN hace que el tráfico sea enrutado a través de conexiones WAN en base a múltiples factores: la aplicación, SLAs, tipo de terminales y condiciones de la red. El objetivo es asegurar la mejor experiencia posible.

Los componentes de la solución son:

- Transporte independiente de la conectividad.
  Se genera una red DMVPN a través de todos los sistemas de conectividad disponibles. De esta manera se tiene una única red con un único dominio de enrutamiento.
  Esto da gran flexibilidad al uso de cualquier medio de conexión disponible y permite converger la red sin modificar la arquitectura subyacente.

- Control de ruta inteligente.
  Utilizando PfR (Performance Routing) mejora la entrega y eficiencia de las

aplicaciones. Dinámicamente controla las decisiones de reenvío de los paquetes considerando tipo de aplicación, performance, políticas y estado de las rutas.

- Optimización de aplicaciones.
AVC y WAAS brindan visibilidad y ayudan a optimizar la performance de las aplicaciones sobre los enlaces WAN.

- Conectividad muy segura.
Toma ventaja de todas las prestaciones que pueden aportar las VPNs, los firewalls, la segmentación de la red y otros features de seguridad.

Índice

www.ingramcontent.com/pod-product-compliance
Lightning Source LLC
LaVergne TN
LVHW060135070326
832902LV00018B/2811